EL AVATAR

JONATHAN CAHN

Para vivir la Palabra

MANTENGAN LOS OJOS ABIERTOS,
AFÉRRENSE A SUS CONVICCIONES,
ENTRÉGUENSE POR COMPLETO,
PERMANEZCAN FIRMES,
Y AMEN TODO EL TIEMPO.
—1 Corintios 16:13-14 (Biblia El Mensaje)

El avatar por Jonathan Cahn
Publicado por Casa Creación
Miami, Florida
www.casacreacion.com

ISBN: 978-1-966427-17-9
E-book ISBN: 978-1-966427-21-6

Desarrollo editorial: *Grupo Nivel Uno, Inc.*
Adaptación de diseño interior y portada: *Grupo Nivel Uno, Inc.*

Publicado originalmente en inglés bajo el título:
The Avatar
Publicado por FrontLine, un sello de Charisma Media
1150 Greenwood Blvd., Lake Mary, Florida 32746

Nota de la editorial: Aunque el autor hizo todo lo posible por proveer teléfonos y páginas de internet correctos al momento de la publicación de este libro, ni la editorial ni el autor se responsabilizan por errores o cambios que puedan surgir luego de haberse publicado.

Impreso en Colombia
25 26 27 28 29 LBS 9 8 7 6 5 4 3 2 1

CONTENIDO

PARTE I: EL MISTERIO

PARTE II: EL REINO DE LOS DIOSES

PARTE III: LA ISLA ENCANTADA

PARTE IV: LA TIERRA DE ORISHA

PARTE V: EL MISTERIO OLÍMPICO

PARTE VI:
LOS DIOSES Y LOS REYES DE ESTADOS UNIDOS DE AMÉRICA

PARTE VII: EL REGRESO DE JEHÚ

PARTE VIII: EL MISTERIO DE JORAM

PARTE IX: EL MISTERIO DE ATALÍA

PARTE X: EL REY DE LA TORMENTA

PARTE XI AVATAR

PARTE XII: EL MISTERIO DEL VASO

PARTE XIII: LA REDENCIÓN

PARTE I

EL MISTERIO

Capítulo 1

EL AVATAR

Los avatares han vuelto.

Avatar es la manifestación de una deidad, sea dios o diosa, en la tierra; es la encarnación de un alma o de un espíritu liberado, de aquello que encarna o personifica algo o a alguien.

El término proviene del hinduismo y se refiere a una divinidad que se revela, adopta otra forma o personifica otro ser. La deidad, por lo general, asume la forma de un avatar para cumplir un propósito, misión o fin específico, o para moverse u operar en un entorno o forma específicos en los que —de otro modo— no podría desplazarse u operar. El avatar puede manifestarse en la forma de otro dios, diosa o ser sobrenatural. Es probable que nazca como un niño y crezca hasta convertirse en hombre o mujer. Incluso puede manifestarse como animal.

En el ámbito de la mitología es común la existencia de los avatares. Sin embargo, ¿podría haber otra versión de ellos en la historia? ¿Habrá otro contexto en el que los avatares puedan, de alguna forma, hacerse reales?

¿Podrían los avatares, de algún modo, existir realmente en el mundo moderno? ¿Podrían, incluso ahora, estar moviéndose en el interior de nuestra cultura, afectando nuestras vidas, operando en los ámbitos políticos y gubernamentales que las rigen?

Puesto que el avatar es la manifestación de algo más que sí mismo, para desvelar el misterio, primero debemos descubrir el enigma de lo que yace detrás, debajo y dentro de él: los espíritus y los dioses. El misterio que estamos a punto de descubrir comienza en la antigüedad y, sin embargo, está plenamente presente en el mundo moderno y en nuestros días. Afecta, en la práctica, todas las facetas de la vida moderna y a cada persona en el mundo occidental.

Tal misterio opera en los ámbitos de la sociedad, la cultura, la política y el gobierno modernos. Involucra tanto a dioses antiguos como a espíritus modernos, a gobernantes de antaño como a líderes contemporáneos, encarnaciones antiguas e instrumentos actuales. Subyace a una guerra que se manifiesta en los ámbitos políticos y culturales, pero que es —en última instancia— espiritual: con espíritus, dioses y avatares por un lado; y, por el otro, vasijas, instrumentos, tipos y antitipos. Y aunque involucra instituciones, organizaciones y personas, en definitiva no se trata de ellas, sino de lo que yace más allá de ellas. Es, por naturaleza, un misterio explosivo.

Ahora nos internamos en el reino que se oculta tras el misterio de los dioses y las diosas, los reyes y las reinas, las vasijas y los avatares.

Capítulo 2

EL REGRESO DE LOS ANCESTROS

¿SERÁ POSIBLE QUE tras los movimientos y conflictos centrales de nuestro tiempo subsistan entidades de origen arcaico, con consciencia y voluntad? ¿Podrían ser esas entidades los agentes invisibles que están tras la transformación de nuestra cultura, nuestros movimientos, nuestras instituciones, planes e incluso de la gente de nuestro tiempo?

En mi obra *El regreso de los dioses* escribí sobre las deidades del mundo antiguo. Dije que tras los dioses y diosas de las naciones se esconde otro reino: el reino de las entidades. En las escrituras hebreas se las identifica como *shedim*. En el Nuevo Testamento griego se les da el nombre *daemonia*, de donde proviene la palabra *demonio*. Tanto *shedim* como *daemonia* se refieren a entidades con consciencia y voluntad: espíritus.

Hay una antigua advertencia sobre lo que ocurre cuando se abre la puerta para la entrada de los espíritus y el regreso de los dioses. Hemos ignorado esa advertencia. Es más, hemos abierto esa puerta. En *El regreso de los Dioses* escribí cómo hicimos eso y narré la manera en que los espíritus, entidades y deidades han vuelto a la civilización estadounidense y occidental. Pero desde que escribí sobre ello, el misterio no ha dejado de revelarse y la transformación no ha dejado de progresar. Esto ahora plantea otras preguntas.

¿Es posible que los espíritus, las entidades, los dioses hayan entrado en el ámbito político, impulsado campañas, elegido candidatos y alterado elecciones?

¿Acaso es probable que su objetivo sea consolidar su influencia en la cultura moderna tomando posesión de los ámbitos políticos y gubernamentales?

¿Es posible oponerse a su agenda?

Además, ¿podrían las respuestas a estas preguntas determinar el futuro de Estados Unidos, Occidente y gran parte del mundo moderno? Los dioses han regresado. ¿Con qué propósito? No han vuelto por el simple hecho de estar aquí, sino con el propósito de imponerse, de dominar. Por eso, han asumido cada vez más el control de las instituciones centrales de la cultura estadounidense y occidental y, como en la antigüedad, ahora compiten por las plataformas y los puestos de poder más altos.

Ellos, por naturaleza, poseen espíritus; y por eso buscan poseer todas las cosas, personas, movimientos, culturas y civilizaciones. Y por naturaleza, libran una guerra contra los caminos, la naturaleza y las obras de Dios, y buscan vilipendiar a su pueblo.

Se abrieron paso en nombre de la tolerancia y la libertad. Pero esas cosas nunca fueron su objetivo, solo el medio por el cual su meta —el dominio supremo—, podía lograrse. Por lo tanto, no es casualidad que las civilizaciones estadounidense y occidental hayan presenciado el surgimiento de un totalitarismo cultural, un consenso represivo que busca la cancelación de toda oposición y la eliminación del fundamento judeocristiano sobre el que se han asentado durante siglos.

La metamorfosis fue inaugurada por los dioses y culmina con la toma de posesión de la civilización que los alberga. Es entonces cuando penetran decisivamente en el ámbito de la política, la ley y el gobierno. Este último, mediante el cual se rigen las civilizaciones, las naciones y los pueblos, es el premio final, el objetivo definitivo. Ahora veremos cómo se han entrecruzado, cada vez más, los reinos de los dioses antiguos y el gobierno moderno; y cómo esa intersección ha desencadenado una crisis y un conflicto cultural y civilizacional que ha alterado el rumbo de las naciones occidentales y del mundo.

También descubriremos el modelo de una nación antigua que atravesó la misma metamorfosis, la misma crisis y el mismo conflicto: un modelo de dioses y diosas, reyes y reinas, altares y templos, levantamientos y revoluciones. Ese modelo, que ha seguido desarrollándose desde que escribí sobre él por primera vez, describirá y revelará de modo inquietante lo que está ocurriendo actualmente en Estados Unidos, hacia dónde nos lleva y qué debemos hacer al respecto.

Capítulo 3

EL VIAJE

NOS EMBARCAMOS EN un viaje alrededor del globo terráqueo. Nos llevará primero a Oriente, a una tierra que los dioses nunca abandonaron, a una montaña maldita, a un dios embaucador, a un antiguo enfrentamiento y a los sonidos de una liberación masiva.

Después, iremos a una isla embrujada caribeña donde un gobernante siguió los pasos de un dios antiguo, donde los dioses se disfrazaron de santos y a una montaña donde una diosa sagrada fue destronada.

Atravesaremos un lago sudamericano de dioses y diosas de camino a una tierra africana, a la cuna de los espíritus, a un hombre venerado como Señor de la tierra y a la dama del bosque.

Después, regresaremos a occidente, donde veremos a los dioses que acechan bajo su superficie y a uno que apareció ante los ojos del mundo entero. Volveremos a Estados Unidos, donde veremos cómo los dioses han ascendido hasta el punto de competir por el futuro de la nación y el dominio de su gobierno.

Desvelaremos el antiguo misterio que se esconde tras uno de los líderes mundiales más controvertidos y trascendentales, un misterio que prefiguró su ascenso a la escena mundial miles de años antes de que ocurriera.

A continuación, el ejemplo de un antiguo y desdichado monarca cuya vida constituye el misterio que se esconde tras un reciente presidente estadounidense.

Después, el de una antigua reina poco conocida cuyo reinado se caracterizó por la sangre y que nos advierte sobre el futuro de Estados Unidos.

Desvelaremos entonces el misterio de una diosa de una tierra lejana y del avatar que se ha convertido en un líder prominente en el ámbito político estadounidense: el instrumento de los dioses, el avatar, que ascendió a las alturas del poder y compitió por determinar el futuro de Estados Unidos.

Veremos lo cerca que estuvieron Estados Unidos y Occidente de la posesión de los dioses, lo que casi fue y podría volver a ser. Seremos testigos de cómo tras uno de los acontecimientos más dramáticos de la historia política reciente se oculta la consagración de un antiguo sacerdocio.

Descubriremos un antiguo obelisco y el mensaje que tiene para Estados Unidos.

Por último, reuniremos todas las piezas de los misterios para ver qué revelan sobre el futuro. ¿Adónde nos lleva todo esto? ¿Qué necesitamos saber y hacer?

En *El Regreso de los dioses* escribí sobre la *trinidad oscura*: los tres antiguos dioses, espíritus y principados, que operan en nuestra cultura. Volveremos a ellos. Pero para comprender lo que está sucediendo ahora en Estados Unidos y Occidente, iniciaremos nuestro viaje hacia tierras y culturas donde los dioses y principados se manifiestan de forma más abierta y ejercen su dominio con máscaras más ligeras.

Hasta ahora he escrito sobre los dioses, pero ahora lo haré en cuanto a cómo los conocí.

Nuestro primer viaje nos llevará a una tierra repleta de divinidades, dioses y diosas cuyo reinado y dominio han continuado ininterrumpidos a través de los siglos.

PARTE II

EL REINO DE LOS DIOSES

Capítulo 4

LAS HUELLAS DEL APÓSTOL

Se trata, en muchos sentidos, del último gran refugio de los dioses: India. A diferencia de los dioses de la civilización occidental, las deidades de India nunca fueron rechazadas. No hubo repudio masivo, ni exorcismo civilizatorio, ni transformación espiritual o cultural con respecto a ellos. A diferencia de los dioses de Occidente que se fueron tras la llegada del evangelio, nunca fueron expulsados.

TIERRA DE ESPÍRITUS

Debido a su adoración ininterrumpida a los dioses, la religión oriental sirve como una especie de cápsula del tiempo de lo que una vez fue Occidente, antes del impacto del monoteísmo y el evangelio. Repleta de dioses y diosas, deidades humanas, deidades animales y combinaciones de ellos, templos, altares y sacrificios, la religión india nos ofrece una visión de lo que una vez impregnó la civilización occidental y lo que llegaría a conocerse como paganismo.

Si detrás de los dioses se encuentra lo que la Biblia llama *shedim* y *daemonia*, palabras que denotan espíritus, estos últimos más específicamente indicando espíritus demoníacos, entonces una tierra de innumerables dioses sería una asentamiento de innumerables espíritus. Y una tierra de incontables deidades también sería una de incalculables espíritus. Es eso lo que desvelará y dará sentido a los acontecimientos que sucedieron en mi viaje por India.

LOS PASOS DE TOMÁS

Era un servicio de adoración un viernes por la noche en Beth Israel, la congregación que dirijo en el norte de Nueva Jersey. Esa noche tuvimos un orador invitado, el Dr. Job, un evangelista indio. Habló de la conexión entre su tierra y el apóstol Tomás. Según la tradición de la iglesia, Tomás llevó el evangelio de Israel a India.[1] La tierra, las iglesias y los creyentes de India se enmarcan en el contexto del nombre del apóstol hasta el día de hoy.[2] En medio de su discurso, el Dr. Job se volteó hacia mí y me dijo: "Jonathan, te invito a ir a la tierra de India para que sigas los pasos del apóstol Tomás". Por esa razón había acudido a Beth Israel. Su preocupación era que, dado que Tomás era un judío creyente en Jesús, otro creyente judío debía ir a India, a seguir los pasos del primero y proclamar el evangelio de la misma manera.

UN VIAJE PELIGROSO

Debía contestarle antes de que se fuera a su país. Para complicar la decisión, poco antes de su llegada a Beth Israel, un nuevo partido y su gobierno ascendieron al poder en India, una facción radical del nacionalismo hindú,[3] conocida por defender la adoración de dioses hindúes y la persecución de minorías religiosas no hindúes, entre las que destacaban los cristianos.[4] Eso era un ejemplo de la convergencia de los reinos espiritual y físico, en este caso de los dioses y el gobierno de India.

Bajo las nuevas autoridades, se quemaron iglesias, se destruyeron escuelas y cementerios cristianos, y los creyentes fueron agredidos, violados y asesinados.[5] Ahora se me pedía que caminara por la tierra de India, proclamando el evangelio siguiendo los pasos del hombre que, según creían los indios, había traído el evangelio a su tierra. En tales circunstancias, prometía ser un viaje dramático y potencialmente peligroso. De modo que oré y fui guiado a decir que sí.

OTRO TIPO DE GUERRA

La otra parte de la historia era de una naturaleza mucho más extraña, aunque en consonancia con el misterio de los *shedim*, los espíritus tras los dioses. En cuanto dije que iría a India, comenzaron a ocurrir una serie de extraños sucesos en la congregación, la mayoría de los cuales no puedo enumerar en estas páginas. Pero algunos afectaron mis planes de viaje. Era como si cada paso que daba en dirección al viaje fuera neutralizado, obstruido, pero no por intervención humana. Con cada avance, aparecía un nuevo contratiempo. Casi no pasaba un día sin que los encargados de organizar el recorrido se enfrentaran a confusiones, información errónea, noticias falsas y extraños impedimentos.

Al acercarse la hora de la salida, descubrimos que nuestros boletos de avión habían desaparecido. Nos enteramos de que el agente de viajes encargado de obtenerlos había abandonado el país, sin dejar ningún contacto. El día que debía partir hacia India, me dirigí al aeropuerto sin boleto y sin ninguna garantía de poder embarcar. Ese fue el primer vuelo, el segundo sería más dramático.

Acababa de despegar de Ámsterdam en un vuelo a Nueva Delhi. Al ver por la ventanilla del avión, noté algo extraño: algunos objetos oscuros pasaban volando ante mí, lo que parecían ser piezas de la maquinaria del avión. La aeronave dio la vuelta rápidamente y regresó al aeropuerto.

Los calamitosos acontecimientos no cesaron al llegar a India. Dos días después de nuestra llegada, mi equipo y yo casi morimos. Y eso solo era el principio.

Ninguno de estos sucesos estaba relacionado con alguna causa natural. Pero en la esfera de los espíritus todo tenía sentido. Estábamos entrando en el reino de los dioses, los *shedim*. Era inevitable que hubiera una guerra. Y cuanto más nos acercábamos a nuestro destino final, más grave se volvería el conflicto.

Capítulo 5

EL HOMBRE EN LA MONTAÑA

Aquello parecía una película. Me guiaban por India siguiendo las huellas de Tomás, con multitudes de cristianos indios —a menudo miles—, esperando en cada lugar. Me recibieron como si estuvieran dándole la bienvenida al apóstol tras dos mil años de ausencia. En un lugar me recibió un elefante adornado con ornatos festivos. En su trompa llevaba una guirnalda, la que me puso alrededor del cuello.

EL MÁRTIR

El viaje culminaría en Tamil Nadu y la ciudad de Chennai. Fue allí, según la tradición de la iglesia, donde Tomás ejerció su ministerio. Y fue allí, según la misma tradición, donde fue asesinado por un sacerdote hindú.[1] La petición de que siguiera los pasos de Tomás, fue la parte de la historia que se omitió en la invitación. Tampoco me dijeron que nuestro destino final sería la misma cima de la montaña que marcó la muerte del apóstol. Así pues, debía ejercer mi ministerio en la cima del martirio del apóstol y, con dicha, no ser martirizado en el proceso.

MULTITUD DE CARAS

Al poco tiempo de nuestro viaje, empezamos a notar sucesos extraños de otro tipo: nos seguían. Recorríamos más de mil seiscientos kilómetros hasta nuestro destino y, sin embargo, los mismos rostros —una multitud de ellos— todos masculinos, reaparecían una y otra vez entre la muchedumbre, junto a nuestros vehículos, en las calles de la ciudad, en los restaurantes, en los callejones, en nuestros hoteles, dondequiera que fuéramos. Era como si supieran adónde íbamos antes que llegáramos, aun cuando nuestros planes no se hacían públicos. Parecía también que estaban intensamente interesados no solo en observar, sino en intentar acercarse a mí. La mayoría de las veces parecían estar nerviosos, tensos y muy serios. Tomamos todas las precauciones posibles. Pero había otras cosas, aun más extrañas, contra las que no era posible tomar precauciones. Mencionaré solo una de ellas.

CONVULSIÓN

Esto ocurrió de noche, en un hotel de Tamil Nadu, mientras nos preparábamos para sentarnos a comer. Estaba a punto de dirigir la oración del equipo para cenar. Pero nunca hice la oración. Justo cuando estaba a punto de abrir la boca, el líder de mi equipo de seguridad, el hombre que había sido mi principal guardaespaldas, un ex policía de la ciudad de Nueva York, fue lanzado repentina y violentamente hacia atrás. Cayó desplomado sobre la mesa, luego al suelo, donde comenzó a convulsionar, estaba fuera de control y echando espuma por la boca. Quienes presenciaron aquello temieron por su vida. Así que llamaron a los médicos de emergencia.

LA TIERRA DE LOS *SHEDIM*

Aquel hombre nunca había experimentado nada remotamente parecido a lo que le sucedió esa noche. Tampoco, tras salir de India y regresar a casa, volvió a ocurrirle algo similar. De regreso a Estados Unidos, se sometió a varias pruebas médicas para hallar la causa. Nunca se encontró ninguna. En términos naturales, aquello carecía de sentido. Pero habíamos llegado a una tierra de muchos dioses y, por lo tanto, una tierra de muchos *shedim*, principados y espíritus. Estábamos allí en una misión que nos pondría en conflicto con esos seres. En los términos griegos del Nuevo Testamento, significaba que estábamos en una tierra de muchos *daemonia* (espíritus demoníacos). Así que no fue casualidad que lo que ocurrió esa noche manifestara las señales de lo demoníaco.

COMANDOS EN LA MONTAÑA

A medida que nos acercábamos a Chennai, nuestro destino final, la persecución de los cristianos indios por parte de hindúes radicales había alcanzado un punto álgido.[2] Las noticias de lo que sucedía en el país llegaron a nuestras familias y amigos en casa, por lo que nos enviaron mensajes rogándonos que detuviéramos el viaje y evitáramos subir a esa montaña.

Al llegar a Chennai, nos visitó uno de los jefes policiales de la ciudad. Nos informó que, debido al creciente peligro de violencia para los cristianos, había enviado comandos a la montaña para acompañarnos en nuestro ascenso. Resultó que el oficial era cristiano. Antes de salir de nuestra habitación del hotel, se le indicó que recitara las palabras del Salmo 91:

> Yo digo al Señor: "Tú eres mi refugio, mi fortaleza, el Dios en quien confío". Solo él puede librarte de las trampas del cazador y de mortíferas plagas … No temerás el terror de la noche ni la flecha que vuela de día".[3]

LOS MÁRTIRES DE ORISSA

Llegó el día de ascender a la montaña donde fue martirizado Tomás, el lugar que personificó la guerra de los dioses contra el evangelio. Mientras nos preparábamos para hacer eso, la guerra estalló y salió en los titulares mundiales. Ese mismo día, otro martirio sucedió en India, en el que otro misionero fue asesinado: un ministro australiano y sus dos hijos fueron brutalmente exterminados por una turba de hindúes radicales en el estado indio de Orissa.[4] Las autoridades temían que ocurriera un suceso similar cuando subiéramos a la montaña.

COMO SI FUERA EL ÚLTIMO

En la cima de la montaña se encontraba una iglesia centenaria que llevaba el nombre de Tomás y conmemoraba su martirio. Fuera de la iglesia había una plataforma donde yo debía hablar. En el espacio entre la edificación y la plataforma se encontraban miles de hombres, mujeres y niños indios. Según el programa, después de dar mi discurso, debía caminar entre la multitud hacia la iglesia de Tomás. Allí encendería una antorcha con la llama que ardía en el santuario y que representaba el testimonio del apóstol. Luego, debía llevar la antorcha encendida de vuelta entre la multitud hasta el escenario.

Al acercarme al podio para exponer mi mensaje, frente a la multitud había un grupo de hombres de pie, muy cerca del escenario. Habíamos visto sus rostros antes, ya que nos habían seguido durante nuestro viaje por India. Se apiñaban en la puerta de la valla de seguridad que separaba el escenario de la gente, la misma puerta por la que debía pasar al entrar en la multitud. Una vez más, los hombres parecían tensos, concentrados y sumamente serios. Se dice que los ministros deben predicar cada sermón como si fuera el último. Es difícil hacer eso. Pero ese día fue fácil para mí. Expuse ese mensaje en la montaña de Tomás como si fuera el último.

EL REGRESO DE LA ANTORCHA

A último momento, el Dr. Job me informó que había hecho un cambio en el programa. Había decidido ir a buscar la llama de Tomás y entregármela a su regreso, lo cual hizo. Y allí, en la cima del monte de Tomás, puso la antorcha encendida con la llama del apóstol en mis manos. Fue un momento simbólico. Dos mil años antes, los discípulos judíos del Mesías pasaron la antorcha del evangelio a los gentiles, la luz de Dios a las naciones. Ese monte representaba su paso. Ahora, dos mil años después, un ministro de las naciones, de India, devolvió la antorcha a un seguidor judío del Mesías en ese mismo monte.

LA PROFECÍA EN LA MONTAÑA

Mientras estaba en aquella montaña, me encontré con un cristiano indio que me esperaba con un mensaje. Un año antes, él fue guiado a ascender a la misma montaña para orar. Mientras oraba, el Espíritu le habló de una maldición en cuanto a la tierra de India, nacida por su rechazo al evangelio. La montaña de Tomás encarnaba ese rechazo y la sangre de los mártires derramada en la tierra. El Espíritu, declaró el cristiano, le dijo entonces que un hombre judío tenía que venir a India, luego tendría que ascender a la montaña de Tomás y que, a pesar de todo, no sería asesinado. Eso iba a contribuir a la ruptura de la maldición.

Tras recibir esa palabra, el hombre viajó por Chennai y Tamil Nadu proclamando a las iglesias y a quien quisiera escuchar que un hombre judío tenía que venir a Chennai y ascender a la montaña de Tomás. No tenía ni idea de que un hombre judío, en efecto, iría a India y ascendería a esa montaña. Tampoco ninguno de los que me invitaron o planearon ese evento tenía idea de la palabra que le había sido dada. Pero yo había ascendido a la montaña. Yo había dado el mensaje. Había recuperado la antorcha. Y no me habían matado.

Sin embargo, había una pieza más del rompecabezas del misterio de India y los dioses. Ocurrió al principio del viaje y casi lo lleva a un final repentino.

Capítulo 6

EL TRAMPOSO

POCO DESPUÉS DE llegar a India, nuestro anfitrión nos informó que había organizado una visita a uno de los lugares turísticos más famosos del país. Se trataba del monumento de mármol blanco del siglo diecisiete construido por el emperador mogol Shah Jahan como mausoleo para su difunta esposa, Mumtaz Mahal: el Taj Mahal.[1]

LA NIEBLA

Nuestro anfitrión contrató a un conductor para que nos llevara de ida y vuelta. Tardamos más de tres horas desde Nueva Delhi, donde nos alojábamos, hasta Agra, la ciudad del Taj Mahal. Una vez recorrimos el lugar y estábamos listos para volver a casa, empezó a anochecer. Nos habían advertido que regresáramos antes de que oscureciera, antes de que la niebla se asentara en las carreteras. Pero era demasiado tarde. Ya estaba oscuro y la niebla había descendido.

Era tan espesa que a veces apenas podíamos ver seis o nueve metros delante de nosotros. Pero como nuestro conductor estaba nervioso por llegar tarde a casa, manejaba mucho más rápido de lo prudente o seguro. A veces parecía que iba a toda velocidad. De repente, surgían objetos de la niebla, muchos de ellos eran vehículos varados en la carretera como resultado de los accidentes. Nunca habíamos visto tantas calamidades en una sola carretera en una sola noche como los que vimos en esa ocasión.

Sin embargo, lo más impactante era la naturaleza de esos percances: una carreta de cuatro ruedas volcada con productos esparcidos por toda la carretera, un carromato volcado con heno esparcido por la carretera, y luego otra carreta con más productos derramados. Pasamos frente a un camión volcado y por el lado de un coche chocado. A lo largo de aquella carretera, esa noche, había carretas, camiones y coches inmóviles, varios de ellos de lado o volcados por completo.

LA COLISIÓN

Hasta que sucedió. A una velocidad muy superior a la segura, nuestro coche chocó contra el que iba delante. El vehículo estaba oculto por la niebla hasta que lo vimos... pero fue demasiado tarde. Era un camión. El auto embistió al camión de tal manera que quedó enganchado a él. El camión, que también iba mucho más rápido de lo debido, arrastraba el coche a través de la niebla. El conductor del camión, al principio, no se dio cuenta de lo que estaba sucediendo. El coche empezó a dar peligrosas volcaduras, cada una de las cuales puso en peligro nuestra vida.

Al fin, nos detuvimos. La parte delantera del coche estaba muy dañada, el conductor y sus pasajeros conmocionados, pero como nuestro auto no se volcó por completo, no morimos. Era solo nuestro segundo día en aquella tierra y nuestro viaje casi que termina de repente.

EL DIOS AVATAR

Después de regresar de India, encontré un artículo sobre mitología hindú. Hablaba de Krishna. Krishna era un avatar, un dios-avatar, la manifestación corporal del dios hindú Visnú. Según su mito de origen, Krishna nació o encarnó en un lugar llamado Mathura. Mathura se encuentra en el estado indio de Uttar Pradesh. Uttar Pradesh es el estado que alberga Agra, la ciudad del Taj Mahal. Habíamos llegado a la tierra de Krishna. Además, Mathura, donde nació Krishna, se encontraba entre dos importantes ciudades indias, *en la carretera que conecta Agra y Nueva Delhi*; es decir, en la misma ruta por la que conducíamos. A Krishna se le conoce como el "dios embaucador". Era famoso por gastarles bromas a los aldeanos de su tierra.[2]

EL VOLCAMIENTO DE LOS VEHÍCULOS

Según su mito, el poder de Krishna se manifestó por primera vez cuando era niño. Fue su primer acto de guerra. Conforme a la historia, un espíritu llamado Sakatasura tomó la forma de *una carreta*. Como tal, Sakatasura intentó aplastar al bebé Krishna, que yacía debajo de ella. Pero Krishna pateó *el carro y lo volcó*. Con eso, Krishna rompió el carro y mató a su enemigo, Sakatasura. Así, el poder del dios

Krishna se manifestó por primera vez al volcar un carro.[3] El volcamiento del carro fue el acto mediante el cual Krishna destruyó por primera vez a su enemigo.

Ahora viajábamos por la ruta y la tierra donde se decía que Krishna había nacido, en la que su poder se manifestó al volcar el carro. Y esa era la noche en la que los carros y otros vehículos de cuatro ruedas se volcaban, uno tras otro. Sin embargo, fue nuestro vehículo el que por poco se salvó de ser uno de los volcados, y nosotros de ser víctimas del volcamiento.

MITO Y ESPÍRITUS

La mitología es una de las expresiones de la fantasía. Y, sin embargo, lo que experimentamos en tiempo y espacio reales cuando viajábamos por la tierra de ese dios, en el camino asociado con su nacimiento, coincidió con el mito que lo rodeaba y la misma estrategia que empleó para destruir a su enemigo. Era un mito. Sin embargo, casi nos mata.

No estábamos luchando contra la mitología. La mitología es algo inerte. Pero los principados están presentes, activos y en movimiento. Lo que presenciamos esa noche coincidía con lo que la Biblia afirma sobre las deidades. Detrás de los dioses hay espíritus, los *shedim*, los *daemonia*; y ellos estaban presentes, activos con todo el peligro que los caracteriza. ¿Cómo se tradujo en la realidad el relato mitológico del carro volcado? ¿Cómo se relacionaban los *shedim* con los dioses? ¿Seguirían las mitologías la existencia de las entidades espirituales? ¿Contenían elementos de los espíritus que representaban? ¿O los espíritus seguían, utilizaban y jugaban con las mitologías y creencias de los hombres respecto a los dioses? ¿O, acaso, podrían ser ambas cosas?

Fue nuestro último evento en esa tierra el que resultaría más dramático, además de que fue el escenario de un fenómeno masivo.

Capítulo 7

EL SONIDO DE LAS ENTIDADES

TRAS ASCENDER A la montaña de Tomás, nos preparamos para el último gran evento de nuestro viaje: una serie de reuniones en las que compartiríamos el evangelio con una multitud de indios. Las reuniones se realizaban en la noche y al aire libre.

LOS SETENTA MIL

Al caer la noche, el recinto se llenó de gente, era una multitud enorme de indios: hombres con camisas blancas y mujeres con túnicas de todos los colores. Al final de la última noche, les hablé sobre el amor de Dios, el evangelio del Mesías y luego conduje —a los que estuvieran dispuestos— a repetir una oración por su salvación. Se estimó que el número de hombres y mujeres que oraron esa noche para recibir la salvación superó los setenta mil. Todo lo ocurrido desde el momento en que acepté ese viaje, todos los obstáculos, contratiempos y peligros, todo ello valió la pena por esa noche y ese momento.

EL SONIDO

Sin embargo, algo más ocurrió en esa reunión que dejaría atónitos a quienes me acompañaban en el escenario. Sucedió la primera noche. Sostuve un *shofar*, la antigua trompeta bíblica —el cuerno de carnero— ante la multitud. Era improbable que alguno de los presentes hubiera visto uno antes. Expliqué que el sonido de la trompeta era el sonido de la libertad y una representación del poder de Dios. Así que oramos para que el poder de Dios rompiera cualquier atadura en sus vidas y para que les diera tanto independencia como libertad. Entonces toqué la trompeta para que el antiguo sonido de la libertad llegara a ellos. Me puse el instrumento en la boca y soplé. Al principio, no entendimos lo que sucedió después.

EXORCISMO MASIVO

En respuesta, oímos oleadas de sonidos —en el escenario— producidos por la multitud. Toqué aquella trompeta por segunda vez. Entonces se volvieron a oír aquellas olas de sonido. Sin embargo, eran gritos espeluznantes en oleadas. Lo único con lo que podíamos comparar aquello era con lo que uno imaginaría que se escucharía al practicarle exorcismo a un hombre poseído por un demonio. Pero los gritos no provenían de una sola persona ni de una sola dirección, sino de muchos. Era como si el toque de trompeta hubiera desencadenado una liberación masiva, como si estuviéramos presenciando una especie de exorcismo colosal.

CUANDO VAS A LA GUERRA

Al regresar de India, abrí una enciclopedia hebrea y encontré un artículo sobre el significado de la trompeta, o *shofar*, en la historia del pueblo judío. El artículo se refería a la trompeta como instrumento de libertad, pero también como arma de guerra y del poder de Dios. Así que recordé una escritura del Libro de los Números:

> Cuando estén ya en su propia tierra y tengan que salir a la guerra contra el enemigo opresor, las trompetas darán la señal de combate. Entonces el Señor su Dios se acordará de ustedes y los salvará de sus enemigos.[1]

Al sonido de la trompeta, el pueblo de Israel derrotaba a sus enemigos. En la creencia judía, esto se extendía al ámbito espiritual. La trompeta se consideraba un instrumento de guerra contra los reinos satánicos y demoníacos. Su sonido causaba la derrota del enemigo y la huida de los espíritus de la oscuridad.

LAS TROMPETAS Y LAS ENTIDADES

Aquellas decenas de miles de indios, que estaban ante nosotros esa noche, jamás habían visto —y mucho menos leído— una enciclopedia hebrea. Sin embargo, el sonido de la trompeta desencadenó oleadas masivas de gritos espeluznantes, como si legiones de espíritus huyeran de aquel sonido y se apartaran de las multitudes. Habíamos entrado en una tierra de muchos dioses, espíritus, principados y potestades; estábamos en medio de una guerra espiritual. Habíamos hecho sonar el antiguo instrumento bíblico de guerra israelí, mediante el cual los enemigos huían o eran derrotados. El resultado fue que oímos el sonido de una huida masiva, pero de otro tipo de seres.

EL AVESA Y LA POSESIÓN DE LOS DIOSES

Aquí cabe preguntarse: Si tras los dioses hay espíritus, y si estos buscan poseer a alguien, ¿podría la posesión espiritual desempeñar algún rol en el hinduismo? Sí, podría, como en efecto lo hace. Es lo que llaman *avesa* y tiene que ver con la posesión de cuerpos humanos por parte de entidades espirituales. Y, de acuerdo a la conexión bíblica de los dioses con los *shedim* y *daemonia* poseedores, son los propios dioses hindúes quienes a menudo poseen a sus seguidores. Eso se conoce como *posesión divina* y se considera una modalidad de *yoga*, es decir, la unión con el dios.

Aunque la definición en los libros de texto puede variar, el que es poseído por el espíritu que lo habita se convierte en una especie de avatar, la encarnación de la deidad hindú, el vehículo mediante el cual se mueve y actúa. Ya sea un dios o una diosa que intente encarnarse en el avatar, o un espíritu que busque poseer un anfitrión de carne y hueso es —en esencia— lo mismo. Los espíritus buscan encarnarse. El resultado es la posesión o un avatar.

Más allá del fenómeno de la *posesión divina*, reconocer a ciertos seres humanos como avatares vivientes es parte del hinduismo. Entre estos se incluyen líderes religiosos consagrados, maestros y gurús. Cada uno es visto como una encarnación viva de un dios o diosa hindú en particular.

Poco después de regresar de India, me enteré de que un hombre había venido a Estados Unidos para solicitar una reunión conmigo. Me invitaría a otra tierra, muy diferente de India. Era una isla embrujada por los dioses.

PARTE III

LA ISLA ENCANTADA

Capítulo 8

LA MÁSCARA DE LOS DIOSES

CUALQUIERA QUE VISITARA Cuba, a finales del siglo veinte, vería las huellas de la ideología marxista-leninista y el totalitarismo en casi todas las esferas de la vida. En sus paredes y vallas publicitarias se veían imágenes del dictador de la isla, Fidel Castro, y de su venerado revolucionario, el Che Guevara, junto con las de los antiguos íconos del comunismo: Marx, Engels y Lenin. Pero bajo su fachada marxista y secular se escondía otro reino: un reino de deidades.

EL GOBIERNO DE LOS DIOSES

Desde el siglo dieciséis hasta el diecinueve, grandes cantidades de africanos fueron llevados como esclavos a la isla de Cuba. Allí se familiarizaron con el catolicismo romano de los colonos españoles. Pero los esclavos no llegaron solos; llegaron cargando con sus dioses.[1]

Para que siguieran adorando y sirviendo a sus dioses e ídolos, les asignaron máscaras. Tales máscaras provenían de la veneración católica a los santos. Aunque aparentaban honrar a los santos, en realidad, adoraban a sus dioses nativos africanos. La práctica —o religión— de adorar a dioses disfrazados de santos se conoció como santería. La palabra *santería* puede traducirse como el camino o la adoración de los santos. Sin embargo, también se conoce como *Regla de Ocha* o *Regla de Orishas.* Las palabras *ocha* y *orisha* se refieren a una deidad africana. Por lo tanto, la religión conocida como el "culto a los santos" también puede traducirse como "gobierno de los dioses".[2]

DIOSES DISFRAZADOS DE SANTOS

De modo que, en la santería, los dioses —disfrazados de santos— son servidos y adorados por sus fieles seguidores. Tras la máscara de San Pedro está Ogún, el dios africano de la guerra.[3] Tras la máscara de San Antonio está Eleguá, el dios embaucador de las puertas.[4]

Tras la máscara de Santa Bárbara está el dios Changó, [5] rey de los orishas. Tras San José está Osain,[6] dios de las plantas, los bosques y las selvas. Y detrás de María se encuentran varios dioses santeros, entre ellos Oshún, diosa de los ríos, la fertilidad y la sensualidad;[7] y Yemayá, diosa del mar.[8]

SANTEROS, SANTERAS Y SACRIFICIOS

Los sacerdotes de las deidades de la santería se conocen como *santeros*, si son hombres, y *santeras*, si son mujeres.[9] Ofician ceremonias, festines y sacrificios propios de la santería. En las Escrituras está escrito que los *shedim* exigían sacrificios, incluso sacrificios humanos.[10] Así también, los dioses de la santería, los orishas, exigen que sus seguidores les ofrezcan sacrificios en sus altares. En tiempos pasados y en su tierra natal, los orishas exigían sacrificios humanos.[11] Pero a finales del siglo diecinueve, se prohibió esa práctica.[12] Ahora, los sacrificios santeros consisten principalmente de elementos comunes como alimentos, flores y dinero, junto con aves y animales de cuatro patas. Sin embargo, persisten los rumores de que realizan sacrificios santeros de niños.

EL TOQUE DE SANTO Y LA POSESIÓN DE LOS DIOSES

¿Es válida la conexión bíblica entre los dioses, los *shedim* y los *daemonia* en el mundo de las deidades santeras? Así es. Y se encuentra en uno de los ritos santeros más importantes: el *toque de santo*. En él, los fieles cantan y bailan al ritmo de los tambores para invocar la manifestación de un dios. Luego, se invita a ese dios a tomar posesión de uno de los adoradores.[13]

El adorador poseído es llevado a otra habitación y se le viste con los atuendos rituales de la deidad que lo habita. Ese adorador se convierte entonces en un avatar, es decir, la encarnación de la deidad santera. Ahora es el *orisha*, el dios o la diosa, quien se mueve, actúa y habla a través de su recipiente interior.[14] Los fieles ven eso como un evento sagrado; aunque otros lo llamarían posesión demoníaca.

EL MARXISMO Y LA SANTERÍA

Los dioses tratan de poseer más que individuos. También buscan habitar reinos y gobiernos. ¿Qué ocurre, entonces, en el caso de Cuba? ¿Podría haber alguna conexión entre el gobierno de Fidel Castro y los dioses de la santería? Con la adopción del marxismo por parte de Castro, Cuba se convirtió en un estado oficialmente ateo.[15] Allí, los cristianos y el clero fueron perseguidos. A las iglesias se les prohibió el acceso a los medios de comunicación y se impidió su influencia en la cultura en general.[16] Las escuelas eclesiásticas fueron cerradas.[17] Además, el marxismo reemplazó al cristianismo como credo y dogma oficial de la nación.[18] Sacerdotes y pastores fueron arrestados y encarcelados.[19]

En lo pertinente a la santería, puesto que —al principio— se consideraba igualmente una religión, el gobierno desalentó y reprimió su práctica.[20] No se podía participar abiertamente en la santería y ser miembro del Partido Comunista de Cuba.[21] Para realizar una ceremonia de santería, los practicantes debían obtener permisos gubernamentales, al menos de forma oficial.[22] Pero la santería siguió practicándose.[23] En efecto, el gobierno cubano empezó a verla cada vez más como algo beneficioso para promover una identidad cubana unificada.[2] Con ese fin, el gobierno comenzó a patrocinar representaciones de danzas y ritos santeros.[25] Aunque pudieran considerar tales cosas como folclore, las danzas y rituales santeros estaban diseñados para invocar a los dioses y llamar a los espíritus.

EN LA CASA VACÍA

Sin embargo, en vez de debilitar la práctica de la santería, el régimen castrista terminó potenciándola. En el ámbito espiritual, había un antídoto eficaz contra los espíritus y los dioses santeros: el poder de Jesús. Pero la implacable guerra de las autoridades —junto con su fuerza restrictiva de la cultura cubana— en contra del evangelio, socavaría en gran medida ese antídoto. Al mismo tiempo, la ausencia del evangelio crearía un vacío espiritual que el marxismo no pudo llenar.

El resultado fue que los cubanos recurrieron cada vez más a la santería para llenar el vacío en forma de Dios que su gobierno creó. Al impulsar tal transformación, las prácticas santeras fueron cada vez más permitidas —y hasta promovidas— por el gobierno cubano, lo que podría haber llevado al debilitamiento de la fe cristiana.[26] Y así, bajo el gobierno marxista-leninista de Cuba, las prácticas santeras proliferaron por toda la isla. El gobierno incluso comenzó a transmitir ceremonias santeras por televisión nacional.[27] El resultado fue que, con el tiempo, la mayoría de los habitantes de la isla participarían en prácticas santeras de una forma u otra.

Esa era lo irónico. Castro había eliminado a Dios de la cultura cubana. Pero no pudo erradicar la necesidad de la presencia de Dios.

Así que, en vez de eliminar el hambre espiritual, esta se incrementó. Y al cerrar la puerta a la presencia de Dios, abrió la puerta a los dioses y los espíritus malignos. Pero ya estaban allí, en Cuba, esperando y bien preparados para llenar aquel vacío.

UNA ISLA POSEÍDA

Cuando un espíritu demoníaco gobierna o posee a un individuo, inevitablemente se manifiestan las señales únicas e inconfundibles de la posesión demoníaca. Al gobernar o poseer una sociedad o nación tales espíritus, esas mismas señales se manifiestan, pero a una escala mucho mayor. Así, mientras el gobierno cubano libraba una guerra para expulsar a Dios de la isla, al tiempo que promovía la entrada de las deidades malignas, la *daimonía* —es decir, las señales de posesión— se manifestarían a nivel nacional.

El individuo poseído por un espíritu malo se entenebrece y vive caracterizado por la opresión; se mantiene inclinado a la muerte, la destrucción, incluso a la autodestrucción, y tiende a pelear contra la presencia de Dios. Así fue que la vida, en la isla, se oscureció y se caracterizó por la opresión. Se inclinó hacia la autodestrucción, hasta el punto de que casi llevó al mundo entero al borde de la destrucción nuclear (con la crisis de los misiles en 1962). Además de ello, luchó contra Dios y su pueblo.

Aparte de eso, como los dioses exigían sacrificios de sangre, y hasta humanos, el régimen castrista los complacía. Poco después de llegar al poder, el gobierno revolucionario cubano mostró su habilidad para derramar sangre, inaugurando una era de ejecuciones. Cualquiera considerado enemigo del Estado podía ser encarcelado y ejecutado.[28] Los orishas ahora recibían sus sacrificios de sangre llevados a sus altares por sus nuevos sacerdotes marxistas. En ese sentido, el gobierno ateo de Cuba se convirtió, en sí mismo, en un avatar de los dioses.

Si el régimen de Castro finalmente potenciaba la práctica de la santería, ¿podría su relación con los dioses santeros profundizarse aún más? ¿Podría ser que los espíritus estuvieran involucrados en su reinado, incluso desde el principio?

Capítulo 9

LOS DIOSES Y LAS GUERRILLAS

LA CIUDAD DE Santiago se ubica cerca de la costa sureste de Cuba. Es la segunda ciudad más grande de la isla. Pero es su naturaleza y su función espiritual lo que la hace especialmente significativa para el misterio de los dioses.

LA CIUDAD DE LOS ESPÍRITUS

Santiago es un centro neurálgico del culto santero, repleto de sacerdotes y sacerdotisas, ritos y rituales, sacrificios, invocaciones a espíritus, hechizos y manifestaciones posesivas; una fuente de dioses y diosas, espíritus y orishas santeros. El 26 de julio de 1953, Fidel Castro lideró un pequeño grupo de revolucionarios en un ataque al Cuartel Moncada.[1] Aunque el ataque no tuvo éxito, marcó el nacimiento de la revolución que pondría fin al imperio de Fulgencio Batista.[2] El Cuartel Moncada se encuentra en la ciudad de Santiago.[3] Así, la revolución cubana y todo lo que traería a la isla y al mundo, el movimiento que libraría una guerra contra el evangelio, nació en la ciudad de los hechizos y las posesiones, los espíritus y los dioses.

NUESTRA SEÑORA, LA DIOSA

A la sombra de Santiago se encuentra el cercano pueblo de El Cobre. Este alberga el santuario de la patrona de Cuba: Nuestra Señora de la Caridad.[4] Pero el título es una máscara. Es práctica común acercarse al santuario de El Cobre, no para venerar a María, sino para adorar a una deidad santera. Tras la máscara de Nuestra Señora se encuentra Oshún, la diosa santera del amor y la fertilidad.[5] Por lo tanto, Oshún ocupa una posición muy venerada y poderosa en el panteón santero, tras haberse fusionado con la santa patrona de Cuba.

EL ÍDOLO Y LA FIGURA

Fue allí donde una madre, buscando intervenir por su hijo, llevó una figura de oro para presentarla junto al ídolo en el santuario vinculado no solo a Nuestra Señora de la Caridad, sino también a la diosa Oshún.

Era la figura de un guerrillero. La mujer era la madre de Fidel Castro.[6] Así que la figura que representaba a Fidel Castro permaneció junto a la que se veneraba como Oshún. Más allá de la estatuilla, se informó que Castro, mientras lideraba a sus guerrilleros en las montañas de la Sierra Maestra, encargó a sacerdotisas santeras de la localidad que hicieran amuletos y talismanes mágicos para brindarle protección a él y a quienes lo rodeaban.[7] Y cuando sus hombres bajaron de las montañas, se les observó portando amuletos de metal dedicados a la señora de El Cobre, Oshún. Llegó a la ciudad capital el 8 de enero de 1959. Esa noche, se dirigiría a la nación.[8]

LAS PALOMAS DE OBATALA

Uno de los dioses más venerados de la santería es Obatala, que es adorado como creador de la tierra[9] y el Gran Dios Blanco. En la santería, Obatala se fusionó y se adoró en lugar de Jesús. Obatala está conectado con la realeza, los tronos, la autoridad y la coronación de gobernantes.[10] Entre sus símbolos principales está la paloma. A menudo se representa a las palomas revoloteando sobre Obatalá, descansando sobre su cuerpo o posadas sobre su altar.[11] En una reunión efectuada al aire libre, la noche de su entrada victoriosa a La Habana, Castro se dirigió a la nación. En medio de su discurso, una paloma blanca se posó en su hombro y otra en su podio.[12] Castro continuó exponiendo, adornado con palomas al igual que Obatalá y su altar. En el mundo santero, el evento se tomó como una clara señal de que Obatalá había colocado su sello de aprobación en Castro para liderar la isla, habiéndole enviado a Castro la señal de su trono en el momento de la coronación del naciente dictador. Los sacerdotes santeros declararon que Castro había sido elegido por los dioses y que lo apoyarían.[13]

Durante el imperio de Castro, se consideró un secreto a voces entre los cubanos que quienes pertenecían a su círculo íntimo eran adoradores de los dioses santeros.[14] También se rumoreaba que él mismo había incursionado en ella.[15]

Sin embargo, ¿podría ser la relación de Castro con los dioses y los espíritus de la santería un misterio aún más profundo?

Capítulo 10

CHANGÓ

MIENTRAS QUE LOS dioses buscan avatares, los espíritus buscan encarnaciones físicas. En caso de posesión, los espíritus hacen su residencia en sus anfitriones humanos. Pero existen otras modalidades pertinentes. Y usar a un rey como instrumento es obtener el dominio de un reino. ¿Podrían los dioses estar conectados con Fidel Castro? ¿Y es posible que detrás del ascenso de Castro al poder estuviera un dios santero?

EL DIOS GUERRERO

Changó es uno de los dioses más poderosos y populares del panteón santero y, al mismo tiempo, uno de los más controvertidos. Es adorado por algunos, temido por otros.[1] Durante más de cinco décadas, Fidel Castro fue sin duda la figura más poderosa de la isla de Cuba. También fue uno de los líderes mundiales más controvertidos: amado y adorado por algunos; odiado, temido y vilipendiado por otros.

En la mitología santera, Changó era un dios guerrero, conocido por sus numerosas batallas y campañas militares. Fue celebrado como símbolo de masculinidad y virilidad, un hombre arriesgado, fuerte y valiente, y al mismo tiempo volátil, temperamental, violento[2] y asesino. A partir de su primer levantamiento contra Batista, Castro asumió el papel de guerrero y se hizo conocido en toda Cuba por sus campañas y batallas militares, un símbolo de masculinidad y virilidad, un hombre arriesgado: fuerte y valiente por un lado, volátil, temperamental y asesino[3] por el otro.

EL SEDUCTOR

Changó era un dios coqueto, un encantador y un seductor, un mujeriego con amantes y amoríos demasiado numerosos para contarlos. Un puñado de ellas asumieron las funciones o atributos de esposa.[4] Así también era muy sabido que Castro era bastante mujeriego, tanto que uno de sus ayudantes calculó la cifra de damas en treinta y cinco mil. Se dice que su círculo íntimo recorría a diario las playas de Cuba en busca de mujeres que sirvieran como nuevas conquistas para su líder.[5] Y, al igual que con Changó, algunas de ellas asumieron las funciones o atributos de esposa.[6]

EL USURPADOR

Mientras Changó libraba batalla, su hermano Ajaka imperaba como rey. Pero Ajaka perdió el apoyo del pueblo. Fue destituido. Algunos relatos cuentan que fue Changó quien lo derrocó. Changó entonces asumió el trono y reinó en su lugar.[7] Mientras Castro también libraba batalla como guerrillero, Batista gobernaba la nación. Pero Batista también perdió el apoyo del pueblo y cayó del poder. Fue Castro quien lo derrocó. Así que gobernaría la isla en su lugar.

EL TIRANO ROJO

Changó se asocia con el color rojo. Se le suele representar vestido con ropas rojas, al igual que sus fieles se atavían de rojo en su honor.[8] De igual manera, Fidel Castro se asoció con el color rojo. Saturó la isla de ese color, con banderas y estandartes rojos que colgaban de astas y edificios. Del mismo modo, los carteles y pinturas que llevaban su imagen por todo el país solían estar resaltados o bañados en rojo.

Se decía que Changó gobernaba su reino con mano de hierro. Era un líder poderoso y violento, un tirano, temido por su despotismo. Era dado a la venganza y no dudaba en ejecutar a sus enemigos. Era un déspota.[9] Así también Castro gobernó Cuba, con mano de hierro. Él también era un líder poderoso y violento, temido por su tiranía. También era vengativo y no dudó en encarcelar y ejecutar a sus enemigos.[10] Gobernó como un dictador.[11]

EL DIOS DEL TABACO

Entre los artículos asociados con Changó está el tabaco. Sus fieles colocaban tabacos o puros en sus altares como ofrendas con la esperanza de obtener su favor.[12] Cabría esperar, entonces, que el puro se asociara exclusivamente con Fidel Castro, lo cual fue así. De hecho, ningún líder mundial importante a finales del siglo veinte se había asociado de forma tan exclusiva con el tabaco como Castro. Tan fuerte era esa asociación que la CIA estadounidense ideó más de un complot para asesinarlo con un tabaco mortal.[13] Y en cuanto a los intentos de asesinato, en la mitología de Changó, el dios era famoso por escapar de los intentos de asesinato.[14] Castro también lo era.

EL AMULETO

Changó estaba especialmente asociado con la diosa Oshún.[15] Así también, Castro, como hemos visto, lo estaba con la misma diosa, por lo que su figura se colocaba en el altar de la diosa junto a su ídolo. Se decía que Changó llevaba un amuleto alrededor del cuello. De igual manera, cuando entró en La Habana para tomar el poder, Castro llevaba un amuleto de metal alrededor del cuello, el cual mostraba la imagen de la dama de El Cobre, tras la cual se encontraba la diosa Oshún.

EL PODER DE LA DESTRUCCIÓN

Se creía que Changó poseía aterradores poderes de destrucción. Dominaba el secreto del fuego y lo empleaba contra sus adversarios.[16] Es más, era el dios del rayo y el trueno. Los utilizaba como armas.[17] Enviaba rayos del cielo para abatir a sus enemigos. Aprendió el uso mágico de las piedras de trueno para traer destrucción a la tierra.[18] Según el misterio de Changó, cabría esperar que Castro también adquiriera aterradores poderes de destrucción. Y así fue, en realidad. Eso se puso de manifiesto mientras colaboraba con la Unión Soviética cuando intentó colocar unos misiles nucleares en Cuba dirigidos a Estados Unidos. Este acto desencadenaría la crisis de los misiles de Cuba,[19] que quizás fue el momento más peligroso de la historia mundial hasta ese momento. El avatar de Changó, Fidel Castro, había llevado al mundo al borde de la destrucción.

EL FUEGO DE LOS SHEDIM

Al igual que Changó, Castro había adquirido el poder de enviar objetos a través del cielo para traer fuego y destrucción a la tierra. Así como Changó enviaba fuego desde los cielos para destruir a sus enemigos, Castro buscaba obligar a la Unión Soviética a lanzar un ataque nuclear preventivo[20] para enviar fuego contra su enemigo, la Unión Americana. Así, el misterio del dios que operaba a través del gobernante cubano, la encarnación de una divinidad santera, llevó al mundo al borde de la destrucción nuclear. Todo estaba presente en la palabra hebrea usada en la Biblia para describir a los dioses: *shedim*, derivada de un vocablo que significa *destruir*.

LA FIESTA DE CHANGÓ

Una vez al año, Cuba se paraliza para rendir homenaje al dios Changó. Los habitantes se visten de rojo, el color de Changó, se reúnen en templos y santuarios, encienden velas, ofrecen rosas rojas en sus altares y realizan procesiones festivas.[21] Es el día o fiesta de Changó. En ese día, se celebran reuniones para los orishas, conocidos como bembes, en toda la isla. Es en estas reuniones en las que se tocan tambores al ritmo de los antiguos para invocar a los espíritus de los dioses.[22] Luego, se invita a los dioses a poseer a uno de los adoradores. El Festival de Changó es una de las celebraciones más importantes del año cubano, un día designado para rendir homenaje al rey de sus dioses.[23]

NUEVE DÍAS A LOS DIOSES

Tras dominar la vida cubana durante medio siglo, Fidel Castro falleció el 25 de noviembre de 2016. El gobierno cubano anunció nueve días de luto hasta el funeral.[24] El rito de luto de nueve días se puede encontrar en diversas culturas católicas, pero en Cuba se sabe que es un rito santero con raíces en África, donde se realiza para facilitar el viaje del espíritu del difunto en dirección a los dioses.[25] Castro estaba siguiendo el trayecto ordenado para que las almas entren en el reino de los dioses.

DE REGRESO A LA CIUDAD DE LOS ESPÍRITUS

Castro llegó al poder viajando desde Santiago hasta la Plaza de la Revolución, en La Habana. Ahora sus restos fueron sacados de esta plaza y llevados de regreso a Santiago por la misma ruta. Su camino al poder se repetía a la inversa.[26] De modo que Castro regresó al lugar donde comenzó su ascenso, la ciudad de los sacerdotes y los dioses santeros, junto a la cual se asentaba el santuario de Oshún, la deidad gobernante de la isla. El noveno y último día de luto fue el día de su funeral, el entierro de sus restos y su partida definitiva.

Su ataúd, transportado por una caravana militar, se abrió paso entre la multitud que llenaba las calles de Santiago hasta su lugar de estancia final. Algunos lo saludaban al pasar; otros gritaban su nombre. En toda la isla, la vida se paralizó.[27] El viaje final del comandante fue televisado para que todos los cubanos pudieran participar. La nación se detuvo para presentar sus últimos respetos, honrar su memoria y despedirse.

DÍA DEL AVATAR

Sin embargo, mientras todo eso sucedía, se gestaba un antiguo misterio que se remontaba a los gobernantes de Egipto y Mesopotamia, a la época de los reyes-dioses. Castro había llegado a su lugar de estancia final el 4 de diciembre. No fue casualidad. El 4 de diciembre era el día de Changó.

Todos los paralelismos entre el gobernante cubano y el dios afrocubano condujeron a ese último día y a esa convergencia final. El día escogido para rendir homenaje a Fidel Castro coincidió con el designado para rendir homenaje a Changó. Así que ahora, el día en que los cubanos colocaron velas y rosas rojas en memoria de Castro coincidió con el mismo día en que debían colocar velas y rosas rojas en honor a Changó. Fue solo porque Castro murió en ese día determinado que todo convergió en el día de Changó. En el antiguo mundo pagano, se creía que el rey que había servido como avatar del dios, al morir, se fusionaba con el dios que encarnaba, alcanzando la plena divinidad. Así, al partir Castro de este mundo, el avatar se unió al dios que encarnaba. El día de Changó se convirtió en el día de Castro, y el día de Castro en el día de Changó. Al igual que en el mundo del paganismo antiguo, el dios y su avatar se unieron.

Como Changó era el rey de los dioses santeros, Oshún era su reina, la deidad patrona de la isla. Fue a Oshún a quien conocí antes de tener la menor idea de quién era.

Capítulo 11

LA CORONA DE LA DIOSA

ANTES DE LLEGAR a Cuba, nunca había oído hablar de las deidades de la santería, y mucho menos de una diosa llamada Oshún. Eso cambiaría al ascenso a otra montaña. En la cima, me encontraría con un misterio bíblico que se remontaba a un acontecimiento registrado en las escrituras hebreas.

INSTRUMENTO DE LIBERTAD

Recorrí la isla de Cuba de oriente a occidente durante un mes, como parte de la primera expresión pública del evangelio desde que Castro declaró la isla oficialmente atea.[1] La celebración culminaría con una actividad multitudinaria en la Plaza de la Revolución de La Habana, a la que Castro asistiría. Durante el viaje, compartí el amor, el poder y la libertad de Dios e incluso toqué el shofar, la trompeta bíblica que representa el poder de Dios. Era la misma que había tocado ante las multitudes en India.

EL HOMBRE DE LA MONTAÑA

Fue en la provincia de Oriente, mientras cenaba, que un hombre salió de la calle con unas palabras que dijo tener que darme. Me contó su historia. Unas semanas antes de mi arribo a Cuba, él y otros cristianos fueron guiados a subir a una de las montañas de la isla para orar. Allí, mientras oraban, el Espíritu de Dios les habló. Dijo que la isla estaba bajo maldición. Que un judío venía de visita y que eso tenía relación con la maldición. Cuando se reunieron en la montaña, no tenían ni idea de que yo iría allí.

La historia y sus elementos eran inquietantemente similares a lo que me habían contado mientras subía la montaña en India. Cuba e India tienen poco en común. Pero cada uno de esos países alberga una multitud de dioses. El hombre de India me había hablado de una montaña maldita. El hombre de Cuba me contó lo mismo.

LA MONTAÑA MALDITA

Era una montaña cercana, que se alzaba sobre la ciudad donde me alojaba. “La montaña está maldita”, me dijo. En la cima, lanzan hechizos y conjuros. Ofrecen sacrificios a los dioses, holocaustos de sangre. Parecía que Dios me estaba haciendo un nuevo llamado: subir montañas malditas. Reuní a mi equipo y les conté lo que me habían dicho. Al día siguiente, subimos a la montaña. En mi mano tenía el shofar. Lo iba a tocar en la cima.

EL PLATO DE CERÁMICA

En la cima de la montaña había una estructura que parecía una especie de pabellón. Era una casa dedicada a los dioses y a los ídolos. Un hombre estaba de pie frente a ella, mirándome fijamente desde la distancia. “Hola, Jonathan”, dijo. No hablaba español, pero supuse que me saludaba por mi nombre. Asentí con la cabeza, pero no me acerqué. Un minuto después, él se acercó a mí y a mi traductor.

“Te estaba esperando”, dijo. “Sabía que vendrías”. En la mano del hombre había un objeto: un plato de cerámica. En la superficie del plato se veía una pintura. Era una imagen mía. En ella, sostenía un shofar, el mismo que había traído a la montaña y que ahora sostenía.

EN LA CASA DE LOS DIOSES

El hombre era cristiano. Nos contó que el Señor le había instruido que hiciera un plato de cerámica y pintara en él un dibujo mío. Él había visto mi imagen en los carteles que estaban diseminados por la ciudad, anunciando la celebración que duraría un mes. Afirmó que el Señor le dijo que subiera a la cima de la montaña y colocara la imagen dentro del pabellón. En el interior de ese pabellón había ídolos representativos de los dioses y las diosas de la santería. Así que entró, colgó el plato en una de las paredes y se fue a casa.

LA SEÑAL DE DAGÓN

Esa noche, sucedió algo en la casa de los dioses. La nueva correa de cuero, que sujetaba el plato de cerámica en la pared, se rompió. El plato se cayó. Antes de tocar el suelo, golpeó la cabeza de uno de los ídolos. Se trataba de una representación en arcilla del orisha principal y espíritu gobernante de la isla: Oshún.

La Biblia registra la historia del dios Dagón y el arca del pacto. Los filisteos, antiguos enemigos de Israel, se habían apoderado de la posesión más sagrada de la nación: el arca del pacto, el recipiente de la presencia de Dios. La llevaron al templo de su dios Dagón y la depositaron, como botín de guerra, frente a su ídolo. La Biblia declara lo que sucedió después:

> Al día siguiente, cuando los habitantes de Asdod se levantaron, vieron que la estatua de Dagón estaba tirada en el suelo, boca abajo, frente al arca del Señor. Así que la levantaron y la colocaron en su sitio. Pero al día siguiente, cuando se levantaron, volvieron a encontrar la estatua tirada en el suelo, boca abajo, frente al arca del Señor. Sobre el umbral estaban su cabeza y sus dos manos, separadas del tronco.[2]

Los críticos modernos de las Escrituras descartan esos relatos y afirman que son invenciones fantasiosas de narradores antiguos. Sin embargo, en la cima de esa montaña —en Cuba— vimos la realidad. Los mismos elementos, la misma dinámica, el mismo acto se habían manifestado de nuevo en tiempo real. El mismo poder del mismo Dios destrozó el ídolo de Oshún.

DESTRONAMIENTO DE LA DIOSA

Encima del ídolo, sobre la cabeza de Oshún, había una corona. Esta representaba su poder, su autoridad y su dominio sobre la isla. Cuando el plato cayó, no solo golpeó la cabeza de la diosa, sino también su corona.

Así como en la historia de Dagón y el arca, a la mañana siguiente, los adoradores de los dioses malignos regresaron. Al abrir las puertas del pabellón, encontraron a su deidad principal —la diosa— destruida, tendida en el suelo. La corona de gloria y autoridad que adornaba su cabeza había sido quitada. Ahora yacía en el suelo junto a los restos del ídolo caído. Oshún había sido destronada.

TROMPETAS, DIOSES Y ESPÍRITUS

Además, vieron —junto al ídolo caído— un plato de cerámica con la imagen de un hombre judío con barba. En sus manos estaba la trompeta de Dios. El plato estaba destrozado. Los destrozos revelaron que había golpeado al ídolo en la abertura del extremo de la trompeta, por donde saldría el sonido de su toque. La corona de la diosa fue tirada por la trompeta de Dios.

No pude evitar pensar en Números 10:9, donde Dios le dice a su pueblo que al sonar la trompeta en la guerra, el enemigo sería derrotado. Fue el sonido de la trompeta en India lo que produjo el resonar de un exorcismo masivo, de espíritus que huían de las multitudes. Ahora era la imagen de esa misma trompeta la que había golpeado la figura de la diosa y le había quitado la corona.

EL REY DESCORONADO

Desde la estatuilla que se encontraba junto a la diosa de Santiago hasta los amuletos que llevaban sus hombres al entrar en la capital, estaban las conexiones entre el ascenso de Fidel Castro al poder y los dioses de la santería. La más prominente y central de esas conexiones era la diosa Oshún. Por tanto, ¿podría la remoción de la corona de Oshún, en la cima de esa montaña, relacionarse con la pérdida del poder de Castro o el fin de su reinado?

Cuando recorrí Cuba, fui guiado a compartir el Jubileo, el año bíblico de la restauración, el retorno, la liberación y la libertad. Fue en relación con el Jubileo que toqué la trompeta, el instrumento con el que se inauguró esa celebración. Al final del viaje, tras la multitudinaria concentración en la Plaza de la Revolución de La Habana, le entregué a Fidel Castro tres objetos: una Biblia, un trozo de papel con una palabra profética sobre el Jubileo y un shofar, el instrumento del Jubileo y símbolo del poder de Dios.

El Jubileo era el quincuagésimo año. Nueve años después de entregarle esos tres objetos, Castro entró en el quincuagésimo año de su reinado, el Jubileo. Fue en ese quincuagésimo año que el reinado de Fidel Castro llegó a su fin, el quincuagésimo día del quincuagésimo año. Así como la copa del Jubileo le quitó la corona a Oshún, el Jubileo también le quitó la corona —que representaba su poder, su autoridad y su gobierno— a Fidel Castro.

DESTRUCCIÓN DE LOS DIOSES

Sin embargo, no fue solo eso lo que sucedió en la montaña ese día. En el caso del antiguo Israel, la destrucción de los ídolos estaba vinculada al avivamiento espiritual y al retorno a Dios. Así que fue en nuestro viaje por la isla que presenciamos las primeras señales de un avivamiento masivo. La gente inundaba las iglesias, las vidas cambiaban, las multitudes se acercaban a Dios y una nueva confianza se apoderaba de los creyentes cubanos. Muchos citarían ese mes de reuniones en toda la isla como el comienzo del avivamiento en Cuba.

El hombre que me informó lo de la maldición de la montaña también me había dicho que esta se convertiría en bendición y que descendería de la montaña a la gente de abajo. Meses después del encuentro en la montaña, un pastor de Cuba llegó a Estados Unidos para darme un mensaje. Me dijo que en la ciudad y la región que rodeaba la montaña, algo grave estaba sucediendo. La gente salía a las iglesias con objetos, con los ídolos que representaban a sus dioses. "Destrúyanlos", les decían a los pastores, "porque oímos lo que pasó en la montaña".

La maldición se estaba rompiendo. La bendición descendía de la cima de la montaña. Y el avivamiento había comenzado.

En la isla de Cuba, vimos de nuevo la conexión entre las deidades y los reinos, los espíritus y los gobiernos. En este caso, estaban detrás de una revolución, un dictador, un dios tirano, un avatar, la caída de la corona de un ídolo y un reino en tinieblas. Pero había más en el misterio y más en los dioses. En efecto, lo que ocurrió en la cima de la montaña no sería mi último encuentro con la diosa. Habría otro viaje. Este comenzaría en un lago de dioses flotantes y me llevaría a su tierra natal.

PARTE IV

LA TIERRA DE ORISHA

Capítulo 12

LOS DIOSES EN EL LAGO

TRAS REGRESAR DE Cuba, recibí una invitación a ministrar en São Paulo, la ciudad más poblada de Brasil. Accedí a la solicitud. Allí dictaría algunas charlas en un recinto cubierto durante varias noches. Por el día, tenía tiempo libre. De modo que, una tarde, mis anfitriones me llevaron a un lago. Querían que viera lo que había en allí.

LOS DIOSES REAPARECEN

Unas extrañas y colosales figuras estaban en medio del agua, todas de al menos seis metros de altura. Cada una sostenía un objeto: un cuchillo, una lanza, un bastón, una hoz, un cuenco, un hacha, un arco y una flecha. Todas flotaban en el agua, ataviadas con túnicas y tocados de diferentes colores: amarillo, blanco, verde, azul y rojo. Era un lago de dioses.

Los había visto antes, pero con diversas apariencias. Aparte de ligeras variaciones en cuanto a sus nombres y sus aspectos, se ocultaban los mismos dioses que atormentaban a Cuba: los orishas de la santería. Y allí, ataviada con ropas amarillas —sosteniendo un espejo y una daga— estaba Oshún, la diosa que vi en la cima de la montaña. Aunque nunca había oído hablar de ella antes de esos viajes, ahora —en poco tiempo— la encontré dos veces, a miles de kilómetros de distancia.

LAS TRANSMUTACIONES

Al igual que las deidades de Mesopotamia, el Mediterráneo, los países nórdicos, los eslavos y muchos otros —por su propia naturaleza— difundían y adaptaban sus nombres y apariencias conforme al nuevo entorno y las culturas en las que se encontraban.

En Cuba, se manifestaron como dioses de la santería. En Haití, se convirtieron en los *iwa*, poseedores del vudú.[1] En Brasil, se mostraron como los orixás del candomblé. Pero en cada manifestación, todos seguían la verdad bíblica del *shedim* y la *daemonia*. Detrás de los dioses había espíritus. La palabra *vudú* significa tanto dios como espíritu.[3] El término *candomblé* se refiere a una "danza en honor a los dioses".[4] En cada una de esas corrientes religiosas, los dioses, orishas o espíritus poseían a sus adoradores, los cuales servían como sus avatares.

LA MATRIZ DE LOS DIOSES

Los dioses en el lago eran una señal de lo que vendría. Antes de llegar a São Paulo, recibí la invitación de un pastor africano para que fuera a su tierra. Después de orar al respecto, acepté. Un mes después de pasear a orillas del lago de los dioses, estaba en África. Aunque no tenía ni idea de cuándo iba a llegar allí, todo formaba parte del mismo viaje que comenzó cuando partí hacia India, un periplo que me llevó a través de la niebla de Agra, a una diosa que estaba en la cima de una montaña cubana, a un lago de deidades en Brasil, y ahora a África; aquellos era un viaje lleno de dioses y misterios.

LA TIERRA DE LOS YORUBA

Cuando partí hacia África, no me di cuenta de la conexión entre mi destino y mi experiencia anterior. La santería, el vudú y el candomblé tenían sus raíces en África, más específicamente, en África Occidental, y aún más concretamente, en Nigeria, la tierra de los yoruba. Me habían invitado a ministrar en África Occidental, sobre todo, en Nigeria, en la tierra de los yoruba.[5] En todos los casos, simplemente iba adonde me invitaban. Pero era como si una mano invisible organizara cada viaje y guiara cada paso.

EL TEMPLO DE CHANGÓ

La travesía y su misterio serían aún más definidos. El misterio de los dioses se centraba en el estado nigeriano de *Oyo*.[6] El pastor que me invitó vivía en la ciudad de Ibadán, en el estado nigeriano de Oyo.

De acuerdo a la mitología yoruba, el dios Changó o Shangó, gobernaba desde Oyo.[7] Y el templo de Changó se encontraba en la ciudad de Ibadán.[8] Sin tener ni idea, fui llevado a la ciudad de Changó y a la matriz de la que surgieron los dioses de la santería, el vudú y el candomblé.

Sería allí, en esa ciudad, donde recibiríamos la visita de quien se creía era el Señor de la tierra.

Capítulo 13

EL REY YORUBA

AUNQUE AÚN NO comprendía las conexiones entre el lugar donde me encontraba y lo que había experimentado en mis otros viajes, sabía que estaba en una tierra en la que se adoraban dioses e ídolos. Por eso había planeado contarle al pueblo de Ibadán la historia del ídolo que estaba en la cima de la montaña.

LA IMAGEN EN EL MURO

Cuando mis anfitriones me mostraron la plataforma desde la cual yo iba a hablar, quedé asombrado. Era un gran escenario al aire libre con una enorme pared de fondo. La pared estaba cubierta con una pintura colosal… una imagen de *mí*. Yo vestía un *tallit*, el manto de oración judío, y estaba tocando el *shofar*. Era la misma pintura, la misma imagen que había visto en el plato de cerámica en Cuba. Así que, mientras contaba la historia de lo que había sucedido en la montaña de Cuba, la gente de Ibadán podía ver la misma imagen, multiplicada muchas veces, que adornaba el plato que había golpeado la corona de la diosa.

"EL SEÑOR DE LA TIERRA"

Oshún, Changó, Obatalá, Ogún, Yemayá y los demás dioses de la santería provienen del panteón de las deidades yorubas. Este panteón tenía un guardián, el líder supremo del culto yoruba, el custodio de las divinidades. Se le llamaba el *ooni de Ife*. Era un título real. El *ooni* era rey y sacerdote de la religión yoruba, el último en sentarse en un trono sagrado que se remontaba a tiempos inmemoriales.[1]

Según la mitología de ese trono, sus primeros ocupantes fueron algunos de los más destacados del panteón yoruba. El *ooni* regía en el trono de los dioses. Era su representante en la tierra.[2] Era su avatar, un avatar de avatares. Es más, se le consideraba un *orisha* en sí mismo, una deidad espiritual, un dios en carne y hueso.[3] Era tan altamente estimado que los líderes nigerianos, jefes, príncipes, reyes tribales y demás funcionarios del gobierno se postraban en su presencia.

Llevaba el título *Oluaye*, que puede traducirse como "Señor de la tierra" o "Amo del mundo".

LA REUNIÓN

El día después de que hablé de lo sucedido en la cima de la montaña, tendría lugar un acontecimiento que resonaría en todo el mundo yoruba y ocuparía los titulares en toda Nigeria. Se realizaría en una reunión sagrada de oración y arrepentimiento en nombre de la nación, en ese mismo escenario. Líderes nigerianos, gobernadores, senadores, dirigentes civiles y administrativos, líderes espirituales, jefes tribales e incluso el representante del presidente convergieron en Ibadán. Uno por uno, subieron al escenario y guiaron al pueblo en oración, a confesar sus pecados y a pronunciar declaraciones de arrepentimiento.

LA ENTRADA

Mientras uno de los líderes políticos de Nigeria hablaba desde el podio, estalló un alboroto a un lado de la multitud. Era el *ooni de Ife*. Había decidido asistir al evento. Entró en el recinto con una ornamentada túnica real púrpura y un tocado granate igualmente adornado, que representaba su corona. Lo acompañaba una comitiva de asistentes y sirvientes reales, era una procesión majestuosa.

El evento se detuvo por completo. Los líderes políticos y civiles se inclinaron en reverencia ante él a medida que se acercaba y pasaba frente a ellos. Ascendió al escenario y se colocó frente al podio para hablar. El representante de los dioses yorubas, el guardián de la diosa Oshún, el rey yoruba venerado como una representación viviente de los dioses, ahora estaba de pie frente al imponente telón de fondo de la imagen que había quitado la corona de Oshún. Un silencio sobrecogedor envolvió a la multitud. El *ooni* comenzó a hablar.

EL DESCORONAMIENTO DEL OONI

"Primero me purificaré", dijo. "Quiero estar puro". El ooni declaró entonces a los presentes y a la nación que, a partir de ese momento, sería conocido por un nuevo título: Alayeluwa Oba Okunade Sijuade, Olubuse II. Para los nigerianos que escuchaban esas palabras mientras las pronunciaba, y para quienes las oirían o leerían después, el anuncio fue impactante. El ooni de Ife estaba renunciando a su título de Oluaye.[4] Ya no sería llamado ni considerado el dios que presidía sobre todo. Ya no se le mencionaría como el Amo del mundo.

El ooni fue aún más lejos. "No hay otro dios", dijo al pueblo, "que el Dios verdadero, el Rey de todos los reyes". Después de siglos de presidir sobre los dioses como "Señor de la tierra", el ooni de Ife había renunciado a su título y a su condición divina. Ante la nación, dio testimonio de que solo Dios es Dios.[5] Este acto se convirtió en una onda expansiva a través del mundo yoruba. El avatar había renunciado a su divinidad.

LA MISMA IMAGEN

Después de emitir la proclamación, el *ooni* realizó otro acto sin precedentes. En el mundo yoruba, era a él a quien se debía rendir reverencia, no al revés. Pero ante los demás líderes, el pueblo y la nación, el *ooni* cayó de rodillas y se postró ante Dios.[6] Culminando ese momento, se quitó el tocado púrpura.

El ooni de Ife se había destronado a sí mismo. No solo importaba lo que sucedió ese día, sino dónde ocurrió. El ooni había renunciado a su título de Oluaye, a su corona de divinidad, frente a la imagen colosal que había quitado la corona de Oshun. Se había destronado a sí mismo frente a la imagen defenestrada. El ooni era el guardián de Oshún. Su destronamiento estaba conectado al de ella, y el de ella al suyo. Los que pintaron esa imagen en la pared posterior de aquel escenario no tenían idea de su significado, ni ellos ni nadie —salvo el ooni— sabían lo que él planeaba hacer frente a ella.

EL FILO DEL SHOFAR

Desde la perspectiva de los fotógrafos que registraban el evento frente al escenario, el *ooni* se encontraba en la misma posición en relación con la imagen de la trompeta que el ídolo de la montaña en relación con el plato de cerámica que golpeó su cabeza. El extremo de la trompeta que le había quitado la corona a la diosa ahora tocaba la cabeza del *ooni* mientras él se destronaba.

Una vez más estaba allí la trompeta e igualmente, una vez más, había tocado a los dioses. Cuando sonó en la tierra de los dioses de India, desató clamores de liberación. También estuvo presente en forma de la imagen que golpeó la cabeza del ídolo en la montaña de Cuba. Y ahora estaba en África, donde su imagen formaba el colosal telón de fondo de un momento épico en el trono yoruba: el destronamiento de otro dios.

LA BENDICIÓN AARÓNICA

Antes de concluir aquel evento, se me pidió que tocara el shofar y luego lo terminara impartiendo la antigua bendición de Dios, la bendición aarónica, primero en el hebreo original y después en inglés.

Mientras me encontraba en el podio, a punto de pronunciar la bendición, sentí el impulso de invitar al *ooni* de Ife a unirse a mí en el escenario para impartirla. Él se colocó a mi lado. Levanté mi mano derecha para extender la bendición, y el *ooni* hizo lo mismo. Mientras comenzaba a entonar las antiguas palabras hebreas de la bendición de Dios, el *ooni* cerró los ojos e inclinó la cabeza. El momento fue captado por los fotógrafos de los periódicos que habían acudido a cubrir el evento.

"NO HAY OTRO DIOS"

Al día siguiente, la fotografía del ooni con la cabeza inclinada, los ojos cerrados y el brazo extendido mientras yo pronunciaba la bendición aarónica ocupó las portadas de los periódicos de Nigeria. Bajo la fotografía aparecían las palabras de la proclamación del ooni: "No hay otro dios que el Dios verdadero, el Rey de todos los reyes". Y en grandes letras, el encabezado decía: "El ooni renuncia al título de Oluaye". Debajo del titular, otra fotografía mostraba al ooni postrado de rodillas, sin su tocado y, bajo esta, el pie de foto lo describía como "arrodillado en sumisión ante el Todopoderoso".

Lo que ocurrió aquel día fue, en el mundo yoruba y en el ámbito espiritual, un acontecimiento que estremeció la tierra. El antiguo "Amo de la tierra" se había inclinado en sumisión ante el Todopoderoso.

Y, sin embargo, el misterio no había terminado. Nuestro tiempo en aquella tierra no se completaría hasta que encontráramos a la señora del bosque.

Capítulo 14

LA SEÑORA DEL BOSQUE

Cuando relaté la historia del destronamiento de la diosa en Cuba ante el pueblo de Ibadán, la reacción fue impactante. En el momento en que pronuncié el nombre *Oshún*, hubo una especie de suspiro colectivo y algo más que eso. Al final de la noche le pregunté a mi anfitrión:

—¿Por qué reaccionaron así cuando dije "Oshún"?

—Porque todos la conocen —me respondió—. Ella es de esta tierra. Has llegado a su hogar.

LA TIERRA DE OSHÚN

Ahora me encontraba en el lugar de nacimiento de los dioses con los que me había topado en otras naciones. Y sin embargo, era más específico aún. Limitando con Oyo, había otro estado nigeriano: el estado de Osun. *Osun* es otra modalidad del nombre *Oshún. Todo el estado llevaba el nombre de la diosa.* El mismo misterio que me había llevado al monte en Cuba donde se veneraba a Oshún, ahora me había traído a su tierra natal. De entre todos los lugares del mundo a los que podría haber ido, fui conducido a su hogar.

La diosa tenía muchos santuarios, arboledas y templos en África, Sudamérica e incluso en Norteamérica y Europa. Pero ahora estábamos de pie en el epicentro de su reino. Oshún es la diosa de los ríos. Y en la tierra de Osun fluye un río sagrado dedicado a su adoración: el *río Osun.*[1] A lo largo del río se encuentra la *Arboleda Sagrada* de la diosa. Era el centro mundial de su culto y su veneración. Personas de todo el globo acudían allí para participar en su adoración.[2]

Más aún, era la última arboleda sagrada prominente de la religión yoruba. Y aunque estaba dedicada a Oshún, se había convertido en la morada de los dioses yoruba. En ese lugar se podían encontrar más de cuarenta ídolos y santuarios. El misterio que me había guiado hasta esa arboleda no solo tenía que ver con la diosa, sino con todas las deidades del pueblo yoruba.

LA ARBOLEDA SAGRADA

Al enterarme de la existencia del estado de Osun, supe que no podíamos regresar a casa sin hacer un último viaje. Teníamos que visitar la Arboleda Sagrada. Así que, al día siguiente de que el ooni de Ife renunciara a su divinidad, partimos rumbo al santuario de la diosa. Este se encontraba en una especie de bosque. A lo largo de este se podían ver las aguas del río Osun. Nos reunimos allí, junto a uno de sus altares, y oramos por todos aquellos involucrados en su adoración, en sus ritos y rituales.

Después de orar, vimos una figura a la distancia que nos observaba. Era una mujer vestida con una prenda azul claro, algo entre una túnica y un vestido veraniego. Cuando nos movíamos, ella se movía. Cuando nos deteníamos, ella se detenía. Era la guardiana de la arboleda. Era la sacerdotisa de Oshún, el instrumento consagrado de la diosa.

LOS SACERDOTES DE LOS YORUBA

La posesión espiritual no solo se practica en la adoración yoruba, sino que ocupa un lugar central. Se realizan ceremonias para invocar a los dioses y las diosas, y se entra en trances para permitir que entren en el cuerpo del médium. Este, en la mayoría de los casos, es el sacerdote o sacerdotisa de la deidad, especialmente entrenado para invocar y ser poseído por el espíritu convocado. Como ocurre en las ceremonias de la santería, el ministro yoruba actúa, se mueve y habla como si fuera la misma deidad. En efecto, se convierte en su avatar. La sacerdotisa de Oshún estaba entrenada así para ser tomada, habitada y utilizada por el espíritu poseedor del orisha. Sin duda, había servido muchas veces como avatar de la diosa.

ORACIÓN DEL AVATAR

Fui guiado a acercarme a ella. Había dos asistentes varones a su lado. Me acerqué con un traductor, ya que no hablaba inglés. Le hablé acerca de Dios, de su amor y de su salvación a través del Mesías, Jesús. Fue una conversación extensa. Ella había sido dedicada a los dioses desde su infancia. Eso era todo lo que conocía. Pero, en ese momento, había una inquietud en su corazón y un anhelo por algo más. Al final de la plática, le pregunté si quería recibir a Jesús y su salvación en su corazón, de manera que comenzara a seguirlo. Ella respondió que sí.

La dirigí en una oración para pedir su salvación; renunciar a toda oscuridad, a toda esclavitud, a todos los dioses, a todo pecado; recibir el amor de Dios, su perdón, obtener su limpieza y con ello el nuevo nacimiento. Ella oró conmigo, repitiendo mis palabras en su lengua nativa. Aquella que había sido vaso del espíritu poseedor, el avatar de la diosa, ahora oraba para recibir el Espíritu de Dios.

Al terminar la oración, abrió los ojos y miró hacia arriba. Creo que nunca he visto un rostro tan resplandeciente con el gozo y la paz de Dios como el que vi ese día en aquella sacerdotisa de Oshún.

EL PUEBLO QUE ANDABA EN TINIEBLAS

Le pedí a uno de los que me ayudaban que le entregara una Biblia que pudiera leer en su lengua natal. "Aquí —le dije— están los oráculos de Dios. Él te hablará a través de esto". Acto seguido, saqué mi propia Biblia de bolsillo y la abrí al azar. Se abrió al comienzo de Isaías 9. Leí el pasaje:

> "El pueblo que andaba en tinieblas vio gran luz; los que moraban en tierra de sombra de muerte, la luz resplandeció sobre ellos".[3]

El dominio de Oshún había sido destruido, esta vez en el corazón de su sacerdotisa. A la que moraba en tierra de sombra de muerte, la luz le había amanecido.

AVIVAMIENTO EN EL PALACIO DEL OONI

Poco después de regresar a casa, desde Nigeria, recibí una invitación para volver, esta vez de parte de un ministro nigeriano en la ciudad de Lagos. Estaba organizando una gran reunión masiva y quería que yo interviniera en ella. Acepté. Mientras estaba en Lagos, sentí en mi corazón el impulso de visitar al ooni de Ife. Se organizó una reunión. Ingresé a su residencia real y a su cámara real, donde nos sentamos juntos y conversamos largo rato.

Después del encuentro, caminé por los patios exteriores. Por todas las paredes del palacio había volantes. En ellos aparecía una fotografía del *ooni* y de mí, dando la bendición de Dios. Al lado de la imagen estaban escritas las palabras: "¡Avivamiento! ¡Avivamiento! ¡Avivamiento!".

Debajo había una cita bíblica y una serie de fechas. Ahora, sobre el trono de los dioses yoruba, habría alabanza, oración y adoración al Dios verdadero. Sí, era un avivamiento.

LA NOCHE DE LOS MILLONES

Esa misma noche, me encontré de pie sobre una plataforma al aire libre, en medio de un mar de nigerianos que se contaban por millones. Hablé con ellos sobre el amor y el poder de Dios, y luego los dirigí en una oración para que recibieran la salvación y consagraran sus vidas a seguirlo.

Entonces saqué la trompeta bíblica, el *shofar* —la misma que había hecho resonar en India, en Cuba y en Ibadán— y la toqué. Millones de nigerianos escucharon el sonido del shofar aquella noche, y millones oraron conmigo para dedicar sus vidas a Dios.

Hubo avivamiento en la tierra.

En la tierra de los ídolos y los espíritus, matriz de los dioses, la sacerdotisa de Oshún había hallado la salvación, el rey yoruba había se quitado su corona y se había postrado ante el Rey de reyes, y un pueblo que habitaba en tinieblas había visto gran luz.

Capítulo 15

DIOSES Y REINOS

EL VIAJE ME había llevado a tres continentes y una isla: desde Asia hasta el Caribe, Sudamérica y África. Y sin embargo, todos estaban conectados entre sí por un misterio de dioses y espíritus. ¿Qué revelaban esas conexiones?

SU ATEMPORALIDAD

Primero, los dioses no están limitados por el tiempo. Son más antiguos que la historia registrada y, sin embargo, aún hoy son adorados. Pueden desaparecer de la vista. Pueden reaparecer y resurgir. Pero nunca desaparecen por completo.

INEXISTENCIA DE FRONTERAS

Segundo, los dioses no están limitados por la geografía ni por la cultura. Se les puede encontrar en todo el mundo, incluso en culturas que prácticamente no comparten nada entre sí, excepto la presencia de ellos. En la antigüedad, la adoración de las deidades era un fenómeno casi universal. Fue, en gran medida, la expansión del evangelio, del monoteísmo, y de todo lo que surgió a partir de este, lo que restringió esa adoración o la llevó a su fin.

DETRÁS DE LOS DIOSES

Tercero, los dioses están ligados a espíritus. Eso se hizo evidente en cada viaje y en cada tierra. Como también estuvo presente miles de años antes, revelado en las Escrituras. Detrás de los dioses están los shedim y los daimonia. Donde hay dioses, hay espíritus.

MUTACIÓN DE LOS DIOSES

Cuarto, la capacidad de cambiar y transmutarse es propia de los dioses, la habilidad de alterar sus apariencias y sus nombres. Así, Inanna se convirtió en Ishtar, Ishtar en Astarté, y Astarté en Astoret, Afrodita y Venus. Sucedió en el mundo antiguo. Y ha seguido sucediendo desde entonces.

LOS ENMASCARADOS

Quinto, es propio de los dioses enmascararse y disfrazarse. Esto puede verse de forma muy evidente en la santería y el candomblé, los dioses yoruba se presentan bajo la apariencia de santos. Los dioses se enmascaran según las condiciones del entorno. Y, sin embargo, el enmascaramiento de los dioses es universal, porque los propios dioses son máscaras de los espíritus que hay detrás de ellos.

LOS QUE POSEEN

Sexto, los dioses, como —en realidad— son shedim y daimonia —es decir, espíritus poseedores—, buscan poseer a sus adoradores. Esa conexión estaba presente en el paganismo antiguo y también en la adoración de los dioses que han sobrevivido hasta los tiempos modernos. En cada tierra que visité —India, Cuba, Brasil y Nigeria— la adoración a los dioses estaba acompañada por el fenómeno de la posesión espiritual.

LOS AVATARES

Séptimo, ahí donde los dioses están presentes y dominan, también lo estarán sus avatares. En India, la creencia en los avatares era un pilar central de la fe. Se les adoraba como deidades y se les reverenciaba en encarnaciones de carne y hueso. Los dioses podían tomar control de sus instrumentos humanos mediante la posesión divina. En Cuba, los orishas —de la santería— también podían poseer a sus adoradores y, a través de ellos, moverse, hablar y actuar. Incluso un guerrillero revolucionario podía llegar a servir como avatar de un rey tirano. En Nigeria, los dioses y los espíritus yoruba igualmente podían habitar y poseer a sus sacerdotes y adoradores, y el pueblo se inclinaba ante el rey-avatar que gobernaba como representante viviente de los dioses y del "Señor de la tierra".

LOS GOBERNANTES

Por último, los dioses buscan poseer más que personas: tratan de dominar sociedades, culturas, naciones, tronos, gobiernos y reinos. Por tanto, en cada una de las tierras visitadas, se hacía evidente la interacción entre los dioses y los gobiernos. En India, el gobierno en el poder veneraba a los dioses, promovía su adoración y apoyaba la construcción y consagración de sus santuarios y sus templos. Al mismo tiempo, facilitaba la persecución de cristianos y de quienes se oponían al culto a los dioses.[1]

En Cuba, el gobierno —oficialmente ateo— lanzó una persecución implacable contra los cristianos y la iglesia. La ausencia resultante de la influencia del evangelio en la sociedad cubana abrió la puerta al empoderamiento y al crecimiento de la adoración a los dioses de la santería. Más adelante, el gobierno comunista de la isla llegaría a celebrar sin tapujos y a fomentar la adoración de esos dioses como una expresión de identidad nacional unificada.[2]

En África Occidental, los dioses estuvieron desde el principio vinculados al gobierno. Se creía que sus primeros reyes eran dioses encarnados y, los tronos de sus gobernantes, el asiento de los dioses. Por ello, líderes nacionales y gubernamentales aún se postraban ante aquellos que se creía caminaban sobre la tierra como encarnaciones de las deidades.

LA ADVERTENCIA

La profunda interacción entre dioses y reinos, entre espíritus y gobernantes, fue una característica especial de la antigua civilización pagana. Los pueblos eran gobernados por los dioses. Reyes y reinas actuaban como sacerdotes y sacerdotisas, representantes, agentes o avatares de los propios dioses. Estos eran santificados y, en definitiva, los avatares imperaban.

En esto hay una advertencia para toda cultura o nación que abra la puerta a los dioses o que, de algún modo, elimine sus barreras de protección contra ellos. Si los dioses —o *shedim*— no están limitados por el tiempo, entonces aún están presentes, por lo que personifican un peligro actual para el mundo moderno. Si no están limitados por la geografía, entonces pueden tocar cualquier tierra, cualquier pueblo y cualquier nación. Y si pueden cambiar de apariencia, si vienen disfrazados, entonces tal vez no los reconozcamos cuando lleguen, ni discernamos sus manifestaciones.

LOS QUE HABITAN DENTRO

Cuando vienen a habitar, a morar y a poseer, los dioses nunca se conforma con ser —simplemente— tolerados o contenidos. Buscarán habitar toda morada y poseer cada esfera de la sociedad, la cultura y la civilización. Para lograrlo, lucharán por obtener el control de reyes y gobiernos. La naturaleza del gobierno en sí es irrelevante. Los dioses pueden poseer un gobierno moderno con la misma facilidad que uno antiguo; uno secular tanto como uno pagano; una democracia igual que una dictadura. Y si logran la posesión, utilizarán la maquinaria del Estado para hacer guerra contra todo lo que se interponga en su camino y, en especial, contra Dios. Por eso, el ascenso de los dioses inevitablemente implicará la esfera del gobierno, la opresión y la sujeción de quienes se resistan, y, de ser necesario, el derramamiento de sangre.

¿Podría esto estar detrás de lo que está ocurriendo en nuestros días y en medio de nosotros? Podría ser la causa oculta de los cambios que están transformando nuestra cultura? ¿Podría revelar la verdadera batalla que se libra detrás de lo que parece solo una guerra cultural? ¿Y podría esto determinar el futuro de Estados Unidos de América y del mundo?

Ahora veremos cómo este misterio se ha manifestado en una civilización que muchos considerarían inmune a los dioses: Occidente. En efecto, veremos cómo un dios antiguo se manifestó en Occidente de manera franca, descarada y ante los ojos del mundo moderno.

PARTE V

EL MISTERIO OLÍMPICO

Capítulo 16

EL FESTIVAL DE LOS DIOSES

Se asume comúnmente que el fenómeno de los dioses está confinado al pasado antiquísimo, al mundo no occidental o a focos anómalos dentro de la cultura moderna. Pero esa suposición es errónea. El misterio de los dioses se aplica, de manera crítica, al mundo occidental. De hecho, es en Occidente donde este misterio adquiere sus mayores poderes y peligros.

LOS DIOSES DE OCCIDENTE

El Occidente moderno no es inmune a los dioses. Este hecho es crucial si queremos comprender las fuerzas que hoy están operando para transformar nuestro mundo. Los dioses del Occidente moderno están, en su mayoría, velados, y actúan —en gran parte— de manera secreta. Pero en lo que respecta al futuro del mundo, son estos dioses, más que aquellos abiertamente adorados en templos, santuarios o arboledas, los más potentes, decisivos y peligrosos. El hecho de que estén principalmente enmascarados no los hace menos peligrosos, al contrario. Y, sin embargo, en ciertos momentos sus máscaras pueden ser eliminadas. El desenmascaramiento de uno de esos dioses occidentales ocurrió en medio de un extraño espectáculo presenciado por millones de personas en todo el mundo.

EL FESTIVAL DE ZEUS

Cada cuatro años, los ojos del mundo se vuelven hacia una nación elegida como la anfitriona de los Juegos Olímpicos. Estos juegos son, por supuesto, el evento deportivo más destacado del planeta, al que las naciones envían a sus mejores atletas y equipos para competir. Para las asociaciones y personas que participan en los Juegos Olímpicos, eso es todo lo que representan. Pero no es todo lo que son. La competencia deportiva más importante del mundo tiene —y siempre ha tenido— otra cara.

Los Juegos Olímpicos nacieron como convocaciones paganas. El mismo nombre Olímpicos proviene de Olimpia, que a su vez fue nombrada en honor al Monte Olimpo, el cual es la morada de los dioses griegos. Los Juegos Olímpicos nunca fueron solo competencias atléticas, sino esencialmente celebraciones religiosas en honor a las deidades paganas. En medio de las competencias deportivas había ritos, ceremonias, oraciones, banquetes y sacrificios a los dioses del panteón griego.[1] Los atletas olímpicos solían competir completamente desnudos. Las mujeres casadas no podían asistir; solo las solteras y una multitud de prostitutas.[2] Los Juegos Olímpicos eran festivales paganos convocados específicamente para la gloria y honra de Zeus,[3] rey del Olimpo y señor de los dioses.

LOS SACRIFICIOS OLÍMPICOS

En el núcleo de los antiguos Juegos Olímpicos estaban los sacrificios de sangre. Durante todos los juegos había sacerdotes presentes que supervisaban esos actos. Los atletas olímpicos participaban en la ceremonia de la hecatombe, la cual consistía en sacrificar cien bueyes ante una colosal estatua de Zeus. Así, los antiguos Juegos Olímpicos no solo eran festivales religiosos paganos convocados para la gloria y la adoración de los dioses, sino que fueron ungidos y empapados en sangre.[4]

EL HIMNO OLÍMPICO

Eso fue en el pasado, pero también lo es en el presente. El paganismo de las antiguas Olimpiadas sobrevive en su reencarnación moderna. Cada edición de los Juegos Olímpicos de la era moderna se inaugura con el canto del "Himno Olímpico", también conocido como el "Himno de los Juegos". El himno se define como una canción o poema de alabanza a un dios. Así también, el himno olímpico alaba a su dios:

> Oh Espíritu inmortal y antiguo, padre puro...
> Desciende, revélate y resplandece aquí como un rayo...
> Y apresúrate al templo aquí, tu peregrino...[5]

¿Qué templo? ¿Y qué dios es invocado para que descienda? Zeus era, efectivamente, el dios del rayo.

LA LLAMA DE LOS DIOSES

Sin embargo, hay más. Un elemento sagrado de las antiguas Olimpiadas era la llama eterna, que ardía en veneración a la diosa Hestia. El fuego de esa llama se usaba para encender otras llamas sacrificiales en las ceremonias olímpicas. Asimismo, el elemento del "fuego sagrado" cumple un papel central en los Juegos Olímpicos modernos. El mundo observa cómo es llevada, la antorcha olímpica, al estadio olímpico del país anfitrión. Pero su llama se enciende primero en el templo de Hera, en una ceremonia realizada por un grupo de mujeres que representan a la gran sacerdotisa y a las sacerdotisas de la diosa.[6]

Cada edición moderna de los Juegos Olímpicos se inaugura con una ceremonia pagana que involucra a los dioses.

LA PARÁBOLA ANTIGUA

Para quienes no han leído *El retorno de los dioses*, la clave para entender este misterio se encuentra en una parábola dada por Jesús acerca de un hombre poseído. El hombre es liberado del espíritu que lo poseía, pero permanece vacío de la presencia de Dios. Entonces el espíritu, sin cuerpo, vuelve al hombre, lo encuentra vacío —una casa vacía— y trae consigo a otros siete espíritus para volver a habitarlo. El hombre que antes estaba poseído por un solo espíritu ahora lo está por ocho. Su final es, por tanto, peor que su principio.

EL RETORNO DE LOS DESENCARNADOS

La parábola, sin embargo, no se aplica únicamente a individuos. El propio Jesús concluyó la historia afirmando: "Así también acontecerá a esta generación mala".[7] El tema de los espíritus, la posesión, la liberación y la reposesión no se limita a individuos, sino que se extiende a generaciones, culturas, naciones y civilizaciones. Aplicada a su nivel más amplio, la parábola encierra una advertencia sin límites de tiempo. Es esta: si una civilización que ha sido liberada de los dioses, limpiada del paganismo y liberada de los espíritus por el poder de Dios, llega a vaciarse de Dios, entonces aquello que fue expulsado volverá, pero con más fuerza. Sufrirá una repaganización, una reposesión.

LA REPOSESIÓN

Ninguna civilización ha sido tan transformada por Dios como la occidental. A diferencia del Oriente, donde los dioses nunca se fueron, el Occidente fue exorcizado de sus dioses y espíritus. La entrada del evangelio expulsó a los dioses y, con ellos, a los shedim y daimonia que habitaban el Occidente pagano. Fue el mayor exorcismo colectivo de la historia humana.

No obstante, el Occidente moderno comenzó a vaciarse de la presencia de Dios, de su Palabra y del evangelio. Y, como en la parábola, su casa no podía permanecer vacía. Por lo tanto, conforme a la advertencia antigua, los dioses y espíritus que fueron expulsados regresarían a él. Occidente sería nuevamente habitado, repaganizado, y reposeído.

Es esa transformación —el retorno de los dioses, la reposesión de los espíritus y la repaganización de la cultura— la que ahora está transformando a la civilización occidental.

EL EVANGELIO Y EL FIN DE LAS OLIMPIADAS

¿Qué tiene que ver todo esto con las Olimpiadas? Todo. El antiguo exorcismo de la civilización occidental que ocurrió con la llegada del cristianismo incluyó también los Juegos Olímpicos. Cuando los dioses fueron expulsados de la civilización grecorromana, las Olimpiadas —como convocación religiosa a Zeus y a los demás dioses— fueron expulsadas junto con ellos. Aunque es posible que algunas competencias hayan sobrevivido por un corto tiempo, los últimos Juegos Olímpicos registrados en la antigüedad ocurrieron en el año 393 d.C.

Ese momento no fue casual. Las Olimpiadas llegaron a su fin durante la era de la casa del emperador Teodosio. Fue Teodosio quien selló el ascenso del cristianismo como la fe oficial del imperio romano. Tan solo un año después de los últimos Juegos Olímpicos registrados, el destino del paganismo también quedó sellado con la victoria del emperador en la Batalla del Frígido.[8] De modo que la desaparición de las Olimpiadas coincidió con la desaparición de los dioses y el ascenso de la fe cristiana.

EL REGRESO DEL FESTIVAL

Sin embargo, ¿qué sucedería si Occidente se apartara de Dios y se vaciara de su Palabra, sus caminos y su Espíritu? Entonces, conforme a la parábola, podríamos esperar que los dioses regresaran. Y de igual manera, podríamos esperar que las Olimpiadas también volvieran. Eso es precisamente lo que ocurrió. Mil quinientos años después del final oficial del paganismo y de los Juegos Olímpicos, las Olimpiadas fueron resucitadas. Esa resurrección sucedió a fines del siglo diecinueve, en la misma época que resultó crítica para preparar el terreno de una Europa poscristiana. Y no es coincidencia que esa Europa poscristiana diera lugar a los movimientos demoníacos, destructivos y poscristianos de los tiempos modernos —comunismo, fascismo, nazismo— que terminaron en la muerte de millones de seres humanos.

LA INVOCACIÓN DE ESPÍRITUS

Si la desaparición de las Olimpiadas coincidió con la cristianización de Occidente, podríamos entonces esperar que su reaparición armonizara con su descristianización. Y si su desaparición acompañó la expulsión de los dioses, podríamos esperar que su reaparición coincidiera con su regreso. Y a medida que la apostasía de Occidente se profundizara y se intensificara, podríamos deducir que las Olimpiadas adquirieran una naturaleza cada vez más francamente pagana, en especial en sus ceremonias de apertura y clausura. Y al servir como plataformas para los dioses y como convocaciones para su invocación, podríamos esperar que volvieran a invocar a un dios largamente desterrado.

Y lo que podríamos haber esperado que ocurriera, sucedió. Las Olimpiadas modernas invocarían a un dios antiguo. Se manifestaría ante el mundo. Y encarnaría la metamorfosis y el intercambio espiritual que están apoderándose de la civilización occidental y de gran parte del mundo moderno.

Estamos por abrir lo que probablemente fue el acto blasfemo más visto desde el amanecer del cristianismo... y el regreso a Occidente de un dios largamente exorcizado.

Capítulo 17

EL REGRESO DEL DIOS

Una de las imágenes cristianas más icónicas de la civilización occidental es *La Última Cena* de Leonardo da Vinci, en la que Jesús se sienta con sus discípulos para participar de su última comida antes de la crucifixión. Fue precisamente esa imagen la que evocaron y transmitieron al mundo los Juegos Olímpicos de París 2024.[1]

LA BLASFEMIA OLÍMPICA

Fue un espectáculo presentado durante la ceremonia de apertura. Algunos afirmaron que se basaba en una pintura del siglo diecisiete titulada *La fiesta de los dioses* o, en un grabado del siglo dieciséis titulado *Preparativos para el banquete de bodas de Cupido y Psique*, ambos enfocados en antiguos dioses paganos. Pero para la mayoría de los que presenciaron el espectáculo, no había duda de lo que se estaba representando. Aparte de la intención, la presentación fue una evocación clara de *La Última Cena*. Los dioses combaten contra Dios y los espíritus contra el Espíritu. Los antiguos dioses habían sido exorcizados de Occidente en el nombre de Jesús. Así que, en perfecta coherencia con su naturaleza y con el misterio que los rodea, intentarían burlarse de Jesús y ridiculizar, subvertir y profanar el acto más sagrado ante los ojos del mundo.

EL REGRESO DE LA PROFANACIÓN

La profanación tenía un precedente antiguo. Al comienzo de esta era, cuando el cristianismo empezó a expandirse en el imperio romano, fue el sacramento de la Comunión, la Cena del Señor —la misma representada en *La Última Cena* de Da Vinci— el que fue especialmente atacado, calumniado y vilipendiado por los defensores del mundo pagano. A los cristianos que participaban de la Cena del Señor se les acusaba falsamente de practicar el canibalismo.[2]

Sin duda, quienes planificaron el espectáculo olímpico no estaban pensando en la antigua guerra entre los dioses y el Evangelio. Pero en el ámbito espiritual, se trataba de una repetición de ese conflicto milenario. Una vez más, el acto sagrado de la fe cristiana —aquel que representa la muerte sacrificial de Jesús— estaba siendo burlado, atacado y profanado… y ahora a través de la televisión, los satélites y el internet.

EL DIOS EN BANDEJA

Fue un acto blasfemo y, más que eso, una manifestación. *La Última Cena* gira en torno a los elementos del pan y el vino, los alimentos del banquete sagrado. Así también lo hizo el espectáculo olímpico. Solo que hubo un cambio. En vez del pan y el vino, representación de Jesús, se colocó una bandeja cubierta en la mesa festiva, como si se mantuviera caliente la comida del banquete. Pero algo muy distinto aguardaba en su interior.

Cuando se retiró la cubierta, sobre el plato yacía un antiguo dios, uno que había sido expulsado del mundo grecorromano con la llegada del evangelio. Encarnando al dios estaba un hombre casi desnudo, cubierto de pintura azul, recostado sobre la bandeja, con barba amarilla y una guirnalda en la cabeza. Era el antiguo dios Dionisio.[3] Apareció ante el mundo como representación viviente de la deidad. En el ámbito espiritual de los dioses, se presentó como un avatar.

EL REGRESO DE DIONISIO

Al comienzo de esta era, los dioses fueron reemplazados por Jesús. Ahora Jesús estaba siendo reemplazado por los dioses. Y así como la Cena del Señor había reemplazado en tiempos antiguos los sacrificios y celebraciones dedicadas a los dioses, ahora la celebración de las divinidades estaba reemplazando la Cena del Señor, con el cuerpo de Dionisio tomando el lugar de los elementos que representan el cuerpo de Jesús. El dios que estaba en el centro del espectáculo olímpico, Dionisio, era significativo. Muchos estudiosos creen que la adoración a Dionisio constituía una competencia directa a la adoración de Jesús en los primeros siglos. Tanto Jesús como Dionisio estaban asociados con el vino.[4] Los dos sufrieron muertes violentas. Y ambos fueron devueltos a la vida. Pero las similitudes eran superficiales. En realidad, no podían ser más diferentes. La muerte y resurrección de Jesús fue un acto de redención. Dionisio fue despedazado y traído nuevamente a la vida en una historia mitológica de violencia y sangre, sin redención.[5] Y mientras el vino de Jesús estaba vinculado a su sacrificio, el vino de Dionisio estaba más bien relacionado con la embriaguez, la lascivia y el desenfreno, al igual que el dios mismo.[6]

EL REGRESO TELEVISADO DE LOS DIOSES

Lo que ocurrió en la ceremonia de apertura de los Juegos Olímpicos de 2024 fue la antítesis de lo que sucedió al comienzo de esta era. Al inicio de esta, Occidente dejó el panteón de los dioses antiguos y se volvió al Dios verdadero. Sin embargo, ahora se está volviendo de Dios hacia los dioses antiguos. Al comienzo, intercambió a Dionisio por Jesús; ahora, a Jesús por Dionisio. En aquel entonces, Occidente abandonó el vino de Dionisio —de desenfreno e inmoralidad sexual— por el vino de Jesús —de santidad y redención—. Ahora se aleja del vino de Jesús para volver al de Dionisio, de la santidad y la redención hacia la carnalidad, la inmoralidad sexual y el desenfreno de un banquete dedicado a un dios pagano.

Eso fue una manifestación de la parábola y la advertencia de Jesús. La casa se había vaciado de Dios y no permanecería vacía. Otros vendrían, los mismos que —en la antigüedad— habían sido expulsados. La reaparición de Dionisio ante los ojos del mundo fue una señal de que otros —los *shedim* y los *daimonia*— también estaban volviendo; eso fue el regreso de los dioses.

La aparición de Dionisio ante el mundo y el regreso de los antiguos dioses es una señal mucho más ominosa de lo que podría sugerir el espectáculo olímpico. Qué tan amenazante es, lo veremos a continuación.

Capítulo 18

EL DIOS DE LA LOCURA

En la parábola de los espíritus, el lapso de tiempo entre la expulsión del demonio y el momento de su regreso era, presumiblemente, de unos días como mínimo, y de algunos años como máximo. Pero el intervalo entre la expulsión de Dionisio y su retorno al escenario mundial abarcó siglos, separando al mundo antiguo del moderno. Y, sin embargo, al mismo tiempo, fue como si no hubiera transcurrido ningún tiempo entre ambos acontecimientos.

LOS ACECHADORES

A medida que Occidente se alejaba de Jesús, el mismo dios que había sido reemplazado por la adoración a Jesús en la antigüedad reapareció ahora en la ceremonia olímpica como reemplazo de Jesús. Todo lo que se necesitó fue ese giro, para que él volviera a manifestarse. Aquellos que planearon el espectáculo olímpico, sin duda, no tenían conocimiento alguno de las implicaciones o advertencias de la parábola, ni probablemente de la propia parábola. Y sin embargo, la encarnaron. Era como si el espíritu de Dionisio hubiera estado presente desde siempre, acechando con los demás, bajo la superficie de la civilización occidental. En el caso de Occidente, era uno u otros. No existía un punto medio ni una era de neutralidad. Si no era el Uno (Dios), serían los otros. Pero la ceremonia olímpica no fue la primera vez que se produjo el cambio, ni que Dionisio regresó.

EL SUBVERSIVO

Dionisio fue uno de los dioses más subversivos, incluso en el contexto del paganismo antiguo. Rompía normas y transgredía los límites aceptados de la convención y la moralidad, incluso dentro de los estándares paganos. Era conocido no solo como el dios del vino y la lujuria, sino también como el dios de la posesión. Aquellos que lo adoraban, los que participaban en sus ritos místicos, eran especialmente propensos a ser poseídos por el dios que veneraban. Los llevaba a frenesíes de locura. Porque Dionisio era el dios de la locura y sus adoradores los avatares de la demencia.[1]

EL DIOS DE LA LOCURA HA REGRESADO

En la antigüedad, el dios de la locura se enfrentó al pueblo judío, a la Palabra de Dios, a la fe cristiana y al nombre de Jesús. ¿Qué significaría entonces su reaparición ante el mundo de hoy? La civilización en la que ha reaparecido no solo se encuentra en medio de un alejamiento del cristianismo, sino que también ha comenzado a librar una guerra contra él. Más allá de eso, también se encuentra —cada vez más— en guerra contra la nación de Israel y contra la existencia del pueblo judío.

¿Qué presagia entonces el regreso de Dionisio para el mundo? Ya se nos ha dado una respuesta.

LA GUERRA DE FRIEDRICH NIETZSCHE

El reemplazo de Jesús por Dionisio en el espectáculo olímpico tuvo un precursor. No involucró a una audiencia global, sino a una sola persona. Sin embargo, las ramificaciones de ese reemplazo —y de esa única persona— estremecerían al mundo.

Su nombre era Friedrich Nietzsche. Nietzsche nació en Prusia, de la Confederación Alemana, en 1844. Era hijo de un pastor luterano. En la universidad cayó bajo la influencia de la literatura y el pensamiento anticristianos. Se volvería contra Dios, contra la Biblia, contra el cristianismo y contra Jesús. Se haría conocido por librar una guerra rabiosa y obsesiva contra Dios y el cristianismo a través de sus muchos escritos. Para Nietzsche, Dios era el enemigo supremo y, el cristianismo, una maldición. Su guerra tenía como fin erradicarlo de la faz de la tierra.

APÓSTOL DE LOS DIOSES

Al mismo tiempo que desataba su furia contra Dios y el cristianismo, Nietzsche se obsesionaba cada vez más con una deidad antigua: Dionisio. Nietzsche dedicó su primer libro a demostrar la importancia de Dionisio. Continuaría escribiendo sobre esta deidad a lo largo de toda su carrera. Si, en el pensamiento de Nietzsche, Jesús era el problema para la civilización occidental, Dionisio era la respuesta. Era uno u otro: Dionisio o el "Crucificado".

A través de sus escritos, Nietzsche abogaría activa y sinceramente por el reemplazo de Jesús por Dionisio, del Crucificado por el dios del frenesí, del cristianismo por un paganismo resucitado. Todo ello estaba en perfecta concordancia con la advertencia de la antigua parábola. Nietzsche sostendría que la civilización occidental debía vaciarse de Dios y del cristianismo, para abrirse a los antiguos espíritus. Fue el mismo intercambio que luego se manifestaría en el espectáculo olímpico: Jesús por Dionisio, Dios por los dioses. Ese intercambio surgió primero en la mente y el corazón de Nietzsche. Él se vació de Dios y abrió la puerta a un dios.

EL DESCENSO A LA LOCURA

Entonces ocurrió algo extraño. Siendo Dionisio el dios de la locura, la deidad que llevaba a la demencia a sus adoradores, Nietzsche comenzó a descender en la demencia. Más extraño aún, Nietzsche relacionó su locura con Dionisio, el dios de la insensatez. Y como Dionisio era también —y en especial— el dios de la posesión, que habitaba, controlaba y usaba a sus adoradores como agentes de destrucción, así también Nietzsche escribió como si estuviera poseído por Dionisio; por lo que se convertiría, a su vez, en un agente de destrucción.

En su adoración a Dionisio, Nietzsche escribió algunos libros que promovían una nueva ética y un nuevo espíritu que debían adoptarse para rechazar y destruir el cristianismo: una nueva moralidad sin moral, en la que los débiles eran vencidos por los fuertes, en la que el hombre se convertía en un superhombre, y que se resumía en las palabras más famosas de Nietzsche: "Dios ha muerto".[2]

EL FRUTO DEL POSEÍDO

El rechazo de Nietzsche al Crucificado para entregarse a Dionisio tendría repercusiones profundas, hasta de alcance mundial. En los años venideros sería aclamado como el filósofo y profeta de un nuevo movimiento: el nazismo.[3] Los nazis se veían a sí mismos como traductores de los conceptos filosóficos de Nietzsche a una realidad política, cultural y geopolítica. Esa "traducción" conduciría al Tercer Reich, la Segunda Guerra Mundial, la destrucción de Europa, el Holocausto y al derramamiento de sangre de millones.

EL AVATAR DE LA LOCURA

Como ya hemos visto, los *shedim* son destructores. Nietzsche había expulsado a Dios y al "Crucificado" de su vida, y había abierto la puerta a un dios: uno de los *shedim*, uno de los *daimonia*. Y él, a su vez, se convertiría en su agente para dar lugar a un mal de una magnitud que el mundo jamás había presenciado.

Antes de que Nietzsche, en su locura, quedara en silencio, comenzó a firmar sus cartas con un nuevo nombre: *Dionisio*.[4] Era como si el dios, el espíritu de esa deidad, se hubiera apoderado de él por completo. Se había convertido en el avatar de Dionisio, un avatar de la locura. Y, sin embargo, al mismo tiempo, también se manifestaba la señal del conflicto y del reemplazo, ya que Nietzsche comenzaría también a firmar como *"el Crucificado"*.

UNA POSESIÓN MÁS PELIGROSA

El caso de Nietzsche y el Tercer Reich da testimonio —en la manera más dramática— de la advertencia contenida en la parábola de Jesús. Más peligroso que ser poseído por un espíritu es ser reposeído por un espíritu que regresa. Y mucho más peligroso que un dios pagano es un dios postcristiano. La advertencia ahora aplica de manera aún más específica a Occidente moderno y al peligro que representan sus dioses que están regresando. Pues como han demostrado Nietzsche y Hitler, que una civilización cristiana se aparte de Dios, que se vacíe de Jesús, es una de las cosas más peligrosas que puede ocurrir.

El intercambio de Jesús por Dionisio, llevado a cabo por Nietzsche, se manifestó siglo y medio después en el espectáculo olímpico. Su rechazo a Dios ya no refleja un movimiento nacional peculiar como lo fue el nazismo, sino una metamorfosis civilizacional en masa. En el caso de Nietzsche, la posesión de un dios lo llevó a la locura y luego, a través de él, condujo a una nación a una demencia aún más tenebrosa, más demoníaca y más letal.

Por tanto, ¿qué significará ahora ese intercambio para Occidente y para el mundo? Ya hemos visto el efecto de los dioses en diversas culturas y tierras. Pero su efecto sobre Occidente —aunque velado— es, como hemos visto, en última instancia mucho más peligroso. El misterio se traslada ahora a uno de los principales campos de batalla en la guerra de los dioses: Estados Unidos de América.

PARTE VI

LOS DIOSES Y LOS REYES DE ESTADOS UNIDOS DE AMÉRICA

Capítulo 19

LOS DIOSES DE ESTADOS UNIDOS DE AMÉRICA

A MEDIDA QUE ESTADOS Unidos de América se vaciaba de Dios, era inevitable que otros dioses volvieran a llenar el vacío de su ausencia. Pero ¿cuáles dioses?

LA TRÍADA IMPÍA

La civilización estadounidense fue fundada siguiendo el modelo del antiguo Israel. Desde la visión de John Winthrop, pasando por los cimientos morales establecidos por los primeros colonos, hasta las exhortaciones de sus primeros líderes y ministros, el modelo del antiguo Israel quedó incrustado en el ADN espiritual de Estados Unidos. Pero Israel se apartó de Dios. Y Estados Unidos de América también. En la apostasía de Israel, la nación fue poseída por dioses y espíritus, tres en particular. En *El retorno de los dioses*, los identifiqué como la tríada oscura. ¿Podría entonces Estados Unidos, al vaciarse de Dios, llegar a ser poseída por los mismos? Sí, podría. Aunque aquí solo puedo ofrecer una visión muy general, es crucial identificar a los dioses que ahora dominan la cultura americana: la tríada oscura de los dioses de Estados Unidos.

EL POSEEDOR

Su nombre significaba *Amo, Señor y Poseedor*. Se le llamaba *Baal*. Era el dios que hacía que una nación se apartara del Dios que una vez conoció. Baal hizo que Israel olvidara a Dios, que derribara sus caminos y sus preceptos, y que lo expulsara de su vida pública. Baal borró las líneas entre el mundo y Dios, entre la verdad y la ilusión. Desvió a la nación de Israel de Dios hacia los dioses, del monoteísmo al politeísmo y al panteísmo, y de la fe bíblica al paganismo.

EL RETORNO DEL POSEEDOR

Aunque no hay una fecha exacta que marque de manera definitiva el alejamiento de Estados Unidos de Dios, los primeros años de la década de 1960 representaron un hito crucial. El espíritu de Baal comenzó a penetrar la sociedad estadounidense, provocando que Dios fuera expulsado de su vida nacional, de sus escuelas, de sus plazas públicas, de su cultura, de su existencia. Tal como hizo con el antiguo Israel, así también llevó a Estados Unidos a olvidar a su Dios, a derribar sus caminos y preceptos, y a desdibujar la línea divisoria entre la verdad y la subjetividad. Condujo a Estados Unidos de Dios hacia los dioses, y de la fe bíblica hacia un neopaganismo postcristiano.

LA HECHICERA

Ella era una diosa, una seductora y una hechicera. En Babilonia se la conocía como *Ishtar;* en la Biblia, como *Astoret*, la diosa de la sexualidad desenfrenada, la lujuria y la prostitución. De hecho, se la adoraba como la gran prostituta. Esa diosa paganizó al antiguo Israel a través de la sexualidad, derribando los valores bíblicos y reemplazándolos con principios paganos. Sacó la sexualidad del pacto matrimonial y la llevó al mercado y a la plaza pública. De ese modo debilitó el matrimonio y sexualizó la cultura. Sus imágenes en barro y piedra, junto con los escritos eróticos compuestos en su nombre, constituyen los primeros ejemplos oficiales de pornografía en el mundo.

EL REGRESO DE LA HECHICERA

En el relato bíblico, Baal aparece primero y luego la diosa. Primero viene el alejamiento de Dios, después la distorsión de la sexualidad. Así que no fue casualidad que la apostasía de Estados Unidos a principios de los años sesenta fuera seguida por lo que llegaría a llamarse la revolución sexual. Los valores y principios bíblicos que durante miles de años sustentaron el matrimonio y la sexualidad fueron derribados y reemplazados por valores y principios paganos o neopaganos. La diosa arrebató la sexualidad del pacto matrimonial y la colocó en la plaza pública y en el mercado. El matrimonio fue socavado y la cultura estadounidense se sexualizó, inundándose de imágenes y escritos pornográficos. La Hechicera había lanzado su hechizo para alejar a Estados Unidos y a la civilización occidental de Dios por medio de la seducción.

EL DESTRUCTOR

El último de la trinidad oscura era Moloc, el dios de la destrucción, el asesino de niños. Las Escrituras declaraban que la vida era sagrada y que los hijos eran un don de Dios. Pero Moloc exigía a sus adoradores que le ofrecieran sacrificios humanos: a sus propios hijos e hijas. Y así, cuando Israel se apartó de Dios, los altares de Moloc cubrieron sus valles y lugares altos, y la Tierra Santa fue contaminada con los gritos y la sangre de los más inocentes. Los profetas clamaron para advertirles que el derramamiento de la sangre de sus hijos no quedaría impune, sino que sería respondida con juicio, incluso con la destrucción de la nación. Lo que, en efecto, ocurrió.

EL REGRESO DEL DESTRUCTOR

Así como Baal conduce a Ishtar, e Ishtar a Moloc, de la misma manera la revolución sexual que se apoderó de la cultura estadounidense y occidental condujo al sacrificio de los más inocentes. Y no fue coincidencia que, tras dicha revolución, madres y padres comenzaran a ofrecer a sus hijos en sacrificio. Moloc regresó disfrazado de interés propio, liberación, conveniencia y búsqueda de la felicidad, el éxito y el bienestar. Sus santuarios adoptaron la forma de clínicas de aborto, y sus altares de piedra se convirtieron en mesas de operaciones. Pero seguía siendo Moloc. El acto volvió a ser revestido con los ropajes de un rito sagrado, si no es que de un sacramento. Pero había una diferencia: Israel ofreció miles de niños; Estados Unidos ha ofrecido millones. La antigua advertencia de los profetas contra Moloc ahora resuena hacia otra nación que se ha entregado a sus altares.

EL TRANSFORMADOR

Debemos mencionar aún a uno más, no otro dios, sino otra faceta de uno de ellos, una tan poderosa que merece otro título. En sus antiguas inscripciones, la diosa declara: “Soy mujer; soy hombre”. Los himnos dedicados a ella la alaban por convertir a un hombre en mujer y a una mujer en hombre. Ella era la Transformadora. Difuminaba las líneas entre lo masculino y lo femenino, alteraba la sexualidad y el género, emasculaba a los hombres y desfeminizaba a las mujeres. Su sacerdocio incluía hombres que se vestían como mujeres y aquellos que habían sido quirúrgicamente alterados para parecer del sexo opuesto. Sus desfiles fluían por las calles con color y espectáculo para celebrar la confusión y la mezcla de géneros. Uno de los signos con los que se le asociaba era el arcoíris. Y había un mes del año en el que ella poseía especialmente la cultura. En latín, ese mes era llamado Iunium o Junium. Hoy corresponde al mes de junio.

EL REGRESO DEL TRANSFORMADOR

La distorsión de la sexualidad y el género era la obra más profunda de la diosa. Y, por tanto, solo era cuestión de tiempo para que —a medida que su influencia sobre la cultura estadounidense y occidental se intensificaba— esta faceta suya saliera a la luz. Y así fue. Los hombres fueron cada vez más emasculados, y las mujeres, cada vez más des-feminizadas. Los sacerdotes de la diosa —hombres vestidos de mujer— comenzaron a presentarse en bibliotecas, en la televisión y a invadir toda la cultura popular. A los niños se les operó para que parecieran niñas, y a estas para que parecieran niños. Los desfiles de la diosa volvieron a recorrer las calles de las ciudades con color, espectáculo y música celebrando la confusión y la fusión de los géneros. El signo de la diosa, el arcoíris, comenzó a aparecer en escuelas, plazas públicas y edificios gubernamentales. Y la diosa volvió a poseer la cultura, en especial en el mes de junio.

Pero si los dioses han regresado, ¿con qué propósito? ¿Cuál es su agenda y su objetivo final?

Capítulo 20

LA VÍSPERA DE LA REPOSESIÓN

Tras varios años después de que escribí por primera vez sobre esto en *El retorno de los dioses*, el misterio de los dioses ha seguido manifestándose. Es más, se ha acelerado y profundizado, penetrando prácticamente en cada esfera y frente de la cultura estadounidense. Lo que sigue es un breve vistazo a esa aceleración y profundización.

LOS HIJOS DE BAAL

La obra de Baal —hacer que una nación que había conocido a Dios apostatara y se pusiera en contra de los caminos suyos— se volvió cada vez más evidente y descarada, al punto que penetró —prácticamente— todos los ámbitos y sectores de la cultura estadounidense. La meta principal de ello fueron los jóvenes. Encuestas efectuadas entre la juventud y los adultos jóvenes de este país revelaron que, a menos que hubiera un cambio masivo en el rumbo de la nación —por primera vez desde la cristianización de la civilización occidental— los cristianos se convertirían en minoría y los no cristianos en mayoría. La apostasía occidental ahora estaba produciendo una generación completamente alejada de Dios. El Reino Unido ofrecía un anticipo del futuro de Estados Unidos, ya que las encuestas revelaban que el momento en que la mayoría dejó de ser cristiana ya había llegado.[1]

EN ALABANZA A MOLOC

En cuanto a Moloc, aunque el caso Roe vs. Wade (derecho al aborto) fue derogado en 2022, la guerra contra la vida inocente solo se intensificó. Quienes abogaban por el asesinato del no nacido ahora lo hacían con aún mayor apertura y descaro. Buscaban eliminar toda barrera o restricción que pudiera impedir esa práctica o su expansión. Y en su celo, comenzaron ahora a cruzar la línea hacia el dominio del infanticidio, defendiendo que los bebés que nacen vivos tras un intento fallido de aborto no deben ser salvados, sino que se debe dejar que mueran.[2]

La obra de Moloc no se limitaba al nonato. Había otras formas de matar. Así, el número de personas que contemplaban el suicidio, lo intentaban o lo cometían, alcanzó proporciones epidémicas. Los jóvenes eran especialmente propensos a contemplar la autodestrucción. Y no eran solo ellos los que estaban en peligro, sino también los ancianos. La misma cultura que desvalorizaba la vida humana en su inicio, lo haría también en su final. Lo que antes era condenado en la cultura occidental como asesinato, la eutanasia, era cada vez más legitimada, legalizada y extendida. En esto, Canadá ofrecía un anticipo dramático del futuro de Estados Unidos. En un solo año, el número de sus ciudadanos legalmente ejecutados superó los diez mil.[3] Donde reinan los dioses, también reina la muerte.

EL HECHIZO QUE SE PROFUNDIZA

En cuanto a Ishtar, la posesión que ha tomado de la cultura estadounidense y occidental solo se intensificó. A través de internet, la pornografía está en todas partes y es accesible para casi todas las personas, incluidos los niños. Su guerra contra la familia y el vínculo matrimonial fue tan efectiva que, para mediados de la década de 2020, la tasa de matrimonios en EE.UU. había caído más de un sesenta por ciento respecto a lo que era medio siglo atrás.[4]

Y en cuanto a la guerra de la diosa contra el orden natural, la extraña doctrina de que el género de una persona era lo que esta creyera que era, se convirtió en el dogma oficial de la cultura. La asociación médica más grande de Estados Unidos comenzó a abogar por la eliminación de las palabras "hombre" y "mujer" de los certificados de nacimiento.[5] Los niños comenzaron a ser abiertamente sexualizados desde el kínder, e incluso antes. El sistema escolar, que alguna vez condujo a los niños estadounidenses en la oración del Señor, ahora los reclutaba —paso a paso— arrastrándolos a la confusión de género al mismo tiempo que ocultaba lo que con ellos hacía a los padres de los pequeños. Toda la cultura era cómplice, utilizando programas infantiles, caricaturas, videojuegos, redes sociales y la industria del entretenimiento para adoctrinarlos. La agenda de la diosa fue tan eficaz que, por primera vez en la historia humana, casi uno de cada tres adultos jóvenes afirmaba no ser heterosexual.

LA NUEVA BANDERA DE LA CASA BLANCA

La metamorfosis radical de la cultura estadounidense se hizo evidente en el verano de 2023, cuando su presidente organizó la celebración del orgullo más grande y desvergonzada jamás realizada en los terrenos de la Casa Blanca: una exaltación a la alteración de la sexualidad y del género.[6] Un evento impensable en tiempos anteriores. Pero en medio de la celebración, fue un simple trozo de tela lo que más claramente manifestó lo que había sucedido con Estados Unidos.

Tres banderas colgaban de la Casa Blanca entre los pilares de piedra que decoran su fachada. Dos eran la bandera de Estados Unidos. La tercera era la bandera del orgullo sexual, con los colores del arcoíris representando a diversos grupos, incluidos los transgéneros. No fue la bandera estadounidense la que se colocó en el centro, en el lugar de mayor prominencia; fue la bandera del orgullo sexual. Las banderas estadounidenses simplemente la flanqueaban.[7] El signo de Ishtar sobre la casa más importante de la nación había suplantado a la bandera de Estados Unidos de América.

LA TOMA DEL PODER

No fue un accidente. En una declaración emitida ese mismo día, el presidente dijo: "Hoy, la Casa del Pueblo —su casa— envía un mensaje claro al país y al mundo: 'Estados Unidos es una nación del orgullo'".[8] La palabra orgullo, en este caso, era un eufemismo para exaltar la alteración de la sexualidad. El presidente estaba proclamando a Estados Unidos como una nación de sexualidad transformada, una nación que ya no estaba bajo Dios. Era ahora una nación bajo la diosa del sexo. Cuando una nación es tomada por una facción revolucionaria, uno de los primeros signos de su victoria es el izamiento de la bandera de dicha facción sobre los edificios gubernamentales más altos y por toda la tierra nacional. Así, el izamiento de la bandera arcoíris —el signo de Ishtar— sobre la Casa Blanca fue el signo de una revolución ascendente, al borde de lograr control y dominio total sobre una civilización.[9]

LA REVOLUCIÓN DE LOS DIOSES

Otra señal de una revolución en ascenso es la guerra emprendida contra toda disidencia u opiniones "contrarrevolucionarias", traducida en persecución pura y dura. Esto también se convirtió en una parte cada vez más prominente del nuevo régimen cultural. Los que no apoyaban la nueva cosmovisión y sus valores eran cada vez más marginados, censurados, silenciados, expulsados, despedidos y demonizados. La supresión o persecución apuntaba especialmente contra conservadores y cristianos. No se toleraba disenso alguno. Y, en consonancia con la práctica clásica de los regímenes revolucionarios y totalitarios, muchos de los que disentían eran obligados a emitir disculpas públicas, confesando sus "pecados" y denunciando su falta de lealtad a los dogmas del nuevo régimen, impuesto por los nuevos dioses. Incluso aquellos que no eran censurados directamente comenzaban a autocensurarse, cuidando cada palabra que salía de sus labios.

EL TOTALITARISMO

Como en toda dictadura totalitaria, los dogmas del régimen eran propagados e impuestos en prácticamente todos los ámbitos de la cultura. Incluso el mundo empresarial se alineó, con corporación tras corporación tratando de demostrar su lealtad a los nuevos dioses, exigiendo a sus empleados asistir a sesiones especiales de adoctrinamiento y castigando a quienes se resistieran. Y como ninguna revolución se considera completa sin tomar control de las fuerzas armadas y los organismos encargados de hacer cumplir la ley, los dioses invadieron los Departamentos de Justicia y Defensa, imponiendo sesiones de adoctrinamiento, celebraciones del "Orgullo" y represalias contra quienes se opusieran.

EL PUNTO DE INFLEXIÓN

Los dioses lo habían logrado. La nación que una vez declaró con orgullo estar "bajo Dios" y ser defensora de los valores cristianos, ahora estaba volviéndose pagana, cada vez de forma más abierta y desvergonzada. Los dioses habían ascendido a sus lugares altos.

En 2024, Estados Unidos se encontraba en una encrucijada crucial, en peligro de cruzar el punto de no retorno. Se avecinaba una elección decisiva. De un lado, un candidato presidencial completamente alineado con la agenda de los dioses. Si dicha candidatura triunfaba, ello habría marcado un punto de quiebre; y, probablemente, el acto final de la reposesión: la toma completa del gobierno y la civilización estadounidenses.

Para poder abrir el misterio de nuestros tiempos, es necesario añadir una última pieza al rompecabezas. Ya hemos observado a los dioses de Estados Unidos; ahora debemos abrir el patrón de los reyes.

Capítulo 21

EL PROTOTIPO

Hubo otro momento crucial y otro punto de inflexión en la historia de otra nación, uno que igualmente amenazó con sellar su futuro con los dioses. Lo que entonces ocurrió nos dará una revelación sorprendente de lo que ahora está sucediendo en Estados Unidos de América.

EL PATRÓN ANTIGUO

El antiguo Israel se encaminaba hacia el juicio. Un rey apóstata y una reina pagana habían iniciado una guerra contra Dios y sus caminos, mientras llevaban a la nación a adorar a Baal y sus otros dioses. La guerra continuaría por décadas, incluso durante los reinados de sus hijos. Para entonces, la apostasía se había arraigado tan profundamente en el tejido cultural y gubernamental de la nación que se acercaba con rapidez al punto de no retorno.

Lo que ahora estamos a punto de abrir no es una profecía sino una sombra, un patrón, un modelo, una revelación de nuestros tiempos y una advertencia acerca del futuro. Lo escribí por primera vez en el libro llamado *El paradigma*. Desde la publicación de este, el patrón ha continuado desarrollándose y manifestándose en el escenario nacional de Estados Unidos, hasta el día de hoy. Este patrón es crucial para entender lo que ahora ocurre en el escenario mundial. Para quienes no lo conocen, aquí puedo dar solo un breve vistazo a su misterio. Antes de hacerlo, es importante señalar que los líderes modernos que se han convertido en actores y agentes del cumplimiento de este patrón lo han hecho sin saberlo. No debemos presumir sus motivos ni convertirlos en enemigos, sino más bien orar por ellos e incluso buscar su salvación.

ACAB

El alejamiento de Dios, por parte de Israel, ya llevaba mucho tiempo en marcha cuando un hombre ascendió al trono con el fin de llevar ese hecho a un nivel completamente nuevo. Era un hombre dividido y complaciente que conocía los caminos de Dios, pero ahora guerreaba contra ellos.[1] Sería el primer rey, en la historia de Israel, que defendería de manera evidente la adoración a Baal. Así que se convirtió en emisario del sacrificio de niños, la inmoralidad sexual y el desarraigo y destrucción de los valores bíblicos o tradicionales. De esa manera, desató una guerra cultural. Su nombre era *Akhav.* Lo conocemos como *Acab.*

EL ACAB ESTADOUNIDENSE

El modelo del rey Acab encontraría su cumplimiento moderno en el presidente William J. Clinton. Al igual que Acab, Bill Clinton era un hombre dividido y complaciente que conocía los caminos de Dios pero guerreaba contra ellos.[2] Sería el primer mandatario en la historia de Estados Unidos en defender abiertamente el sacrificio de niños en forma de aborto y el primero en promover elementos de la agenda LGBT. Así como el reinado de Acab desató una guerra cultural en Israel, el ascenso de Bill Clinton a la presidencia desataría una guerra cultural en Estados Unidos de América. En efecto, la frase "guerra cultural" entró en el debate nacional estadounidense en el tiempo en que Clinton ascendía al poder.[3]

LOS VEINTIDÓS AÑOS DE ACAB

¿Podría ser el misterio aún más exacto? Bill Clinton entró en el escenario nacional cuando fue juramentado como gobernador de Arkansas en 1979. Salió del escenario nacional al finalizar su presidencia en 2001. Así, su tiempo en el escenario nacional fue de *veintidós años.* En cuanto al rey Acab, esto es lo que se registra en 1 Reyes 16:29:

> "Acab, hijo de Omrí, comenzó a reinar y reinó sobre Israel en Samaria *veintidós años*".

Así que, tanto el Acab antiguo como el moderno habitaron el escenario nacional por veintidós años.

JEZABEL

Acab no estaba solo en su guerra contra Dios. Gobernaba en corregencia con su esposa. La reina veía la fe bíblica y los valores tradicionales como algo contra lo que había que luchar, incluso exterminar. Por eso incitó a su esposo a promulgar y hacer cumplir la adoración de su dios Baal y los dioses de Fenicia. Ella fue la fuerza impulsora y agente principal en la promulgación del sacrificio infantil en la tierra de Israel. Su nombre era *Izevel*. La conocemos como *Jezabel*.

LA JEZABEL ESTADOUNIDENSE

Aunque habría otro líder moderno que asumiría ese rol en un tiempo posterior, el prototipo de Jezabel pertenece principalmente a Hillary Clinton. Así como Acab reinó en corregencia con su esposa, Bill Clinton gobernó en lo que muchos observadores vieron como una copresidencia con su esposa, Hillary. Al igual que Jezabel, Hillary Clinton veía los valores bíblicos y tradicionales como obstáculos contra los que había que luchar y eliminar. Durante su campaña presidencial, fue citada públicamente diciendo que las "creencias religiosas profundas" debían ser superadas para que el aborto pudiera extenderse.[4] Y así como Jezabel fue la principal defensora del sacrificio infantil en la tierra, Hillary Clinton sería nombrada como la campeona del aborto del *siglo* por la agencia maligna conocida como Planned Parenthood.[5]

EL ESCÁNDALO

El reinado de Acab estuvo plagado de escándalos; lo mismo ocurrió con la presidencia de Bill Clinton. El mayor escándalo del reinado de Acab se expuso en el décimo noveno año de su tiempo en el escenario nacional. El mayor escándalo de la presidencia de Clinton, el caso Clinton-Lewinsky, fue expuesto en 1998. Ese año fue el décimo noveno de su tiempo en el escenario nacional. Clinton juró como gobernador en enero de 1979, por lo que el escándalo se reveló diecinueve años después, en el mismo mes, *enero* de 1998.

Tres años después de la revelación del escándalo, el reinado del rey Acab llegó a su fin. Tres años después de la revelación del escándalo Lewinsky, la presidencia de Clinton terminó. El día exacto de ese fin fue el 20 de enero de 2001. Contando tres años hacia atrás desde esa fecha se llega al 20 de enero de 1998. El escándalo estalló el *20 de enero de 1998, el mismo día; exactamente tres años antes.*[6]

LA CALAMIDAD DE TRES AÑOS

Tres años después de que el rey Acab confesara el pecado de su escándalo, la desgracia cayó sobre su nación. Tras mucha negación, Clinton confesó el pecado que generó su escándalo en septiembre de 1998. De modo que, tres años después, en *septiembre de 2001*, la desgracia golpeó a Estados Unidos. La confesión de Clinton fue en la mañana del 11 de septiembre de 1998.[7] La calamidad ocurrió tres años después, *el día exacto: la mañana del 11 de septiembre de 2001.*

LA REINA POR SU CUENTA

Cuando terminó el reinado de Acab, Jezabel continuó en el escenario nacional, caminando por los pasillos del poder en la capital.[8] Cuando la presidencia de Bill Clinton concluyó, Hillary Clinton también siguió en el escenario nacional, primero como senadora y luego como secretaria de Estado, recorriendo los pasillos del poder en la capital. Intentaría convertirse en la líder principal de su nación, pero fracasaría. Todo eso conforme al patrón antiguo. Jezabel nunca fue la líder principal en Israel. El cargo recaería en un hombre, su subordinado.

EL HIJO DE ACAB

El más significativo de los hijos de Acab, Joram, reinó en el trono de su padre y siguió, en gran medida, sus pasos. De igual forma, Barack Obama siguió —predominantemente— las políticas y los caminos de la presidencia Clinton. Cuando Joram imperaba como rey, su madre Jezabel residía en el palacio real, sin duda influyéndolo y aconsejándolo.[9] Cuando Obama caminaba por los pasillos de la Casa Blanca, también lo hacía la ex primera dama, Hillary Clinton, ejerciendo influencia y dándole consejos.[10] El reinado de Joram estuvo marcado por la hostilidad hacia los caminos de Dios y su pueblo. La administración Obama igualmente se caracterizó por la hostilidad hacia los caminos y el pueblo de Dios. Así como Joram llevó más a su nación por el camino de la apostasía, Obama alejó aún más a Estados Unidos de Dios y llevó al país por ese mismo rumbo.

LOS DOCE AÑOS DE JORAM

Obama entró en el escenario nacional al dirigirse a la Convención Nacional Demócrata de 2004. Con ese solo acontecimiento, se convirtió en una celebridad dentro del Partido Demócrata y, finalmente, en su candidato presidencial.[11] Su último año en el escenario nacional como presidente fue 2016. De forma que Barack Obama estuvo en el escenario nacional durante doce años. De Joram se dice en 2 Reyes 3:

> "Joram hijo de Acab... *reinó doce años*".[12]

LOS AÑOS DE LA REINA

El fin llegó para Joram y para Jezabel al mismo tiempo, en la misma lucha política.[13] El fin de la carrera política de Barack Obama y de Hillary Clinton fue en el mismo año, al mismo tiempo y en la misma lucha política. Clinton había estado en el escenario político nacional sin su esposo, doce años en cargos públicos y dos años postulándose para la presidencia. En total, había estado en el escenario nacional con su esposo por veintidós años y, por su cuenta, catorce años. Jezabel estuvo en el escenario nacional con su esposo Acab durante veintidós años y, por su cuenta, catorce.[14]

Hemos abierto el reino de los dioses y reyes o gobernantes estadunidenses. Ahora veremos en Estados Unidos de América, como en otras tierras, cómo convergen dioses y reyes.

Capítulo 22

LA CASA DE LOS DIOSES

El gobierno que llevó a Israel a adorar a Baal y a otros dioses, y que persiguió al pueblo de Dios, es identificado en las Escrituras como la *casa de Acab.* ¿Qué era? ¿Y qué es?

LA CASA DE ACAB

La casa de Acab fue, en primer lugar, una dinastía que comenzó con Acab y su familia, y continuó a través de sus herederos. Fue el catalizador central de la radical desviación de Israel respecto a Dios, liderando a la nación y dominando su cultura durante casi cuatro décadas. La de Acab fue una casa de los dioses. Se convirtió en su principal aliada y patrocinadora. Bajo su gobierno, la adoración y el culto a los dioses se transformaron en la religión del Estado: promovida, impuesta y obligada por el gobierno.

¿Qué dioses promovió la casa de Acab? *Baal, Ishtar y, en el culto al sacrificio infantil, a Moloc.* En otras palabras, la casa de Acab impulsó a los mismos dioses que ahora dominan la cultura estadounidense. Por tanto, si los dioses de aquella casa han regresado a la cultura norteamericana, ¿podría ser que también haya regresado la casa de los dioses? En otras palabras, ¿podría existir hoy una casa de Acab en Estados Unidos de América?

LA CASA DE ACAB EN ESTADOS UNIDOS

La casa de Acab estadounidense tendría que ser una institución, un gobierno, partido, facción o segmento de la sociedad con las mismas visiones, ideologías, causas y prácticas que una vez defendió la antigua casa de Acab. Sería ese sector de la cultura estadounidense que más firmemente promueve el alejamiento de Dios y el rechazo a los valores bíblicos o tradicionales, como lo hizo Baal; la alteración de la sexualidad y el desdoblamiento del género, como lo hizo Ishtar; y el sacrificio de niños —el aborto— como en el caso de Moloc.

Por tanto, en su aplicación más amplia, la casa de Acab en Estados Unidos incluiría lo que hoy se conoce como el movimiento woke.

EL PARTIDO DE ACAB

Sin embargo, también hay una respuesta más específica. La casa de Acab era una facción política: los herederos al trono junto con sus asistentes, parientes y aliados. El antiguo patrón, con su cumplimiento moderno, ya nos proporciona una pista. Si los años de Clinton imitan los veintidós años de Acab, y los de Hillary, los veintidós y los catorce años de Jezabel, y los años de Obama, los doce años de Joram, ¿qué tienen todos en común? Todos fueron líderes y portadores del estandarte de una misma organización política: el Partido Demócrata.

EL PARTIDO DE LOS DIOSES

No siempre fue como acabaría siendo. El Partido Demócrata no siempre defendió ni promovió las agendas que llegaría a amparar. De hecho, en épocas anteriores, se oponía a ellas con firmeza. Pero al posicionarse como el partido del cambio, justo en una época en la que el principal cambio que estaba ocurriendo en Estados Unidos era el de la apostasía, terminó uniéndose cada vez más a las causas y movimientos que estaban alejando a la nación estadounidense de Dios. No fue una intención consciente, pero acabaría sirviendo a la agenda de Baal, en cuanto a su rechazo a Dios; a la de Ishtar, en referencia a su distorsión de la sexualidad; y a la de Moloc, en cuanto a la destrucción de los niños. Y así, se convertiría en el partido de los dioses.

EL AUGE

Desde el ascenso de Bill Clinton hasta la reelección de Barack Obama, hubo seis elecciones presidenciales. En ese lapso, el Partido Demócrata ganó el voto popular en cinco de seis ocasiones, mientras que el Partido Republicano solo ganó una vez. Al mismo tiempo, el futuro del electorado estadounidense, representado por las generaciones más jóvenes, se inclinaba con fuerza hacia la izquierda y hacia el Partido Demócrata. Analistas de ambos lados del espectro político comenzaron a hablar, celebrar o advertir sobre un futuro estadounidense cada vez más izquierdista, dominado y gobernado por el Partido Demócrata. Tal como ocurrió con la casa de Acab en los días del rey Joram, el Partido Demócrata, a principios del siglo veintiuno, estaba posicionado para dominar decisivamente el futuro de la nación.

EL DOMINIO

Todo estaba camino a la convergencia: el ámbito político, el ámbito cultural y el ámbito espiritual. Una ética radical, antibíblica y anticristiana estaba a punto de consolidar su dominio sobre una nación que una vez fue decididamente cristiana. La revolución cultural, con su totalitarismo suave y progresivo, ahora competía por lograr una conformidad total en el habla, el comportamiento y, cada vez más, en el pensamiento, aunque eso implicara una negación flagrante de la realidad. Y, como ocurrió en la antigüedad, la casa de Acab exigía cada vez más que quienes disentían de su agenda sufrieran las consecuencias.

LA CONVERGENCIA

Así como en el mundo pagano antiguo los ámbitos de los dioses y los reyes, los espíritus y los reinos, solían estar entrelazados, también ahora —en Estados Unidos de América— en cuanto a su alejamiento de Dios, los dos comenzaban nuevamente a fusionarse. Y como los dioses eran, por naturaleza, espíritus poseedores, buscarían obtener control sobre los ámbitos políticos y gubernamentales de Estados Unidos, por medio de los cuales se gobernaría la nación; y gobernar Estados Unidos era gobernar gran parte del mundo. Con la cercanía de una elección presidencial, todo estaba listo para converger. Pero entonces sucedió algo.

Había sucedido con la antigua casa de Acab; sucedería de nuevo con la moderna —aun dos veces. Nadie lo esperaba. Llegó de repente, como si surgiera de la nada. Y, sin embargo, todo era parte de un misterio que había comenzado casi tres mil años antes, un misterio arraigado —definitivamente— en el ámbito de los dioses.

PARTE VII

EL REGRESO DE JEHÚ

Capítulo 23

EL HOMBRE EN LAS ESCALERAS

ERA UN HOMBRE envuelto en misterio, un enigma. Miles de años después de su aparición, los comentaristas aún están divididos respecto a sus motivos, sus métodos, sus caminos y su legado. Fue un hombre de contradicciones y paradojas. Para muchos de sus contemporáneos, parecía particularmente inadecuado para la misión a la que fue llamado y, sin embargo, era singularmente apto para ella. Provocaba controversia, la que lo rodeaba. Su nombre era Jehú. Jehú fue el antiguo prototipo bíblico de un líder moderno, un hombre igualmente de contradicciones y paradojas, y también rodeado de controversia. El mundo conocería a su reflejo moderno como *Donald J. Trump*.

EL GUERRERO

Jehú no pertenecía a la casa real; era un comandante militar.[1] Fue un hombre de combate. Después de recibir un encargo profético, lanzó una campaña para tomar el trono por la fuerza. La campaña comenzó en lo alto de una escalera. El Segundo Libro de los Reyes narra (2 Reyes 9:12-13):

> ...me habló, diciendo: "Así ha dicho el Señor: 'Yo te he ungido por rey sobre Israel'".[2] Entonces cada uno apresuradamente tomó su manto y lo puso debajo de él en lo alto de las gradas... diciendo: "¡Jehú es rey!".[3]

Al escuchar que Dios lo había llamado para ser rey, los soldados de Jehú —su núcleo más leal de seguidores— pusieron sus mantos bajo sus pies mientras él estaba de pie sobre las gradas y lo proclamaron rey.[4] Fue después de esa proclamación que Jehú descendió por las escaleras, subió a su carro y partió para iniciar su campaña rumbo al trono.[5]

EN LO ALTO DE LA ESCALERA

¿Podría vincularse el ascenso de Donald J. Trump a la presidencia con el de Jehú al trono? El ascenso de Trump comenzó el 16 de junio de 2015, con el anuncio de su campaña presidencial en la Torre Trump, en la ciudad de Nueva York. La imagen más icónica de aquel evento fue su entrada: apareció de pie en lo alto de una escalera mecánica, especialmente elegida como parte del acto. Así como Jehú comenzó su ascenso al poder descendiendo las gradas para iniciar su campaña hacia el trono, Trump descendió hasta el pie de las escaleras para comenzar su campaña hacia la presidencia.[6]

EL IMPETUOSO

Jehú era impulsivo, impetuoso e impredecible. Sus métodos eran a menudo poco ortodoxos y sus acciones frecuentemente cuestionables. Era fogoso, combativo y, en ocasiones, implacable. Sin embargo, fue esa misma naturaleza la que Dios usó para cumplir su llamado. De igual manera, el Jehú estadounidense —Trump— era impetuoso, impulsivo e impredecible. Sus métodos también eran poco ortodoxos y sus acciones, cuestionables. Era fogoso, combativo y, a veces, severo. Y aun así, su carácter sería usado para el cumplimiento de su llamado. En la historia de los reyes de Israel, Jehú fue un caso sin precedentes. En el devenir de los presidentes de Estados Unidos, Trump también lo fue.

SECAR EL PANTANO

Buscando llegar a la ciudad real antes de que la noticia de su revuelta alcanzara al rey, la campaña de Jehú por el trono es descrita en el antiguo relato como "furiosa" o "loca". Durante aquella campaña, se encontraría con un hombre piadoso y abstemio, un líder de los conservadores religiosos del país: Jonadab. A través de Jonadab, Jehú forjaría una alianza con los conservadores religiosos de la nación. Así que invitó a Jonadab a subir a su carro, de modo que ambos cabalgaron juntos durante el resto de la carrera y juntos entraron en la capital del reino, Samaria, donde Jehú intentaría cumplir su misión de "*secar el pantano*".[7]

LA ALIANZA DE LOS SANTOS

Así también, el Jehú estadounidense emprendió una campaña hacia la Casa Blanca que muchos describieron como "*furiosa*" *y* "*loca*". Durante esa campaña, al igual que su antiguo prototipo, forjaría una alianza con cristianos evangélicos y conservadores religiosos del país. Incluso tendría su propio "antitipo" de Jonadab: un conservador religioso conocido por su piedad y su carácter sobrio, Mike Pence.[8] Tal como Jonadab, Pence se convertiría en el compañero de carrera del Jehú estadounidense y entraría junto a él en la capital de la nación, Washington D.C., donde Trump buscaría poner en marcha su misión de *secar el pantano.*

CONTRA JORAM

Jehú solo podía convertirse en líder de su nación si derrocaba al rey vigente, Joram. Y sucedería de manera violenta:

> Entonces Jehú tensó su arco con toda su fuerza e hirió a Joram entre los hombros; la flecha atravesó su corazón, y se desplomó en su carro.[9] (2 Reyes 9:24)

Así, por la flecha de Jehú, llegaría a su fin el imperio del rey Joram y con él la dinastía de Acab.

CONTRA OBAMA

De igual manera, estaba ordenado que el Jehú estadounidense —Trump— se enfrentara al Joram estadounidense: Barack Obama. Trump se convirtió en un franco crítico de la presidencia de Obama. Su campaña por la Casa Blanca fue, en efecto, un repudio directo a la administración del demócrata. Su victoria en esa campaña, aunque mucho menos violenta que la de Jehú, pondría fin de manera efectiva a la agenda de Obama y a muchas de sus políticas. Toda esperanza de su continuación en la siguiente administración quedó anulada. Así como Jehú asestó el golpe final a Joram cuando este había estado en la escena nacional durante doce años, Trump asestó el golpe final a la presidencia de Obama en 2016, cuando este llevaba también doce años en el escenario nacional.

CONTRA JEZABEL

Sin embargo, la enemiga principal de Jehú no fue el rey de la nación, sino su anterior primera dama: Jezabel. El conflicto entre ambos alcanzaría su punto culminante cuando Jezabel lo miró con desdén desde la ventana de su palacio, y Jehú llamó a sus asistentes:

> Entonces él dijo: "¡Echadla abajo!" Y ellos la arrojaron.[10] (2 Reyes 9:33)

Así llegó a su fin, con violencia, el reinado cruento de Jezabel.

CONTRA BAAL

Tal como Jehú fue designado para enfrentarse en un duelo directo contra la antigua primera dama de Israel, no fue coincidencia que Trump también se enfrentara a la anterior primera dama de Estados Unidos: el Jehú estadounidense contra la Jezabel estadounidense.

Cuando Jehú se levantó contra Jezabel, también lo hizo contra el culto a Baal que ella había promovido con tanto celo: el culto del sacrificio de niños. De manera paralela, cuando Trump se enfrentó a Hillary Clinton, confrontó también al aborto, al sacrificio de niños en el vientre materno, causa que Hillary Clinton había promovido con el mismo fervor.

A medida que se acercaban las elecciones, una encuesta tras otra indicaba que Clinton obtendría una victoria aplastante sobre Trump. Pero el modelo antiguo decía otra cosa: decretaba que en una batalla entre Jehú y Jezabel, Jehú saldría victorioso y la antigua primera dama sería derrotada. Y así fue: el Jehú estadounidense venció y la Jezabel estadounidense fue derrotada.

CONTRA LA CASA DE ACAB

¿Cuál era el llamado de Jehú? Cuando fue proclamado rey en lo alto de las escaleras, fue justo después de haber recibido una palabra profética que revelaba lo que debía hacer:

> Yo te he ungido por rey sobre el pueblo del Señor, sobre Israel. Herirás la casa de Acab tu señor, para que yo vengue

> la sangre de mis siervos los profetas, y la sangre de todos los siervos del Señor, de mano de Jezabel.[11] (2 Reyes 9:6-7)

Así, Jehú fue llamado no solo a ser rey, sino también a vengar la sangre de los inocentes y poner fin a la casa de Acab.

EL ANIQUILADOR DE DINASTÍAS

¿Podría el mensaje profético entregado a Jehú para revelar su propósito contener también el secreto del llamado de Donald Trump con respecto a Estados Unidos? De ser así, implicaría, en primer lugar, que Trump fue efectivamente ungido para ser presidente. En segundo lugar, que fue llamado a enfrentarse al derramamiento de sangre inocente, lo cual haría mediante su postura y sus acciones contra el aborto. Pero también significaría que fue llamado a derribar la casa estadounidense de Acab.[12] Eso señalaría el fin de la dinastía Clinton. Su cumplimiento lo atestiguan los titulares que aparecieron después de su victoria. Si yuxtaponemos esto a los encabezados bíblicos reales que describen a Jehú, el paralelismo es asombroso:

La dinastía de Acab ha terminado[13]

La dinastía Clinton ha llegado a su fin[14]

Jehú extermina la casa real de Acab[15]

Donald Trump, el aniquilador de dinastías[16]

Los medios no lo sabían. Pero lo que estaba ocurriendo en el escenario político estadounidense era la repetición de un antiguo misterio. El Jehú americano estaba cumpliendo su llamado, aun sin saberlo.

Sin embargo, la casa estadounidense de Acab era —como hemos visto— más que una dinastía política: era un movimiento, una agenda, una ideología y un poder que invadía las instituciones y la cultura de la civilización americana. Su derribo comenzó en la primera administración del Jehú estadounidense. Pero la batalla estaba lejos de terminar. La casa estadounidense de Acab contraatacaría al Jehú estadounidense. Y el Jehú estadounidense volvería a levantarse para ocupar el trono. Sería en su segundo ascenso cuando el derribo de la casa de Acab se manifestaría de forma más dramática. Y el antiguo misterio volvería a desplegarse, una vez más, para revelar lo que estaba por venir.

Capítulo 24

EL REGRESO DEL GUERRERO

LO QUE ESTAMOS a punto de ver es que el regreso de Donald J. Trump a la Casa Blanca, y todo lo que seguiría, no fue un accidente ni una rareza, sino otra dimensión, otra manifestación del antiguo misterio. Las dinámicas del patrón bíblico volverían a activarse y determinar con precisión lo que habría de suceder. Los nombres cambiarían, otros surgirían para cumplir los roles antiguos, pero todo estaba ya ordenado en el diseño milenario.

EL GUERRERO

Jehú no era, por naturaleza, un político, sino un guerrero, un comandante de soldados. No llegó al trono por herencia, sino por medio de la guerra. Nunca en la historia de Estados Unidos una campaña presidencial fue tan combatida, tan contenciosa, casi como una guerra, como lo fue la del año 2024, que llevaría al Jehú americano de regreso a la Casa Blanca.

LA OPOSICIÓN

Cuando Jehú comenzó su ascenso al trono, solo contaba con el apoyo de los que estaban en su campamento, los que lo proclamaban rey. Pero en su contra se alzaba la casa de Acab. Eso significaba la realeza, el gobierno con todo su poder y su maquinaria estatal, la clase dominante, las élites culturales, el sacerdocio de Baal y los falsos dioses, y cada institución principal de la nación. Así también sería para el Jehú estadounidense. Ningún otro candidato presidencial importante en la historia del país había enfrentado tantas fuerzas, tantas instituciones, organizaciones, movimientos y estrategias unidas en su contra, no solo para impedirle volver a la Casa Blanca, sino para buscar su encarcelamiento e, incluso, su aniquilación total.

EL ATAQUE FEROZ

Fue un ataque sin precedentes, una guerra existencial total, librada por todo lo que constituía la casa de Acab en Estados Unidos. El

Partido Demócrata invirtió más de mil millones de dólares para asegurar su derrota.[1]

Los medios de comunicación dominantes produjeron una avalancha de cobertura abrumadoramente negativa sobre él, mientras ofrecían una sinfonía de elogios y adoración a su oponente.[2]

La industria del entretenimiento estadounidense —Hollywood, la música y sus celebridades— usaron tanto sus plataformas como sus recursos para atacarlo y derrotarlo. La industria del aborto libró una guerra franca contra él, al igual que las organizaciones y agentes de la agenda LGBT, los líderes del ámbito académico, y todo el resto de lo que hoy se conoce como el mundo *woke*.

EL INVENCIBLE

No obstante eso era solo parte del embate. Se presentaron demandas legales para impedir que su nombre apareciera en las papeletas electorales en *más de treinta y cinco de los cincuenta estados* del país.[3] La guerra legal en su contra fue tan masiva y, a los ojos de muchos, tan parcial, que llegó a ser conocida como *lawfare*: una guerra librada mediante el uso del sistema judicial como arma.[4] Una sola condena por delito grave podría haberlo enviado a prisión. Pero fue acusado por un total de noventa y un cargos por delitos graves.[5]

El tribunal de Nueva York lo condenó por treinta y cuatro de ellos.[6] Había una posibilidad real de que el candidato presidencial terminara tras las rejas. El hecho de que alguien pudiera resistir un ataque tan implacable —y aun así continuar su campaña presidencial— fue motivo de asombro para muchos. Pero, como el antiguo Jehú, el Jehú americano era, ante todo— un guerrero. Y, sin embargo, aun todo eso no era lo peor.

SOBREVIVIENTE

El 13 de julio de 2024, mientras Trump hablaba en un mitin de campaña al aire libre en Butler, Pensilvania, se escucharon unos disparos. Provenían de un francotirador apostado en el techo de un edificio cercano. Uno de los disparos rozó su oreja derecha. Sería el primero de *dos intentos de asesinato* cometidos contra su vida durante esa sola campaña.[7] Levantándose en medio del caos, con sangre escurriendo por su rostro, se mantuvo desafiante, alzó el puño al aire y gritó: "¡Luchar, luchar, luchar!".

Fue una imagen icónica.[8] Jamás el mundo había presenciado una respuesta así por parte de un líder que acababa de sobrevivir a un intento de asesinato. Pero aquello era el misterio de Jehú manifestado en Donald Trump. Era la naturaleza de Jehú: luchar, desafiar las probabilidades, resistir a los poderes establecidos y hacer frente a todo ataque que se levantara contra él.

EL REY GUERRERO

En mi obra, *El paradigma,* presenté a Jehú primero como el guerrero y luego, tras su ascenso al poder, como el *rey guerrero.* Años más tarde, en el regreso de Trump a la presidencia, el misterio del rey guerrero se manifestaría a plenitud. Fue su reacción tras el intento de asesinato lo que hizo que la palabra *guerrero* se convirtiera en una descripción inevitable de su figura. Un comentarista televisivo lo llamaría *el presidente guerrero,*[9] y el titular de un periódico importante en Estados Unidos diría:

> Trump acaba de demostrar que es un *guerrero* puro.[10]

Y sin embargo, fue más de un año antes del intento de asesinato, cuando el propio Trump usaría esa palabra, como si hablara en la voz de Jehú. Durante un mitin de campaña, declaró ante sus seguidores:

> "Yo soy su *guerrero*".[11]

La campaña de 2024 constituyó el regreso de Jehú: el regreso del guerrero.

LA AMENAZA MORTAL

Sin embargo, la guerra de Jehú no se libraba solo contra gobernantes de carne y hueso.

Detrás del ámbito político, social y cultural del antiguo Israel se encontraba el espiritual. Detrás de la casa de Acab estaban los dioses de Acab y de Jezabel. Así que luchar contra esa casa era guerrear contra los dioses que habitaban en ella. De la misma manera, la guerra de Trump contra la casa estadounidense de Acab era un conflicto contra los dioses y espíritus que habían llegado a habitar y dominar la cultura americana. ¿Qué cabría esperar entonces?

Esperaríamos que Trump representara una amenaza existencial para toda fuerza, movimiento, institución o individuo guiado por esos espíritus. Esperaríamos, por tanto, que se convirtiera en un objetivo. Incluso podríamos esperar el derramamiento de sangre.

La mayoría de los que son usados por los dioses o los espíritus no lo saben. Pero algunos sí. Y estos también tomaron parte en la guerra contra el Jehú estadounidense. Tenían una naturaleza más mística que sus otros enemigos. Pero cuando él regresó… ellos también regresaron.

Capítulo 25

EL REGRESO DE LAS BRUJAS

LAS RAÍCES DE la brujería son profundas y antiguas. Se remontan a los ritos y rituales del paganismo de la antigüedad.

SU BRUJERÍA

En su enfrentamiento, el rey Joram le pregunta a Jehú si viene en son de paz. Jehú le responde:

> ¿Cómo puede haber paz mientras haya tantas idolatrías y hechicerías de tu madre Jezabel?[1] (2 Reyes 9:22)

La palabra que usa Jehú para "hechicerías" es el término hebreo *kashaf*, que hace referencia a hechizos, encantamientos y conjuros. Ese tipo de prácticas eran características del culto pagano antiguo promovido por Jezabel, junto con la magia simpática, la adivinación y la invocación de espíritus. Los ritos y ceremonias del culto pagano han sobrevivido hasta el mundo moderno bajo el nombre de *brujería*.

LA GUERRA DE LAS BRUJAS

De forma que Jehú no solo guerreó contra la casa de Acab, sino también contra la brujería: las prácticas paganas que Jezabel defendía con tanto fervor. Y las brujas del país habrían visto a Jehú como su enemigo. Sin duda, habrían buscado usar todo lo que tenían a su alcance contra él: lanzar hechizos, maldiciones y conjuros.

Uno no esperaría que las brujas jugaran algún papel en una presidencia moderna en Estados Unidos. Pero sí estuvieron presentes en el patrón antiguo. ¿Podría ser posible, entonces, que el misterio de Jehú determinara que el ascenso del Jehú americano también estaría acompañado por la obra de las brujas?

BAJO LA LUNA CRECIENTE

La respuesta, sorprendentemente, es sí. Así como Jehú y las brujas de su tiempo estaban en bandos opuestos en la guerra cultural del mundo antiguo, también el Jehú estadounidense, en su ascenso a la presidencia, fue combatido no solo por enemigos políticos y culturales, sino también por brujas. Esa era una señal de los tiempos. A medida que Estados Unidos se alejaba de Dios, se entregaba cada vez más al lado oscuro.

Y al despojarse de las cosas del Espíritu, se abría a otros tipos de espíritus. El número de brujas en Estados Unidos se disparó, llegando incluso a superar en cifras a los presbiterianos.[2]

Así como las brujas del tiempo de Jehú habrían visto en él a su enemigo, las contemporáneas de Estados Unidos —y de otras partes del mundo— *vieron en Trump a su enemigo.* Por ello, decidieron lanzar un ataque contra él: una campaña de brujas. Se reunieron a lo largo de Estados Unidos y el mundo *bajo la luna creciente* para lanzar sus hechizos, encantamientos y maldiciones contra Donald Trump y su presidencia.[3]

EL REGRESO DE LAS BRUJAS

Esto fue notado y registrado durante el primer ascenso de Trump a la Casa Blanca. ¿Podría entonces el regreso del Jehú moderno provocar también el retorno de las brujas? Podía, como en efecto lo hizo. Mientras Trump libraba su campaña para regresar a la presidencia, las brujas de todo Estados Unidos —y de otras partes del mundo— volvieron a reunirse bajo la luna creciente para lanzar sus conjuros en su contra. Y una vez más, titulares extraños aparecieron en los medios:

> *¿Pueden las brujas derrotar a Donald J. Trump? Lo están intentando.*[4]

Sus convocatorias incluían cartas de tarot, velas anaranjadas y la imagen de Trump.

Esta última se usaba en rituales de magia simpática, en los cuales se quemaba o destruía su imagen. Mientras tanto, los participantes entonaban al unísono la frase: "¡Estás despedido!".[5]

BRUJAS POR KAMALA

Así como las brujas del país estaban abrumadoramente en contra de la campaña de Donald Trump, también se notó su apoyo visible a otra figura. Varios periodistas señalaron que el ascenso de Kamala Harris como rival política de Trump *revitalizó a las brujas de Estados Unidos*, que una vez más comenzaron a lanzar hechizos y maldiciones. Empezaron a aparecer carteles, sitios web y calcomanías con frases como: *"Brujas por Harris" y "Brujas por Kamala"*.[6]

JEZABEL, LA BRUJA

Pero la guerra de Jehú contra la brujería tenía un punto focal: Jezabel. Acusarla de promover la brujería era llamarla bruja. ¿Es posible entonces que la contraparte estadounidense de Jezabel, la primera oponente del Jehú americano, Hillary Clinton, pudiera ser acusada de lo mismo que Jehú le imputó a Jezabel? Lo es y lo fue.

Tan extraño como fue la guerra de las brujas contra Donald Trump, es el hecho de que su primera gran oponente —la que cumplía el prototipo de Jezabel— fue ella misma acusada de ser bruja. Algunos señalaron su risa, que imitaba la carcajada típica de una hechicera.[7] Otros señalaron sus consultas y sesiones de canalización con místicos de la Nueva Era y personas que creían en espíritus y, específicamente, en diosas.[8]

EL MENSAJE DE HALLOWEEN

Aún más extraño, sin embargo, fue lo que hizo Hillary Clinton en medio de la campaña de Trump para volver a la Casa Blanca. Era el 31 de octubre de 2023, Halloween, la noche de las brujas, de los espíritus y de la magia oscura. Clinton publicó en línea una fotografía suya para celebrar la festividad. En ella, estaba vestida con un atuendo negro de bruja, riendo mientras tocaba el ala del sombrero de bruja negro que llevaba en la cabeza. La Jezabel americana, por alguna razón, decidió publicar una imagen suya como bruja. Y por si fuera poco, añadió las palabras:

> "Las brujas logran que las cosas sucedan".[9]

La publicación no probaba que Clinton fuera bruja pero, insisto, concordaba de manera perfecta y extraña con el misterio. Clinton había caminado dentro del misterio de Jezabel. Jehú acusó a Jezabel de ser bruja. No se trataba de que Clinton lo supiera. Pero el misterio se manifiesta de todos modos.

"ME HAN LLAMADO BRUJA"

Cuando Hillary Clinton expresó su apoyo a Kamala Harris en su campaña presidencial contra Donald Trump,[10] eligió incluir las palabras:

Me han llamado bruja.[11]

Las palabras de la Jezabel americana podrían haber sido escritas por otra. Pues con respecto a las palabras de Jehú en su contra, la misma Jezabel podría haber escrito exactamente lo mismo: "Me han llamado bruja".

"ÉL TIENE UN ESCUDO"

Con todo lo que se alzó en su contra, tanto en lo natural como en lo espiritual, Trump no fue vencido, sino que prevaleció. ¿Por qué? En primer lugar, porque el misterio así lo había determinado. Pero las propias brujas aludieron a que algo más estaba obrando. Así que, en vísperas de la elección, apareció un titular extraño:

Las brujas informan que sus hechizos contra Trump no están funcionando.[12]

Según ese artículo y otros, las brujas que habían estado lanzando hechizos y maldiciones contra Trump "lamentaban públicamente el fracaso de sus conjuros".[13] ¿Por qué sus hechizos no lograban detenerlo? Una de las brujas citadas en el artículo dijo: "*Tiene una forma de protección a su alrededor*". Otra dijo: "*Tiene un escudo*". Más específicamente, entre las brujas se creía que su escudo existía porque muchas personas estaban orando.[14]

Jehú contaba con el apoyo de los fieles, de los conservadores religiosos de su tierra. Fue con ese apoyo que prevaleció. Así también, con el respaldo de los fieles del país, contra todo pronóstico, el Jehú estadounidense también prevalecería.

En el regreso del Jehú americano a la Casa Blanca, la plantilla antigua volvería a desarrollarse con las mismas dinámicas. Pero el papel de los adversarios de Jehú sería interpretado por otros, comenzando por el del rey.

Capítulo 26

EL REGRESO DEL ANIQUILADOR DE REYES

EL ASCENSO DE Jehú al trono gira en torno a dos figuras, dos adversarios. Trataría con ellos en dos etapas. El primero era el rey.

EL SUPLANTADOR

Jehú no podía derribar la casa de Acab sin enfrentarse al rey que estaba a su cabeza. Así que iría a la ciudad de Jezreel, tensaría su arco y derribaría al hijo de Acab, el rey Joram.[1] Joram no fue el único monarca al que Jehú derribó. Jehú fue el aniquilador de reyes. Su ascenso marcaría el fin del reinado de Joram, la muerte de tres monarcas y la caída de la casa de Acab.

Así también el Jehú americano, Donald J. Trump, fue igualmente un aniquilador de reyes o de presidentes. En su primer ascenso al poder, como ya vimos, se enfrentó al presidente en función, Barack Obama, puso fin a su agenda y lo suplantó como mandatario. Pero ascendería al poder una segunda vez. Por tanto, podríamos esperar que el modelo antiguo se repitiera de nuevo, pero ahora con diferentes personajes cumpliendo los antiguos roles. Por consiguiente, en este segundo ascenso de Jehú, deberíamos esperar un segundo Joram.

EL SEGUNDO JORAM ESTADOUNIDENSE

Cuando Trump inició el camino que lo llevaría de regreso a la Casa Blanca, el que ocupaba la presidencia era Joe Biden. Así como Jehú comenzó su campaña por el trono con su atención puesta en el rey de su época, era inevitable que Trump comenzara su campaña por la Casa Blanca con su atención puesta en el presidente en funciones, Joe Biden. El enfoque de Jehú en Joram representaba solo la primera parte de su campaña por el trono. Eso pronto cambiaría. Así también el enfoque de Trump en Biden representaría solo la primera parte de su campaña presidencial. Eso también cambiaría pronto.

LA CONFRONTACIÓN

La caída del rey Joram llegaría de forma rápida y dramática. El desplome de la presidencia de Biden también llegaría de manera veloz y desastrosa. La caída de Joram ocurriría en una confrontación cara a cara con Jehú, cada uno en su propio carro, lo suficientemente cerca como para entablar una conversación. Así también el fin de la carrera política de Biden llegaría en una confrontación con el Jehú americano, Donald Trump, cara a cara y lo suficientemente cerca como para conversar, de hecho, era un debate.

LA CAÍDA DEL REY

Ocurriría el 27 de junio de 2024, ante los ojos de la nación y del mundo. En vez de dos carros de guerra, había dos podios. El campo de batalla era el escenario del debate presidencial estadounidense de 2024. Cuando Joram se enfrentó cara a cara con Jehú, lo hizo sin preparación. Cuando el Joram estadounidense, Joe Biden, se enfrentó frente a frente con el Jehú americano, Trump, también lo hizo sin preparación. En el relato antiguo, Joram fue tomado por sorpresa, superado, confundido, débil y vencido. En la confrontación moderna, Biden fue tomado por sorpresa, superado, confundido, débil y vencido.[2]

Jehú puso fin al imperio del rey Joram en un solo día, en un solo encuentro, en una sola confrontación. Trump, de igual modo, puso fin a la presidencia de Biden en un solo día, en un solo encuentro, en una sola confrontación. Jehú asestó un golpe mortal al reinado de Joram. Trump asestó un golpe mortal a la presidencia de Biden. El evento y el golpe fueron, una vez más, sin precedentes. Pero Trump era el Jehú americano. Y Jehú fue sin precedentes, el aniquilador de reyes.

En el modelo antiguo, el derrocamiento del rey era el primero de dos actos. El segundo acto requería la entrada de otro personaje. Así también, el misterio que se desarrollaba en el escenario estadounidense no podía completarse sin la entrada de otro.

Capítulo 27

EL REGRESO DE LA REINA

CON LA MUERTE del rey Joram, el manto de la dinastía de Acab pasó a Jezabel.

LA PORTADORA DEL ESTANDARTE

Durante la gestión del rey Acab, Jezabel ocupaba el segundo puesto de poder en el reino. Tras la muerte de Acab, ella ejercía como reina madre y habría ocupado un puesto similar de autoridad e influencia detrás del trono. Pero cuando Jehú mató a su hijo Joram, la posición de Jezabel dejó de ser secundaria. Ahora era la representante principal y la portadora del estandarte de la casa de Acab y de sus planes. Todo descansaba sobre ella. Era ahora el último obstáculo y punto de resistencia ante la ascensión de Jehú al trono.

DEL REY A LA REINA

Para que el antiguo modelo siguiera manifestándose, sería de esperarse que —en la primera etapa del ascenso del Trump americano—, la casa estadounidense de Acab pusiera su esperanza de resistirlo en un Joram americano, su líder actual, el presidente. Pero en la segunda etapa, esa esperanza se trasladaría a otra persona: una Jezabel estadounidense. Según el modelo antiguo, esa otra líder iba a ser alguien que hubiese servido junto al rey en una posición de poder e influencia dentro del palacio real. El final del gobierno del rey llevaría a esa persona desde los márgenes del escenario nacional hasta el centro de los reflectores.

DE OBAMA A CLINTON

Así que, en la etapa inicial del primer ascenso de Trump a la Casa Blanca, el enfoque de la casa americana de Acab estaba en el Joram americano, el presidente en funciones: Barack Obama. Pero en la segunda etapa del ascenso de Trump, el enfoque pasó a quien se postulaba para ocupar el lugar de Obama: Hillary Clinton. Al igual que Jezabel, Clinton había servido junto a Obama en una posición de poder e influencia en la Casa Blanca. Y como Jezabel, se convertiría en la portadora del estandarte de la casa americana de Acab y de la dinastía política de su esposo. Y también como Jezabel, ella se transformaría en el centro de la resistencia y del enfrentamiento contra el Jehú estadounidense.

DE BIDEN A HARRIS

En el segundo ascenso del Jehú estadounidense a la Casa Blanca, el misterio volvería a manifestarse, pero ahora con una nueva figura en el papel de Jezabel. Al comenzar el ascenso de Trump, la casa americana de Acab centró su atención y esperanza en el presidente en funciones del país, el segundo en cumplir el modelo de Joram: Joe Biden. Aunque, a diferencia de Obama, Biden tenía la posibilidad de postularse para un segundo mandato —y lo intentó—, el modelo ordenaba que su carrera fuese interrumpida.

Después de su "muerte política" en el escenario del debate presidencial, el enfoque se trasladaría a otra persona que asumiría su lugar. Esa persona debía ser alguien que hubiese servido junto al líder caído en un puesto secundario dentro de su gobierno, pero que tomaría su manto. Esa figura se convertiría entonces en la portadora del estandarte de la casa del líder caído para luchar contra el ascenso de Jehú. Esa persona sería Kamala Harris.[1]

Ahora ella pasaría de los márgenes al centro del escenario, y asumiría el manto de Joe Biden para enfrentarse a Donald J. Trump por la presidencia: una Jezabel estadounidense contra el Jehú americano.

JEHÚ Y LA REINA AMERICANA

Nunca en la historia de Estados Unidos se había postulado una mujer como candidata presidencial de un partido importante, hasta el año 2016, cuando Hillary Clinton se enfrentó a Donald Trump. Su candidatura no fue, en última instancia, el resultado del feminismo, ni siquiera de la influencia de los Clinton. Fue, en definitiva, por causa del antiguo paradigma. Este ordenaba que cuando Jehú ascendiera al trono, su último oponente sería una mujer. Ella se opondría a su ascenso; él se opondría a su gobierno. No fue casualidad que, en 2016, Trump fuera el único presidente en la historia de Estados Unidos en llegar a la Casa Blanca enfrentándose y derrotando a una líder femenina. Pues Jehú fue el único monarca en la historia del reino del norte de Israel que llegó al trono enfrentándose y derrotando a una líder femenina.

En el caso de Kamala Harris, no fue elegida para enfrentarse a Trump porque se la considerara la más competente o la más calificada de los candidatos, ni porque su candidatura estuviera mejor planeada o pensada. Ocurrió, más bien, porque tenía que ocurrir; el paradigma lo ordenaba. La caída del Joram estadounidense tenía que llevar a que el enfoque se desplazara hacia una Jezabel americana para contender por el trono contra el Jehú estadounidense.

LA FANÁTICA

Jezabel no solo estaba interesada en el poder; era una fanática, una radical, una ideóloga. Estaba comprometida a promulgar e imponer una agenda radicalmente anticristiana y antibíblica. Por tanto, trataría de derrocar los valores tradicionales, conservadores y bíblicos. Así, el misterio ordenaba que quien caminara en el paradigma de Jehú no solo contendería por el trono contra una líder femenina de la casa del rey, sino también contra una que representara y promoviera una agenda radical, y que buscara desmantelar los valores tradicionales, conservadores y bíblicos.

LA RADICAL

Así que la mujer comisionada para enfrentarse al Jehú estadounidense en cada uno de sus ascensos a la Casa Blanca tenía que representar y promover una agenda extremista. Y así fue. En su primer ascenso, la oponente de Trump, Hillary Clinton, fue una mujer que consideraba los valores tradicionales, conservadores y bíblicos como una amenaza a sus planes. En su segundo ascenso, el paradigma se repetiría en Kamala Harris. Esta también era una agente de una agenda radical. Justo antes de convertirse en vicepresidenta de Biden, fue clasificada como una de las senadoras más radicalmente de izquierda en Estados Unidos. Y al igual que Jezabel y Clinton, el plan que promovía se oponía a los creyentes conservadores y bíblicos, así como también a los valores tradicionales. Al igual que Jezabel y Clinton, Harris veía esos valores como obstáculos y amenazas para su causa.

AGENTE DE LOS DIOSES

Sin embargo, Jezabel no actuaba solo como instrumento de un cambio extremista, sino como agente de los dioses. Su agenda no podía entenderse sin ellos. Estaba alineada con el plan del antiguo paganismo, ya fuera en el ámbito de la vida y el sacrificio infantil, la sexualidad, el matrimonio, la deformación, el quiebre y la fusión del género, y en la manera en que se percibía a quienes defendían los valores bíblicos. En esto, al igual que Jezabel, Clinton fue utilizada como agente de esas mismas fuerzas, un vaso de los dioses.

Al final, las candidaturas de Hillary Clinton y Kamala Harris no tenían que ver con ellas, sino con la manifestación del misterio de Jezabel y los dioses. Tanto Clinton como Harris asumieron el paradigma de la antigua reina, mientras luchaban contra el ascenso del Jehú americano, pero estaban destinadas, según ese mismo paradigma, a ser derrotadas por él.

¿Es posible que los resultados de tres elecciones presidenciales consecutivas en Estados Unidos no se expliquen por factores políticos, consideraciones económicas o indicadores sociales, sino por un misterio de tres mil años de antigüedad?

Capítulo 28

EL MISTERIO DE LOS ASCENSOS

EN AL MENOS dos de las tres elecciones consecutivas en las que Trump se postuló para la Casa Blanca, la abrumadora mayoría de los analistas y comentaristas políticos fueron sorprendidos y no supieron cómo explicar lo sucedido. Pero, ¿y si todo estuviera contenido en la trama de la dinámica entre una reina antigua y un general en ascenso?

EL BURLADOR

En el enfrentamiento final entre Jehú y Jezabel, la ex primera dama de la nación mostró su desprecio hacia el líder ascendente al burlarse y menospreciarlo:

> Cuando Jezabel se enteró de que Jehú estaba regresando a Jezrel, se sombreó los ojos, se arregló el cabello y se asomó a la ventana. Al entrar Jehú por la puerta de la ciudad, ella preguntó: "¿Cómo estás, Zimri, asesino de tu señor?".[1]
> (2 Reyes 9:30-31)

Zimri fue un asesino que, tras matar al rey, gobernó en su lugar por apenas unos días antes de quitarse la vida para no rendirse. [2] Así como Jezabel miró a Jehú con desprecio, también Hillary y Harris vieron a Trump, de la misma manera. Ambas se burlaron y lo despreciaron. Las dos descansaban con confianza en la certeza de que lo derrotarían en forma decisiva. Cada una estaba rodeada de encuestas que les aseguraban la victoria.[3]

Pero el antiguo modelo decía otra cosa. Sería aquel que caminara en el misterio de Jehú quien saldría victorioso. ¿Es posible, entonces, que ese mismo modelo pudiera determinar el resultado de cada elección presidencial estadounidense desde 2016 hasta 2024; en cuál elección prevalecería y en cuál no, y por qué?

EL MODELO DEL FORASTERO

El modelo del ascenso de Jehú al poder no es uno de transición pacífica ni de mantenimiento del *statu quo*. Es un modelo de estremecimiento, de levantamiento, de revolución. No se trata de preservar el sistema establecido, sino de perturbarlo. Implica la llegada al poder de aquellos que no estaban en esa esfera, y la caída de aquellos que sí lo estaban. Jehú ascendió al poder como un extraño, desde fuera del trono.

En la elección de 2016, Trump ascendió al poder como un forastero en la Casa Blanca, un perturbador del sistema establecido y un destructor del *statu quo*. La dinámica de esa elección coincidía con la antigua trama del ascenso de Jehú al trono. Por tanto, triunfó.

Sin embargo, en la elección de 2020 se presentó como un interno. Era el presidente, el que regía sobre el sistema establecido y el *statu quo* de ese tiempo. La dinámica de esa elección no coincidía con la del ascenso de Jehú. Por tanto, no prevalecería.

Pero en 2024 regresó al trono una vez más como forastero, una vez más como perturbador del sistema e, insisto, como destructor del *statu quo*. Así que nuevamente coincidía con el modelo del ascenso de Jehú. Y por eso, una vez más, prevalecería y triunfaría.

EL MODELO DEL SUPLANTADOR

Otra dinámica relacionada con las campañas del Jehú americano es que el Jehú antiguo comienza su ascenso al poder cuando su adversario está sentado en el trono de la nación. Aparece como el suplantador, tomando el lugar de su adversario como rey en el trono y deshaciendo sus políticas. En la elección de 2016, el hombre que ocupaba la Oficina Oval era el adversario de Trump: Barack Obama. Las dinámicas coincidían con las del antiguo modelo: el ascenso del suplantador. Por lo tanto, Trump prevalecería, sucedería a Obama como presidente y desharía sus políticas.

No obstante en la elección de 2020 no había adversario, ningún otro líder ocupando la Oficina Oval. Era el mismo Trump. Él iniciaba su carrera como el líder de la nación. Por tanto, aquella contienda no seguía el modelo del ascenso de Jehú. Por lo que no prevalecería.

Pero en la siguiente elección, comenzó su carrera mientras su adversario, Joe Biden —su oponente en la elección anterior—, ocupaba la

Oficina Oval. Así que las dinámicas nuevamente coincidían con el modelo del suplantador. Por tanto, en la elección de 2024, Trump volvería a prevalecer, volvería a suplantar al gobernante de la nación y otra vez desharía las obras de su predecesor.

EL MODELO DE LOS DOS GOBERNANTES

En el modelo antiguo, Jehú asciende al trono cuando el rey imperante es eclipsado por una líder femenina que porta su manto.

En la elección de 2016, Obama fue eclipsado por Clinton, que portaba su manto. Las dinámicas coincidían con las de Jehú y Jezabel. Por lo tanto, el Jehú americano sería victorioso.

En la elección de 2020, sin embargo, no hubo rey eclipsado ni mujer alguna que lo representara para contender contra un Jehú en ascenso. Su adversario no era una mujer, sino Joe Biden, y no era un presidente, sino un forastero. Por lo tanto, no coincidía con el modelo antiguo. Y por eso, Trump no prevalecería.

Ahora, en la elección de 2024, *había* nuevamente un rey eclipsado: Joe Biden. Y había nuevamente una líder femenina de la casa del rey que ahora portaba el manto de su administración: Kamala Harris. Por lo tanto, las dinámicas volvían a alinearse con el modelo de Jehú. Y por tanto, Trump volvería a prevalecer.

Así que el modelo antiguo contenía, revelaba y explicaba —si no es que incluso ordenaba— el resultado de las elecciones presidenciales de 2016, 2020 y 2024.

Ya hemos visto el misterio del Jehú estadounidense en su primer y segundo ascenso. ¿Qué significa eso? ¿Es una señal? Y si lo es, ¿señal de qué?

Capítulo 29

LA SEÑAL DE JEHÚ

¿CUÁL ES EL significado de Jehú y de su ascenso? ¿Qué representó para su nación? ¿Y podría la respuesta a esas dos preguntas revelar también el significado de Donald Trump y la importancia de su ascenso para Estados Unidos? Para encontrar la respuesta, debemos comprender el contexto, el tiempo y el lugar en que apareció Jehú.

EN EL PUNTO DE QUIEBRE

Israel fue llamado a la existencia para ser una nación santa, para andar en los caminos de Dios, para defenderlos y ser luz para el mundo. Pero con ese llamado también vino una advertencia: si la nación alguna vez se apartaba de Dios y de sus caminos, sus bendiciones serían retiradas; descendería en oscuridad espiritual, declive y, por último, habría juicio.

Para el tiempo en que Acab y Jezabel ascendieron al trono, la caída de la nación ya estaba en marcha. Pero ahora, la apostasía nacional se hundiría a nuevas profundidades. Ya no se trataba simplemente de un alejamiento de los caminos de Dios; ahora era una guerra franca contra ellos: la promoción de otros dioses y la persecución activa —incluso el asesinato— de los justos. Ya cuando Jehú comenzó su ascenso, la guerra de la nación contra Dios había abarcado el dominio de al menos tres reyes. Una generación entera no conocía otra cosa que la apostasía. Si no había un cambio, si no se modificaba el rumbo de la nación, ya no habría remedio alguno… solo juicio.

LA RESPUESTA A UNA NACIÓN CAÍDA

El ascenso de Jehú no fue una casualidad ni un accidente de la historia. Fue una respuesta. Más que nada, fue una respuesta a las oraciones y lamentos de un profeta. El nombre de Jehú aparece por primera vez en la respuesta de Dios a Elías, que lamentaba la apostasía y la caída de su nación.[1] El ascenso de Jehú sería parte de la respuesta de Dios. De modo que Jehú fue una respuesta a su tiempo, una respuesta al derrumbe de una nación caída. Y, del mismo modo, el ascenso de

Donald J. Trump fue, como lo fue el de Jehú, una respuesta a su tiempo: una respuesta a la decadencia de una nación caída.

EL REMEDIO EXTREMO

A la luz de sus palabras, acciones, carácter, posturas y maneras, muchos veían a Trump como el más extremo de todos los que ocuparon la Oficina Oval. Pero su prototipo antiguo —Jehú— también fue radical. No se puede leer el relato de su ascenso sin notar la naturaleza extrema de sus métodos y sus acciones.

Hay una razón subyacente a esa conducta extrema: era la respuesta a la profundidad radical de la caída de su nación; lo mismo ocurrió con Trump. La naturaleza extrema de Donald Trump fue una respuesta a la naturaleza extrema de la caída de Estados Unidos de América. Esta nación se había convertido en una cuya élite ya no distinguía entre hombre y mujer, cuyos líderes defendían abiertamente la matanza de millones de niños no nacidos, y cuyas instituciones principales consideraban buena idea extirpar quirúrgicamente los órganos de niños para hacerlos parecer del sexo opuesto. Había perdido su sentido de la normalidad. Así como la casa de Acab no podía ver en Jehú otra cosa que una amenaza para su statu quo, también las élites de Estados Unidos y de Occidente no veían en Donald Trump más que lo mismo. Y aunque nunca pudieron comprenderlo, Trump fue la respuesta a su caída, la respuesta radical al extremo del descenso espiritual y moral de una nación.

EL DISRUPTOR DE LA APOSTASÍA

En el caso de la antigua Israel, la apostasía se había arraigado tanto en la percepción nacional, en sus instituciones, su cultura y su modo de vida, que jamás podría eliminarse sin una disrupción masiva. Jehú fue, por tanto, el agente disruptivo de la nación. Fue el gran perturbador del sistema político de Israel, de su culto religioso y de su statu quo cultural. Lo mismo ocurrió en Estados Unidos de América: la apostasía se había incrustado tan profundamente en las percepciones, costumbres, instituciones y cultura de la nación, que solo podría ser desplazada mediante una disrupción masiva. Trump, el Jehú estadounidense, fue el agente disruptivo de la nación. Perturbó el ámbito político, el escenario cultural y el liderazgo de la élite, el viejo orden de la casa de Acab americana. Trump derribaría los dogmas, preceptos, mantras y "vacas sagradas" que durante tanto tiempo dominaron la civilización estadounidense y occidental.

UN CAOS REDENTOR

El Jehú americano se haría notar por su capacidad especial para provocar caos con una sola palabra o acto, era un agente del caos.[2] Pero también lo fue el antiguo Jehú. Había una razón para ello. El orden mediante el cual Israel vivía y funcionaba se había corrompido tanto que la única esperanza de restauración vendría al desordenarlo. El caos era la señal de ese desorden. Y, sin embargo, poseía un potencial redentor. De la misma manera, el orden bajo el cual el Estados Unidos de América del siglo veintiuno vivía y funcionaba se había corrompido tanto espiritual como moralmente, a tal grado que la única esperanza de restauración implicaría alterar ese mismo orden en un caos que fuera redentor.

LA FUERZA ARROLLADORA

Jehú fue un martillo, un hacha, un demoledor. No es casualidad que uno de sus primeros actos registrados al llegar a la capital de la nación fuera derribar el templo de Baal. Muchos en los días de Jehú seguramente vieron ese hecho como una acción imprudente de disrupción, desorden y destrucción. Pero fueron el templo de Baal y su culto los que permitieron el sacrificio de niños en los altares de su nuevo dios. La destrucción de ese templo por parte de Jehú fue, por tanto, un acto de redención que salvaría vidas inocentes. Trump fue, de igual modo, un instrumento contundente: un martillo humano, un hacha y un ariete. Además, se propuso derribar muchas de las moradas de la casa de Acab estadounidense y muchos de los templos de Jezabel en la nación estadounidense.

VASIJA DE JUICIO

Según las palabras que le fueron dadas por el profeta, no puede pasarse por alto que Jehú también fue llamado vasija de juicio. No solo porque su ascenso traería juicio y pondría fin, de manera decisiva, a una dinastía malvada, sino porque constituiría una señal para un reino caído: un mensaje y advertencia para un imperio bajo el juicio de Dios.

De igual forma, Trump fue una vasija de juicio. Su ascenso trajo confrontación y juicio sobre las vasijas e instituciones en guerra contra los caminos de Dios. Pero fue más que eso. Su ascenso fue una señal para una cultura, una nación y una civilización caídas, bajo el juicio de Dios. El hecho de que un expropietario de casinos, un hombre no conocido por su piedad ni por su devoción sino por su mundanalidad, pudiera avergonzar a una nación por sus pecados —el asesinato de sus hijos, el trastorno del orden y los caminos de Dios, y la mutilación de sus jóvenes— no es una contradicción ni un accidente. Es una señal de juicio.

Y sin embargo, el modelo de Jehú encierra un potencial lleno de esperanza y redención. Exploraremos eso también. Pero ahora comenzamos a descubrir otro ámbito dentro de ese modelo antiguo: uno que nos dará una revelación nueva y clara con respecto a las personas y los acontecimientos de nuestro tiempo.

PARTE VIII

EL MISTERIO DE JORAM

Capítulo 30

EL OTRO REINO

PARA BARACK OBAMA y Hillary Clinton, su papel principal en el antiguo misterio fue el cumplimiento de los modelos del rey Joram y de Jezabel en relación con el Jehú representado por Trump. Obama había estado en el escenario político nacional el mismo tiempo que Joram, e Hillary el mismo que Jezabel. Pero en el caso de Joe Biden y Kamala Harris, su cumplimiento de esos mismos dos modelos frente al Jehú de Trump en su segundo ascenso fue secundario. Cada uno de ellos desempeñaría otro papel en el modelo, único y primario para ellos.

EL OTRO REY

Jehú no derribó a un solo rey, *sino a dos*. Solo había planeado derribar a uno, al rey Joram, pero terminaría acabando también con el otro: el rey Ocozías de Judá, el reino del sur de los dos reinados de Israel.[1] Ocozías, al igual que Joram, era un rey malvado. Ambos formaron una alianza. Y en el momento del ascenso de Jehú, Ocozías estaba visitando a Joram… en el lugar equivocado y en el momento equivocado.[2]

DOS REINOS Y DOS ASCENSOS

Así que el ascenso de Jehú marcaría el fin de dos reyes, dos gobiernos y dos dinastías: una en el norte y otra en el sur. El ascenso del Jehú estadounidense marcaría el fin de dos gobiernos y dos presidencias. La única forma en que eso podría ocurrir en el contexto del sistema político estadounidense sería que Trump ascendiera dos veces a la Casa Blanca.

El misterio ahora nos conduce al reino del sur de Israel, donde el modelo se desarrollará en un trasfondo diferente. Aquí encontraremos a otras dos figuras, un hombre y una mujer, quienes revelarán cada uno un misterio de nuestro tiempo.

Capítulo 31

JORAM, EL APÓSTATA

FUE UN REY relativamente tétrico. La mayoría de los lectores de la Biblia tendrían dificultades para recordar alguno de sus logros... si es que recuerdan siquiera su nombre. Pero su modelo se reproducirá en la cuadragésima sexta presidencia de los Estados Unidos.

EL JORAM ESTADOUNIDENSE

Uno fue rey del norte y, el otro, el del sur. Ambos tenían el mismo nombre, el cual aparece en algunas versiones de las Escrituras en dos formas: Joram y Yoram. Para evitar confusión, continuaremos refiriéndonos al hijo de Acab, como Joram rey del norte, y al rey del sur como Joram del sur. Ambos fueron contemporáneos. Eran cuñados. Joram del sur se había casado con la hermana de Joram del norte.

Joram reinó en el norte antes que el otro Joram lo hiciera en el sur, y por tanto era el más experimentado de los dos y más influyente en su relación.[1] A través de Joram del norte y su hermana —ahora esposa de Joram— las costumbres del reino del norte y de la casa de Acab penetrarían en el sur.

El rey Joram de Judá es el que encarna más plenamente el misterio en torno al presidente estadounidense Joe Biden.

EL APÓSTATA

Joram del sur fue criado en el conocimiento de los caminos de Dios. Nació en la casa de David, y su padre —el rey Josafat— fue uno de los más justos entre los que se sentaron en el trono de Judá.[2] Y, sin embargo, se apartó de los caminos de su padre y de Dios. Bajo la influencia de su esposa y su cuñado, Joram del sur se apartó de Dios y llevó a su nación a hacer lo mismo. Así está escrito:

> "Y anduvo en el camino de los reyes de Israel, como hizo la casa de Acab, porque era yerno de Acab; e hizo lo malo ante los ojos del Señor".[3] (2 Reyes 8:18)

La historia de Joram del sur es una de debilidad espiritual, indulgencia moral y, en última instancia, abandono total de los fundamentos y verdades en los que fue criado. Aunque había nacido en la casa de David, se rendiría ante la casa de Acab.

EL QUE ABANDONÓ

Así sucedió también con el Joram estadounidense. La historia de Biden fue igualmente una de debilidad espiritual, indulgencia moral y, finalmente, abandono de los caminos de Dios.

Ejemplo de ello fue su postura frente al tema de la vida. Al comienzo de su carrera política, expresó su desacuerdo con el fallo *Roe v. Wade.* Votó a favor de prohibir el uso de fondos federales para subsidiar abortos.[4] Incluso redactó legislación para prohibir el financiamiento federal del aborto o de la investigación sobre aborto en el extranjero.[5]

No obstante, en su ascenso a la presidencia, cedió ante las facciones e ideologías más radicales de su partido. Abandonó las posturas que antes había defendido; revirtió las políticas que antes promovía.[6]

"ABANDONÓ AL SEÑOR DIOS"

Joram se apartó del Dios de su padre, Josafat; Biden fue criado creyendo en el Dios de las Escrituras. Pero aunque profesara ser cristiano, sus acciones y sus políticas se opondrían a los valores, verdades y prácticas bíblicas. Lo que fue escrito del rey Joram bien podría haber sido escrito en cuanto a Joe Biden: *abandonó al Señor Dios de sus padres.* Y lo que se escribió de Joram, como consecuencia, podría aplicarse ahora a Biden: *e hizo lo malo ante los ojos del Señor.*[7]

La apostasía de Joram del sur generó desgracia para su reino. Su imperio estuvo marcado por la derrota, el debilitamiento y el fracaso. La presidencia de Joe Biden, de igual manera, estaría caracterizada por la derrota, la decadencia y el fracaso, tanto para él como para su nación. La primera gran desgracia de la presidencia de Biden fue gestada miles de años antes, en los días del rey Joram del sur.

Capítulo 32

LA RETIRADA

El primer gran error y desastre registrado del rey Joram del sur marcaría el escenario para todo lo demás. Lo mismo ocurriría para Joe Biden, excepto que —en este último caso— las repercusiones alcanzarían al mundo entero.

LA RETIRADA DE EDOM

La calamidad de Joram del sur ocurrió en la tierra de Edom. Los edomitas habían sido conquistados por los ejércitos de Israel bajo el liderazgo del rey David.[1] Por años estuvieron sometidos a los reyes de Jerusalén. Pero en los días de Joram, se rebelaron y nombraron a uno de los suyos como rey.[2] Joram respondió. Lanzó un ataque sobre el territorio de Edom:

> "Y se levantó de noche y atacó a los edomitas que lo habían rodeado y a los capitanes de los carros".[3]

Su campaña militar terminó en catástrofe. Él y sus tropas fueron rodeados por los edomitas y estuvieron a punto de ser aniquilados. Joram tuvo que abrirse paso a la fuerza para salir de la trampa.

> "Pero su ejército huyó a sus tiendas".[4]

Sus hombres huyeron para salvar sus vidas, humillados ante sus enemigos, y el prolongado dominio de Judá sobre Edom llegó a su fin. Fue un desastre sin atenuantes.

LA RETIRADA DE AFGANISTÁN

Así como la primera derrota de Joram del sur involucró a un pueblo hostil que había estado bajo el dominio de su nación, la primera derrota del Joram estadounidense —Biden— también involucraría una tierra extranjera y un pueblo hostil que había estado bajo dominio americano.

La mayoría de los descendientes de Edom se volverían, en tiempos posteriores, musulmanes. Así que el pueblo y la tierra de la derrota de Biden eran musulmanes. La tierra de Afganistán fue, para Biden, su tierra de Edom.

Ocurrió en el primer año de su presidencia. Biden decidió retirar las tropas estadounidenses estacionadas en Afganistán. Sus asesores militares le advirtieron que la retirada sería catastrófica, devolviendo el poder al enemigo de Estados Unidos, los talibanes. Pero informaron que Biden parecía "*decidido a retirarse*".[5] La retirada fue un desastre: tropas estadounidenses, ciudadanos estadounidenses y aliados afganos huyendo en pánico y horror ante el avance de los talibanes.[6] Fue una acción mal aconsejada, mal planificada y mal ejecutada. La situación dio lugar al caos. Los talibanes tomaron posesión de equipos militares estadounidenses por valor de miles de millones de dólares, a la vez que los aliados indefensos ahora quedaban atrás, a merced de sus enemigos.[7]

Eso sería calificado como "el mayor desastre de política exterior desde Suez" y "el mayor fracaso que la OTAN ha visto desde su fundación".[8] La fe en el poder y el liderazgo estadounidense se vería estremecida, y la confianza en la competencia de Biden como presidente quedaría irreparablemente dañada. La aprobación popular de Biden se desplomó. Aunque muchos no lo vieron en su momento, fue el comienzo del fin de su presidencia.

"SU EJÉRCITO HUYE DERROTADO"

Joram del sur perdió Edom; Biden perdió Afganistán. Así como Edom volvió a ser territorio enemigo para Israel, Afganistán volvió a ser territorio enemigo para Estados Unidos. Tal como las tropas de Joram huyeron ante sus enemigos —los edomitas—, ahora los estadounidenses huían ante sus enemigos, los talibanes.

Nota las palabras usadas para describir la calamidad de Biden y las empleadas en los comentarios bíblicos para describir la de Joram del sur:

> "Joram logra escapar bajo la cobertura de la noche, aunque su ejército huye *derrotado*".[9]

Así también los reportes noticiosos sobre el desastre afgano de Biden utilizarían las mismas palabras:

> "...la *derrota* estadounidense y la *retirada* caótica en Afganistán.[10]

UNA RETIRADA DESASTROSA

Otro comentario bíblico describe así la derrota de Joram del sur:

> "[Joram] se vio obligado a retirarse del país, y a dejar que los nativos disfrutaran de esa independencia".[11]

De manera similar, los artículos que describen la primera gran crisis de la presidencia de Biden hablarían en los mismos términos:

> "Desastrosa retirada del presidente Biden de Afganistán".[12]

> "Los talibanes vieron la retirada incondicional de Biden como una invitación a intensificar su ofensiva".[13]

> "Los republicanos en la Cámara de Representantes culparon a la administración Biden por la caótica y mortal retirada de Estados Unidos de Afganistán".[14]

LA DEBILIDAD CRECIENTE

La humillante derrota de Joram del sur fue solo el comienzo de sus problemas. Fue tanto una señal de lo que vendría como el detonante que provocó su llegada. Un comentario bíblico sobre la retirada del rey lo expresó así:

> "Su ejército se retira derrotado. Este versículo destaca la creciente debilidad de Judá bajo el liderazgo de Joram y marca una pérdida significativa de poder para el reino".[15]

De la misma manera, la desastrosa retirada de Biden pondría en evidencia la creciente debilidad de Estados Unidos bajo su liderazgo.

Compárese lo dicho en el comentario bíblico con lo que escribió un medio de comunicación en el momento de la retirada de Afganistán:

> "El desastre de la derrota estadounidense y la caótica retirada en Afganistán es un desastre político para Joe Biden, cuya incapacidad para orquestar una salida urgente y ordenada sacudirá aún más una presidencia plagada de crisis y manchará su legado".[16]

Así como lo fue para el reinado de Joram del sur, este acontecimiento debilitaría la presidencia de Biden. Pero las repercusiones de la retirada estadounidense se extenderían mucho más allá de las fronteras de Afganistán.

LIBNA

Las Escrituras revelan lo que ocurrió después de la retirada del rey Joram:

> "En aquel tiempo, Libna se rebeló contra su dominio, porque él había abandonado al Señor Dios de sus padres".[17]

Al ver la debilidad de Joram del sur y su ejército, evidenciada en la derrota que le propinó Edom, otros se levantarían para desafiar su autoridad sobre ellos. Libna sería el primero. De igual manera, la retirada de Biden de Afganistán produciría dinámicas y repercusiones similares, pero a una escala mucho mayor, desencadenando una reacción en cadena de conflictos y calamidades en todo el mundo.

LA REACCIÓN EN CADENA

Un artículo lo expresó así:

> En términos generales, la *retirada de Afganistán marcó el fin de la disuasión creíble de Estados Unidos* durante la presidencia de Biden. Se puede *trazar una línea directa desde la retirada* hasta la decisión de Vladimir Putin de invadir Ucrania, o hasta la razón por la que los hutíes

—respaldados por Irán en Yemen— no temen disparar misiles contra barcos comerciales en el Mar Rojo.[18]

Un informe del Comité de Asuntos Exteriores de la Cámara de Representantes decía lo siguiente:

> *Nuestros adversarios*, como Rusia, China e Irán, vieron la debilidad durante la *caótica y mortal evacuación, lo que los envalentonó*. Menos de un año después, Rusia lanzó una invasión total de Ucrania... Y China continúa aumentando su agresividad en el Indo-Pacífico, incluso contra Taiwán y Filipinas.[19]

Y otro artículo lo resumía así:

> Todo comenzó en Afganistán: la desastrosa retirada estadounidense de Kabul desencadenó una ola de inestabilidad en todo el mundo.[20]

Es evidente que, *en cuestión de semanas* tras la *retirada* del 20 de agosto de 2021, *Vladimir Putin comenzó a concentrar tropas en la frontera con Ucrania.*[21]

UN MUNDO EN LLAMAS

Las ramificaciones de la desastrosa retirada de Biden en los ámbitos político y geopolítico no pueden ser exageradas. Un artículo lo expresó así:

> *Cuatro años de Biden han dejado al mundo en llamas:* Afganistán, Medio Oriente, Ucrania; los errores del presidente de EE. UU. nos han hecho a todos menos seguros.[22]

La siguiente es la descripción que hace un comentarista bíblico de la retirada de Joram del sur, de Edom. No fue

> una victoria de Joram, sino su *huida desesperada.*[23]

Ahora compárese la descripción de la retirada de Joram de Edom con un análisis moderno de la retirada de Biden de Afganistán. Observa el uso de la misma expresión exacta y también lo que esta implica:

> La *huida desesperada* de los afganos de Kabul es un error estratégico que *marca el fin de la hegemonía global* de Estados Unidos".[24]

En esto, el desarrollo del antiguo modelo (o patrón) conlleva ramificaciones para todo el mundo.

Ahora pasamos a lo que se convirtió en un tema definitorio de la presidencia de Biden y que desempeñaría un rol en su caída. Esto también aparece en el antiguo modelo bíblico.

Capítulo 33

EL REINO VULNERABLE

EL LIDERAZGO DE Joram del sur provocaría conflictos no solo en tierras enemigas, sino también en la propia.

LAS INCURSIONES ANTIGUAS

Durante el reinado del rey Joram del sur, los pueblos extranjeros que vivían más allá de las fronteras de su reino cruzaron esos límites para infiltrarse en la tierra.[1] Por el alcance de su penetración —como lo evidencia una incursión hostil registrada en las Escrituras— parece que Joram hizo poco o nada para detener aquello. O no pudo, o no quiso. Como resultado, la incursión de los extranjeros llegaría hasta la capital de la nación, Jerusalén.[2]

LAS INCURSIIONES MODERNAS

Al igual que en el modelo antiguo, la presidencia de Biden estaría marcada no solo por la retirada en una tierra extranjera, sino por incursiones en su propia tierra. Como con Joram, así también con Biden. El tema de pueblos extranjeros cruzando las fronteras de la nación definiría sus días en el poder. Durante los años de Biden, el número de inmigrantes ilegales que cruzaban las fronteras de la nación alcanzó niveles sin precedentes. Millones comenzaban ahora a entrar ilegalmente en el país.[3] Muchos quedaron perplejos ante la falta de respuesta del presidente mientras millones atravesaban la frontera sur del país.

LA TRATA DE PERSONAS: ANTIGUA Y MODERNA

Aquellos que cruzaron las fronteras del reino de Joram del sur, sin embargo, no lo hicieron simplemente para entrar. Lo hicieron para apoderarse de las riquezas del reino, de sus bienes y de su gente. Tomaron cautivos. Sabemos por otras Escrituras que se beneficiaron de estos. Hoy en día, eso se llamaría *trata de personas*. De igual manera, en los días del Joram estadounidense, el cruce de fronteras provocaría una explosión en la trata de personas. En un estudio se halló que cerca del sesenta por ciento de los niños latinoamericanos que intentaban cruzar la frontera solos o con traficantes, eran forzados por estos mismos delincuentes o por otros que también habían cruzado la frontera, a involucrarse en el comercio sexual, la pornografía infantil o el narcotráfico.[4]

UN DESCONTENTO CRECIENTE

Así, los días del reinado de Joram del sur estuvieron marcados por la huida, la derrota, la debilidad, el cruce de fronteras y la trata de personas. Lo mismo ocurriría en los días de Biden. El relato bíblico da a entender que el gobierno de Joram del sur provocó un descontento creciente entre su pueblo. De igual manera, los estadounidenses estarían cada vez más descontentos con la presidencia del Joram americano.

No obstante el modelo antiguo se manifestaría aún más específicamente en un acontecimiento que tendría lugar a miles de kilómetros al otro lado del mundo.

Capítulo 34

LA INVASIÓN ÁRABE–FILISTEA

Después de que Joram del sur se retiró de Edom y ocurrió la rebelión de Libná, los enemigos de la nación vieron en la debilidad de Joram su oportunidad para atacar. Así que invadieron la tierra.[1] El ataque alteraría la historia del reino y dejaría un trauma duradero en la casa de Joram.

LA INVASIÓN

Así como los invasores antiguos saquearon la tierra de Israel, ¿es posible que una de las manifestaciones del modelo antiguo sea una invasión moderna en la tierra de Israel? Y de ser así, ¿podría esa invasión suceder durante el reinado del Joram moderno, el presidente Biden? Podría, y así fue. En el tercer año de la presidencia de Biden, la tierra de Israel fue invadida. El acontecimiento constituiría el peor día en la historia judía desde el Holocausto.

LA DEBILIDAD DEL REY

Fue la percepción de la debilidad de Joram, tras su desastrosa retirada de Edom, lo que invitó a la invasión de los enemigos de Israel. De la misma manera, muchos analistas geopolíticos creyeron que la percepción de debilidad de Biden fue lo que alentó a Hamás a invadir Israel el 7 de octubre de 2023.[2] Creyendo que no habría una respuesta contundente por parte de Estados Unidos ni repercusiones masivas, invadieron la tierra.

LOS ÁRABES

¿Quién estuvo detrás de la invasión de Israel en los días de Joram del sur? La Biblia los identifica: fueron los árabes y los filisteos.[3] ¿Podría entonces la invasión moderna haber sido llevada a cabo por los equivalentes modernos de aquellos antiguos invasores?

¿Qué pueblo corresponde hoy a los antiguos árabes de los días de Joram? Árabe es otra forma de decir "arabiano". Y así, de acuerdo con el modelo, los que lanzaron la invasión del 7 de octubre fueron los equivalentes modernos de los arabianos de los días de Joram: los árabes.

LOS FILISTEOS

Los otros invasores antiguos fueron los *filisteos*, enemigos acérrimos del antiguo Israel. ¿Existe algún grupo de personas en el mundo moderno que corresponda a los antiguos filisteos? Sí. Incluso se llaman a sí mismos por el mismo nombre.

Hoy se les conoce como *palestinos*. La palabra *palestino* significa *filisteo.*[4] En el idioma de los palestinos, la palabra palestino se pronuncia *"Filastini" o "Filastin".*[5] Como dije en *La profecía del dragón*, ellos constituyen la resurrección moderna de los antiguos filisteos. Así que fue en el reinado del Joram antiguo que se ejecutó una invasión contra la nación de Israel, lo que hicieron los equivalentes modernos de los árabes y los filisteos bajo la presidencia del Joram moderno.

LOS CAUTIVOS DE GAZA

¿Desde dónde comenzó la invasión antigua? Los filisteos lanzaron su ataque desde la región conocida como Filistea. Hoy, Filistea tiene otro nombre: la *Franja de Gaza.*

Entonces, la invasión comenzó en la Franja de Gaza, la tierra de los filisteos. Los antiguos invasores agarraron civiles israelitas como cautivos y los llevaron de regreso a Filistea.

De igual manera, los invasores modernos tomaron civiles israelíes como cautivos y los llevaron de regreso a la Franja de Gaza, la Filistea moderna.[6] Así como Joram fue incapaz de traer a los cautivos de vuelta, Biden parecía igualmente impotente.

El debilitamiento del rey Joram conduciría al final de su reinado. Y todo comenzó con los dioses.

Capítulo 35

JORAM Y LOS DIOSES

Al seguir los caminos de la casa de Acab, Joram del sur estaba adorando y sirviendo a los dioses de esa casa. De forma tal que esas deidades infiltraron el reino del sur, incluso la propia Jerusalén, la Ciudad Santa.

LOS LUGARES ALTOS DEL REY JORAM

La apostasía de Joram no se detendría con el abandono de la fe y de los caminos de sus padres. Ahora veremos cómo pasó de ser un apóstata a un fanático al servicio de los dioses. Intentaría llevar a su nación a través del mismo cambio que él experimentó: alejarse de Dios y abrazar la adoración de los dioses y diosas del mundo pagano. De modo que la Biblia registra que Joram

> "hizo lugares altos en los montes de Judá".[1]

Los lugares altos eran las montañas y las cimas donde los adoradores paganos típicamente construían santuarios, altares y templos dedicados al culto de sus dioses.

Ahora era el propio Joram quien los estaba construyendo en los montes y colinas de la Tierra Santa.[2]

Los ídolos del mundo pagano constituían la antítesis de la adoración del Dios verdadero. Si uno podía moldear y fabricar a su dios, entonces también podía moldear y fabricar su propia verdad, su propia moralidad, su propia realidad. Así, Joram promovía una ideología que cambiaba a Dios por los dioses, la verdad por las verdades, lo absoluto por lo relativo, y la realidad objetiva por realidades subjetivas y alternas: el dios propio, la verdad de uno mismo.

LOS LUGARES ALTOS DEL JORAM ESTADOUNIDENSE

No sabemos con exactitud cuándo se apartó el Joram americano de Dios y de sus caminos, para abrazar una moralidad subjetiva y flexible más acorde con el paganismo. Sin duda, ocurrió de manera gradual. Pero para cuando Biden llegó a la Casa Blanca, ya había acogido plenamente la idea de que uno puede doblegar los estándares antiguos, los absolutos y las realidades establecidas. Y aunque nunca usaría términos como *dioses, ídolos o paganismo*, no obstante, defendía su agenda.

Al igual que el rey Joram, Biden trabajaría para socavar los absolutos bíblicos y la moral tradicional. Se aliaría con las ideologías y movimientos del *wokeismo*, y abogaría por la alteración de los valores bíblicos. En efecto, estaba erigiendo nuevos altares y formando nuevos becerros sagrados en los lugares altos de la cultura estadounidense. Una vez formados y establecidos, exigía que fueran seguidos, reverenciados y que todos se postraran ante ellos.

EL CAMPEÓN DE LOS DIOSES

No solo se trataba de que Joram se hubiera apartado de los caminos de Dios, sino que ahora luchaba activamente a favor de esos dioses. Era más que un apóstata; ahora era un defensor activo de los dioses y un ejecutor de su agenda.

Lo mismo podría decirse del Joram estadounidense. No solo abandonó sus posturas originales contra Roe vs. Wade y el financiamiento federal del aborto, sino que prometió derogar la Enmienda Hyde, que prohibía el financiamiento federal del aborto, y firmar leyes para convertir el aborto en ley nacional.[3] Además, usaría el Departamento de Justicia como arma para librar una guerra contra quienes defendían la santidad de la vida.[4] Así, se convirtió en un siervo fervoroso al servicio de los dioses del sacrificio infantil.

JORAM Y LA DIOSA

El rey Joram también habría adorado en los lugares altos dedicados a Astarté o Ishtar, diosa de la sexualidad y del desdoblamiento del género. Que Joram, criado en el conocimiento de Dios, haya abrazado tales cosas, resulta asombroso. Y, sin embargo, su par estadounidense experimentó la misma transición.

Antes de llegar a la Casa Blanca, Biden había dejado claro que el matrimonio solo podía definirse como la unión entre un hombre y una mujer. Pero ahora convertiría el transgenerismo —la alteración física del género y la identidad— en una prioridad central de su presidencia.[5] Tan apasionado fue el abrazo de Biden a la ideología transgénero radical, que su administración trabajaría para derogar las restricciones estatales contra la transición sexual de menores.[6]

"LOS OBLIGÓ"

El cronista antiguo registra que Joram "hizo que los habitantes de Jerusalén se prostituyeran y llevó a Judá al extravío".[7] No se conformó con su propia apostasía, sino que la convirtió en un programa nacional. Tras la frase "llevó a Judá al extravío" hay algo más fuerte aún. La palabra original usada en hebreo es *nadaj,* que puede traducirse más literalmente como *los empujó* o *los obligó a descarriarse.* Respecto al papel de Joram como campeón de los dioses, un comentario bíblico afirma que:

> "El pueblo no solo tenía permitido participar de los nuevos ritos, sino que se le obligaba a hacerlo".[8]

Joram forzó así a su pueblo. Para que adoraran a otros dioses.

EL EJECUTOR DE LOS DIOSES

De igual forma, el Joram estadounidense no solo permitiría la apostasía, sino que trataría de imponerla. Intentaría forzar a las escuelas de toda la nación a integrar a los transgéneros en los deportes competitivos, de modo que jóvenes mujeres de origen masculino compitieran contra mujeres verdaderas.[9] Buscaría obligar a los hospitales, especialmente los de base religiosa, a realizar abortos y cirugías de mutilación de género, en contra de su voluntad, su conciencia y su fe.[10]

Ahora abriremos uno de los casos más impactantes de la guerra del Joram estadounidense contra los valores bíblicos y su intento por forzar la apostasía de la nación… y, sin embargo —como veremos— Dios tendría la última palabra.

Capítulo 36

EL DÍA VEINTE DE KISLEV

A DIFERENCIA DE LA apostasía en el reino del norte, la apostasía de Joram del sur implicaba la profanación de Jerusalén y del templo de Dios, la Ciudad Santa y el lugar santísimo, tanto en cuanto a terrenos como a utensilios. Así también, el Joram estadounidense, Joe Biden, participaría de la profanación de un vaso sagrado: el pacto del matrimonio.

EL DÍA DEL ARCOÍRIS

Hasta el año 2006, Biden declaraba públicamente que "*el matrimonio era entre un hombre y una mujer, por lo que los estados deben respetar eso*".[1] Pero, al igual que el rey Joram del sur, terminaría luchando contra aquello que antes defendió. En diciembre de 2022, durante una ceremonia al aire libre en el Jardín Sur de la Casa Blanca, en medio de una gran celebración con transformistas (conocidos como *drag queens*) y banderas arcoíris, Joe Biden firmó la Ley de Respeto al Matrimonio.[2] Aquello era exactamente lo opuesto al nombre que ostentaba y a lo que el propio Biden había proclamado públicamente. El matrimonio ya no sería definido como la unión entre un hombre y una mujer. Además, todos los estados de la Unión Americana serían obligados a reconocer lo contrario.

La nación, así, sería forzada a aceptar aquello que se oponía a los caminos de Dios.

LA ENTRONIZACIÓN

Y aunque se incluyó una cláusula de excepción religiosa para asegurar que el proyecto fuera aprobado por el Congreso, analistas de la libertad religiosa advirtieron que no era más que un adorno superficial.[3] En cuanto a las personas, las convicciones religiosas y la libertad de los cristianos y de quienes defendían la definición bíblica y tradicional del matrimonio, todos quedaron en peligro. Con el trazo de su pluma, Biden entronizó el matrimonio entre personas del mismo sexo en la ley federal. La palabra entronizó proviene, por supuesto, de la palabra santuario o altar. Joram levantó santuarios en los lugares altos de su reino. Así también, el Joram estadounidense estaba ahora erigiendo un santuario en los lugares altos de la cultura estadounidense, ante el cual todos debían postrarse.

LA REPRENSIÓN DE ESDRAS

Solo hay un lugar en la Biblia en el que el matrimonio se convirtió en el medio de una rebelión masiva contra los caminos de Dios. Ocurrió en los días de Esdras, cuando el pueblo de Israel comenzó a mezclarse y fusionarse con los pueblos paganos vecinos y, por ende, con las maneras del paganismo. Fusión que se selló con el matrimonio de hombres israelitas con mujeres paganas. Cuando Esdras se enteró de lo que había sucedido, convocó a una asamblea en la ciudad capital. Allí, Esdras expuso los matrimonios que habían sido forjados en transgresión. El pueblo se arrepintió.

> Esto ocurrió en el mes noveno, el día veinte del mes.[4]

El noveno mes del calendario hebreo es Kislev. Así que, el día veinte de Kislev se convirtió en la fecha en que, en la ciudad capital, Dios expuso los matrimonios nacidos de la rebelión y la desobediencia.

EL DÍA VEINTE DE KISLEV

Para sellar lo que había hecho, el Joram estadounidense ordenó que iluminaran la Casa Blanca con los colores del arcoíris. El arcoíris, como ya hemos visto, ese era uno de los símbolos asociados a Ishtar, la diosa que manipulaba y transformaba el género sexual. Fue la noche de la celebración, el 13 de diciembre de 2022.[5] Pero en el calendario hebreo era el día veinte del mes de Kislev, el mismo día señalado en el libro de Esdras. El Joram americano había santificado y entronizado los matrimonios formados en desafío a la voluntad de Dios, precisamente en el día en que Dios juzgó los matrimonios formados retando su voluntad. Así, el Joram americano firmó la Ley de Respeto al Matrimonio coincidiendo con el antiguo día que identificaba específicamente a los matrimonios establecidos en rebelión contra Dios:

uniones que Dios jamás podría respetar. Como sucedió con las profanaciones del antiguo Joram, Dios tendría la última palabra.

Ahora veremos cómo toca, el antiguo misterio, no solo los actos públicos del Joram americano, sino también su vida personal.

Capítulo 37

EL MISTERIO DE OCOZÍAS

AHORA EL MISTERIO nos llevará desde la plaza pública hasta la casa del rey Joram del sur y la vida particular de Joe Biden.

LA TRAGEDIA DEL REY

El rey Joram sufriría una tragedia devastadora en su vida personal. Ocurrió durante el ataque de los filisteos y los árabes. Conforme a 2 Crónicas 21, los enemigos: "Se llevaron todos los bienes que hallaron en la casa del rey, y también a sus hijos y a sus mujeres".[1] En un solo acto trágico, su familia fue arrancada de él. Nunca los volvería a ver. ¿Podría el antiguo patrón contener alguna conexión con la vida personal de Joe Biden? Biden es único en la historia presidencial moderna, ya que sufrió una tragedia abrumadora al comienzo de su carrera política. Su primera esposa, su hija y sus dos hijos estuvieron involucrados en un accidente automovilístico. Su esposa y su hija no sobrevivieron al accidente. Sus dos hijos, Beau y Hunter, fueron hospitalizados, pero sobrevivieron.[2] Tal como ocurrió con el rey Joram, en un solo acto, la primera familia de Biden le fue arrebatada.

EL HIJO MENOR

Sin embargo, el rey Joram no perdió a todos los miembros de su familia en la invasión. Su esposa principal, hija de Acab y Jezabel, permaneció en el palacio. Y también uno de sus hijos. El relato señala que:

> "No le quedó hijo alguno, sino Ocozías, el menor de sus hijos".[3]

Al final de su gobierno, el rey Joram solo tenía un hijo, un heredero real: Ocozías. Igual le sucedió a Joe Biden cuando se convirtió en presidente, solo le quedaba un hijo. Su nombre era *Hunter.* Según la Escritura, Ocozías era "el menor de sus hijos".[4]

Así, el Joram americano se quedó con un solo hijo, Hunter, que igualmente era *el menor de sus hijos.*[5]

HACIA SU DESTRUCCIÓN

En concordancia con el relato de 2 Crónicas, Ocozías no siguió los caminos de la justicia, sino que "hizo lo malo ante los ojos del Señor".[6] Hunter Biden, de igual manera, no sería conocido por su virtud ni por su integridad moral, sino por su tendencia a consumir drogas, alternar con prostitutas y el escándalo.[7] De Ocozías se escribió que su camino y sus consejeros lo conducirían "a su perdición".[8] Así también, las acciones, decisiones y caminos de Hunter Biden tendían a la autodestrucción.

OCOZÍAS Y HUNTER

En hebreo, la palabra que significa *"asir" o "agarrar" es ahaz. Esta* es la raíz etimológica del nombre *Ocozías (Ahazyahu)*. De modo que el nombre del último hijo sobreviviente del antiguo Joram proviene de una raíz que significa asir, tomar por la fuerza.

En inglés antiguo, la palabra para asir es *hentan*. Y de esa raíz proviene el nombre Hunter.

Por lo tanto, aunque un nombre viene del Medio Oriente y el otro de Europa, el hijo menor y último sobreviviente del antiguo Joram, Ocozías, y el hijo menor y último sobreviviente del Joram moderno, Hunter, llevarían cada uno un apelativo que compartía exactamente el mismo significado: *"asir"*.

Y ahora llegamos al misterio del final de Biden, un misterio oculto en el final del rey Joram.

Capítulo 38

JORAM, EL DÉBIL

EN MEDIO DE su reinado, Joram recibiría una carta que contenía un mensaje profético y la última palabra sobre su reinado. Decía:

> "Por cuanto ... has andado en el camino de los reyes de Israel y has hecho fornicar a Judá y a los moradores de Jerusalén ... tendrás una enfermedad grave".[1]

La profecía se cumpliría. La condición física del rey, su salud y su enfermedad se convertirían en un asunto ineludible en los últimos años de su reinado.

LA ENFERMEDAD DEL REY

Así como la enfermedad de Joram se volvería cada vez más evidente durante los últimos dos años de su reinado, también ocurriría con el Joram estadounidense. El bienestar físico del presidente, su salud y su debilidad se volverían el tema central que rodearía los últimos años de su presidencia. Aunque las preocupaciones ya estaban presentes desde el principio, fue en la parte final de su mandato cuando el asunto se volvió inevitable. Parece que la enfermedad del rey Joram vino sobre él con relativa rapidez. En el caso de Biden, su debilidad se relacionó con su edad. Pero el resultado final fue el mismo. No se sabe cómo pudo reinar Joram mientras sufría una enfermedad tan debilitante. Es probable que las funciones del trono recayeran cada vez más en otros. De manera similar, se informó que las funciones de la presidencia de Biden se delegaron progresivamente a otras personas.[2]

EL REY Y EL REINO DEBILITADOS

La debilidad física de Joram reflejaba su condición moral y espiritual. Esto, a su vez, debilitó su reino y alentó a sus enemigos a levantarse para desafiarlo. Esta relación dinámica no escapa a los comentaristas. Uno de ellos afirma:

"Al comprometerse con los gobernantes malvados de Israel, Joram desagradó al Señor y *debilitó a la nación*".[3]

Mientras que otro dice:

"La *debilidad percibid*a de ... Joram impulsa a Edom en el sureste y a Libna en el oeste a rebelarse".[4]

Así también se escribió del Joram norteamericano:

"Sus críticos afirman que ha *disminuido el poder de Estados Unidos de América* en una región crucial y, en el proceso, ha debilitado su liderazgo global".[5]

EL DEBILITADO

Una palabra interesante es utilizada en los comentarios bíblicos para caracterizar el reinado y el reino de Joram:

"Judá, dividido y debilitado, bajo el gobierno de Joram, no pudo resistir su acometida".[6]

Los días de Joram están marcados por la palabra *debilitado.* Su reinado tendía al debilitamiento y, en la parte final de su gobierno, se manifestaría incluso en la debilidad de su propia persona. Así, se convertiría en el rey débil de un reino debilitado.

La palabra *débil* se define como:

Que carece de fuerza física, especialmente como resultado de la edad o la enfermedad;[7]

Que carece de vigor físico o mental; frágil; endeble;[8]

Deficiente en cualidades o recursos que indiquen autoridad, fuerza, vigor o eficacia.[9]

Cada una de estas definiciones describe la presidencia del Joram americano. Y también describen el estado del hombre mismo, con signos crecientes de su condición física y mental debilitada, los cuales se hicieron evidentes en la última parte de su presidencia. Fue en esos días que un columnista del periódico izquierdista *New York Times* escribió:

> "Qué final tan degradante para la débil, sin trascendencia y con frecuencia absurda presidencia de Biden".[10]

EL FINAL

No habría sanidad para la enfermedad de Joram. Su condición lo llevaría al fin de su reinado y de su existencia. Así también, en los últimos meses de la presidencia de Biden, su debilidad física y su creciente deterioro provocaron llamados cada vez más insistentes a que pusiera fin a su campaña por la reelección. Él resistiría tales clamores… hasta que se volvió imposible seguir ejerciendo. Finalmente, el 21 de julio de 2024, anunció que ponía fin a su campaña, y con ello, a su presidencia y a su carrera política.[11] Así como fue una enfermedad física la que puso fin al reinado de Joram, también fue una debilidad física la que pondría fin a la presidencia de Joe Biden.

SIN DUELO

Sobre la muerte del rey Joram, la Escritura afirma:

> "Murió sin que nadie guardara luto por él y fue sepultado en la Ciudad de David, pero no en el panteón de los reyes".[12]

En otras palabras, el pueblo de Joram ni siquiera ofició los ritos tradicionales que se realizaban para honrar a los reyes fallecidos. Partió sin que nadie lo lamentara. Su pueblo no lloró su partida. No hubo duelo, ni pesar por verlo marchar. Ni siquiera lo enterraron en los sepulcros reales".[13]

Lo mismo ocurrió con el Joram estadounidense. Cuando ocurrió su muerte política, su propio partido se sintió aliviado, incluso gozoso, de verlo partir. Nadie lamentó su salida.

Como ocurrió con el antiguo Joram, así fue con el moderno: *partió sin que nadie lo lamentara.*

No pasó mucho tiempo tras la partida de Joram antes de que otro ascendiera al trono, una ascensión que rompería con todo precedente y llevaría al reino de Judá al punto más cercano que jamás habría estado del imperio de Jezabel.

PARTE IX

EL MISTERIO DE ATALÍA

Capítulo 39

LA HIJA DE JEZABEL

JEZABEL TUVO UNA hija. Esta caminaría tras los pasos de su madre.[1]

ATALÍA

En el segundo ascenso al poder del Jehú "Donald J. Trump", Kamala Harris cumpliría el papel de su adversaria, Jezabel. Pero para Harris, ese rol sería secundario. Al igual que con Biden, ella cumpliría otro papel dentro del misterio, uno exclusivo y principal. ¿Cuál era ese rol?

Era el de la hija de Jezabel: *Atalía*. Y eso se debe a que Jezabel y su hija eran tan parecidas que Harris podía encarnar los dos papeles; sin embargo, su función principal y única en el contexto del misterio era el papel de Atalía.

AL LADO DEL REY

El vínculo entre Atalía y Jezabel iba más allá del lazo sanguíneo. Cada una ejercería funciones como segunda regente de su tierra: Jezabel en el reino del norte y Atalía en el del sur.[2] Así también, Hillary Clinton y Kamala Harris servirían como la segunda figura de mayor poder en Estados Unidos: Clinton como la otra mitad de lo que muchos consideraban una copresidencia con Bill Clinton, y Harris como vicepresidenta de Joe Biden. Tanto Jezabel como Atalía actuaron dentro de los palacios reales de sus respectivos reinos, ejerciendo gran influencia sobre los reyes que allí gobernaban. De la misma manera, tanto Clinton como Harris operaron en la Casa Blanca, ejerciendo una influencia considerable sobre los presidentes que gobernaron desde ese recinto.

LAS SUBVERTIDORAS

Tanto Jezabel como Atalía, por un tiempo, lideraron bajo la sombra de sus compañeros y luego se alzaron como las principales portadoras del estandarte de la casa de Acab. Así también, Clinton y Harris lideraron durante un tiempo bajo la sombra de sus compañeros políticos:

Barack Obama y Joe Biden. Luego, ambas se erigieron —aunque fuera por un momento— como las portadoras del estandarte de la izquierda política e ideológica, del Partido Demócrata, de la casa estadounidense de Acab, y de sus antiguos aliados políticos. Jezabel y Atalía estuvieron al frente de una agenda que procuraba activamente subvertir y anular los valores tradicionales y bíblicos de su nación. Así también, Clinton y Harris estuvieron al frente de una agenda que buscó activamente subvertir y anular los valores tradicionales y bíblicos de Estados Unidos.

LAS DAMAS DE LA DIOSA

Atalía, a través de Jezabel, nació de una cultura que adoraba tanto a dioses como a diosas, especialmente a Astarté o Ishtar, la deidad que desafiaba la autoridad masculina y el patriarcado de los dioses. Adorar a la diosa era venerar el poder femenino. Tanto Jezabel como Atalía, por sus actos y su naturaleza, encarnarían ese espíritu.

Así también, Hillary Clinton, en su ascenso al poder, se convirtió en la defensora más prominente y en la encarnación del feminismo estadounidense y del poder femenino. Así como Atalía siguió los pasos de su madre Jezabel, Kamala Harris, en su propio ascenso al poder, seguiría los de Hillary Clinton y, al igual que su predecesora, se convertiría, durante su tiempo en el centro de atención nacional, en la máxima representación del feminismo americano y del poder femenino.

EL PASE DE LA ANTORCHA

Atalía tomaría la antorcha de su madre y extendería la agenda de esta hacia nuevos ámbitos. De igual forma, Kamala Harris agarraría la antorcha de Hillary Clinton y ampliaría su agenda. Así como Atalía era hija de Jezabel, Harris era hija política de Clinton. No fue, por tanto, coincidencia que cuando Clinton respaldó públicamente a Harris durante la Convención Nacional Demócrata,[3] los titulares dijeran:

> Hillary Clinton pasa la antorcha a Kamala Harris en la Convención Nacional Demócrata.[4]

Fue, en efecto, un pase de antorcha: por un lado, de una Jezabel a otra; y más allá, de la Jezabel estadounidense a su hija política, ideológica y espiritual: la Atalía americana.

¿Podrían los orígenes de Atalía contener la clave para entender los orígenes de Kamala Harris?

Capítulo 40

LA CIUDAD JUNTO AL MAR

Las raíces de la adoración y del sistema de creencias de Atalía se remontaban a la ciudad fenicia de Tiro.

EL ORIGEN ESPIRITUAL DE TIRO

Tiro estaba ubicada junto al mar. Igual que las raíces de la Atalía estadounidense, Kamala Harris, que estaban centradas en una ciudad junto al mar. Tiro se encontraba en la costa occidental de Fenicia, al norte de la costa occidental de Israel. De manera paralela, las raíces de Harris yacen en la costa occidental de los Estados Unidos y hacia el norte. Como hija de Jezabel, Atalía habría sido adoctrinada en las creencias y prácticas religiosas de Tiro.

Tiro era una ciudad de deidades paganas, prácticas y valores paganos en conflicto con los valores y caminos de Israel, e incluso hostiles a estos. Los orígenes de Atalía determinarían su agenda. Del mismo modo, los orígenes de Harris determinarían su propia agenda. Ella proviene de una región especialmente conocida por sus posturas y valores izquierdistas y radicales: San Francisco, Oakland y Berkeley.[1] San Francisco, por supuesto, fue un punto central en el movimiento LGBT y su agenda. Así como Tiro moldeó la agenda de Atalía, San Francisco y sus alrededores moldearían la de Kamala Harris.[2]

HERMANO Y HERMANA

Atalía y Joram eran hermanos, hijos de Acab y Jezabel. Si Obama es el Joram estadounidense y Harris está vinculada a Atalía, podríamos esperar que existiera una conexión entre los dos. Las infancias de Harris y Obama tienen varios elementos en común. Ambos nacieron en la primera mitad de los años sesenta, con tres años de diferencia. Cada uno provino de un matrimonio multirracial. Los padres de ambos nacieron fuera de Estados Unidos y los abandonarían cuando eran niños.[3] Luego, ambos serían criados principalmente por sus madres.[4] Y ya en la adultez, sus caminos convergerían.

Fue en 2004, justo cuando Obama estaba por entrar en la escena nacional rumbo a la Casa Blanca, que conoció a Kamala Harris. Más adelante, cuando Obama anunció su candidatura presidencial ante una multitud en Springfield, Illinois, entre el público se encontraba Harris. Ella ayudaría a Obama en su carrera hacia la Casa Blanca y serviría como copresidenta de campaña para California. Ambos se respaldarían mutuamente en sus respectivas campañas para cargos públicos. De hecho, a Harris se la llegaría a llamar "la Barack Obama femenina".[5]

UNA CASA DE DIOSES EXTRANJEROS

La madre de Atalía, Jezabel, nació en una tierra extranjera entregada a la adoración de dioses y diosas. Tras mudarse a la tierra de su esposo, continuaría practicando los ritos paganos dedicados a los dioses de su tierra natal. Sin duda, lo haría dentro del palacio y delante de sus hijos. La madre de Kamala Harris, de manera similar, nació en una tierra extranjera entregada a la adoración de dioses y diosas: India.[6] Así como Atalía fue criada en el conocimiento de los dioses fenicios, Harris lo fue en la esfera de las deidades hindúes, por lo que —en su niñez— viajaba con frecuencia a India, donde participaba en los ritos y celebraciones dedicados a los dioses del hinduismo.[7]

HIJA DE SACERDOTES

Atalía, a través de su madre Jezabel, descendía del linaje de Et-baal, rey de *Tiro*. Josefo, historiador antiguo, registra que *Et-baal* también fue sacerdote de *Astarté/Ishtar*. Atalía, por tanto, nació del linaje sacerdotal del culto a los dioses paganos. ¿Podría, entonces, Kamala Harris estar igualmente conectada a un linaje sacerdotal? La respuesta es sí. Harris nació en la casta sacerdotal del hinduismo.[8] Así como la antigua Atalía nació del sacerdocio de los dioses fenicios, la Atalía americana nació del sacerdocio de los dioses indios: ambas eran de familias sacerdotales que adoraban dioses paganos.

Si Atalía hubiera sido solo una princesa en la casa de Acab, la historia apenas habría tomado nota de ella. Pero se desarrollarían acontecimientos que iban a cambiar el rumbo de su vida y la catapultarían al centro de atención de una nación. Lo mismo habría de ocurrir con Kamala Harris.

Capítulo 41

ATALÍA Y JORAM

AL IGUAL QUE su madre Jezabel, Atalía cumpliría sus fines aliada a otro personaje. Juntos formarían un dúo impío.

UNA UNIÓN POLÍTICA

Cuando la princesa fenicia Jezabel viajó a Israel para casarse con Acab, hijo del rey Omrí, sin duda lo hizo con el propósito de fortalecer la alianza entre sus dos naciones. De igual manera, y con el mismo propósito, su hija viajaría al reino del sur —Judá— para casarse con Joram, hijo del rey Josafat. Así que, el matrimonio entre Joram y Atalía habría sido uno de tantos otros arreglados entre reinos vecinos, forjados en base a intereses políticos y geopolíticos; una unión conveniente para atar a dos reinos. La Atalía americana y el Joram estadounidense también serían unidos. Joe Biden entraría en un matrimonio político con Kamala Harris, al escogerla como su compañera de fórmula para la vicepresidencia en su campaña por la Casa Blanca. Fue también un matrimonio basado en consideraciones políticas: era una unión convenientemente política.

LA REINA DE JUDÁ

La hija de Jezabel fue catapultada, de repente, a una posición de poder que difícilmente habría soñado alcanzar. Atalía se convirtió en la soberana del reino de Judá. Como su madre, no se contentaría con un papel doméstico en la casa del rey. Participaría activamente en la administración de su esposo. Lo mismo que Jezabel había hecho en el reino del norte, Atalía intentaría hacerlo en el sur. Aunque Joram era el primer gobernante en la tierra, Atalía fungiría como la numero dos de facto. El hecho de asumir ese papel tendría un impacto tan grande que cambiaría el rumbo de su nación adoptiva".[1]

SEGUNDA EN EL TRONO

Muchos verían a la Atalía americana como poco preparada y mal equipada para el puesto que el Joram estadounidense le había asignado.

Como Atalía, Harris fue de pronto impulsada a las alturas del poder nacional. Atalía terminaría superando el rol que se le había dado a Jezabel. Así también Harris, como la primera mujer en ocupar la vicepresidencia de la nación, superaría el rol que alguna vez se le había dado a Hillary Clinton. Igual que Atalía, Harris se convirtió en la segunda líder del país.

LA MÁS RADICAL

Las Escrituras dejan muy claro que Atalía fue la influencia más decisiva para que Joram pecara contra el Señor y condujera a su nación a que hiciera lo mismo.[2] Atalía tenía una naturaleza más radical que Joram. De igual manera, la naturaleza de Harris era más radical que la de Joe Biden. Así como Atalía representaba la casa de Acab ante Joram, Harris personificaba el ala izquierda radical del Partido Demócrata. Su llegada a la Casa Blanca significaría la normalización de una agenda izquierdista radical y, en efecto, antibíblica.

EL MATRIMONIO JUDEANO

Había otra manifestación del patrón antiguo. Al casarse con Joram, Atalía se unía a la nación y al pueblo de Judá. Es importante observar que Harris se casó con Doug Emhoff, que es judío.[3] La palabra judío o, en hebreo, Yehudi, significa que la persona nació en Judá. El esposo de Atalía provenía de esa nación. Así también el esposo de Harris proviene de la nación de Judá. La Atalía americana se unió por matrimonio al pueblo de Judá, tal como la antigua Atalía lo hizo hace miles de años.

¿Podría la influencia de Atalía sobre Joram, para alterar el rumbo de la nación, darnos una clave para entender lo que pasó en Estados Unidos durante los años de la presidencia de Biden?

Capítulo 42

LA HIJA DE LOS DIOSES

MÁS QUE REINA o gobernante, Jezabel fue una fanática, una devota ferviente; una que serviría como agente de los dioses de Fenicia. Lo cual también haría su hija.

ATALÍA EN LAS CORTES DE BAAL

Atalía se convirtió en la figura más destacada del gobierno de su esposo para defender con celo el culto a Baal. Sin duda fue su influencia la que causó que se construyeran templos y santuarios de Baal en el reino de Joram del sur , en los que se realizaban sacrificios de niños.

Así también la Atalía americana se convirtió en la figura más destacada de la administración Biden para defender con fervor el asesinato de los no nacidos.[1] Así como el culto a Baal fue relevante en la agenda de Atalía, el aborto lo fue en la agenda de Harris. Su ascenso a la vicepresidencia coincidió con la radicalización de la postura de Biden sobre el aborto.

No hay duda de que la reina Atalía había entrado en los templos y santuarios de Baal para adorar en los altares donde se derramaba la sangre de los niños.[2] Así también la Atalía americana entraría en las cortes estadounidenses de Baal. Harris sería la primera vicepresidenta en la historia de la nación norteamericana en atravesar las puertas de una clínica de aborto. Como su prototipo antiguo, fue allí para legitimar, promover y santificar los altares donde se derramaba la sangre de los niños.[3]

LA HIJA DE LA DIOSA

Atalía también habría defendido a las diosas del panteón fenicio, el culto al poder femenino, y la alteración de la sexualidad y el género. Así, los seguidores de Harris presumirían que ella trabajó con Biden para promover la Ley de Respeto al Matrimonio, que consagró el casamiento entre personas del mismo sexo en la ley federal.[4] También Harris fue conocida por defender radicalmente las cirugías de cambio de género, incluso para presos y personas financiadas por el gobierno.[5] E igual que Atalía seguramente habría participado en el culto y los ritos de la diosa Astarté, que incluían procesiones y desfiles celebrando la indulgencia y la confusión de género, la Atalía americana se convertiría en la primera vicepresidenta en la historia del país en participar en un desfile del Orgullo LGBT en celebración de la lenidad y la confusión de género.[6]

LA GUERRERA INMISERICORDE

Al igual que su madre, Atalía participaría junto con Joram en una guerra total contra el pueblo y lo pertinente a Dios. La Atalía estadounidense, de igual manera, tomaría parte en una guerra despiadada contra el pueblo de Dios y contra quienes defendían sus caminos.

La guerra incluiría a agentes federales irrumpiendo en la casa de un padre defensor de la vida, apuntándole con armas de fuego y arrestándolo delante de su familia horrorizada.[7] También implicaría el arresto de abuelas provida por su resistencia pacífica contra la matanza de los no nacidos. El gobierno buscaría entonces sentenciarlas a años de prisión.[8] Al mismo tiempo, cuando iglesias y ministerios provida fueran objeto de vandalismo, la administración haría poco o nada para protegerlos o enjuiciar a los agresores.[9]

Sin embargo, el matrimonio de Atalía con Joram llegaría a su fin. Su final daría paso a una era sin precedentes en el reino de Judá. Esos acontecimientos y ese Capítulo de la historia de la nación contendrían una advertencia ominosa respecto al futuro de Estados Unidos de América.

Capítulo 43

LA REINA ATALÍA

EL FINAL DEL reinado de Joram del sur desencadenaría una sucesión de acontecimientos que conducirían a un reinado de terror.

POR SU CUENTA

Por un breve momento, el hijo del rey ascendería al trono. Haría "lo malo ante los ojos del Señor, como la casa de Acab".[1] Las Escrituras nos dicen por qué:

> "Anduvo también en los caminos de la casa de Acab, *porque su madre le aconsejaba que actuara impíamente*".[2]

Así como Atalía había influido en su esposo para hacer lo malo, ahora haría lo mismo con el heredero real. Pero su reinado sería fugaz. Antes de que terminara el año, él habría desaparecido, muerto a manos de Jehú durante su visita al reino del norte.[3] Eso dejaría a Atalía en una situación precaria, semejante a la de su madre, Jezabel, cuando Jehú ascendió al trono.

PARA GOBERNAR LA TIERRA

Pero, a diferencia de Jezabel, Atalía actuó con rapidez para aprovechar el momento. Tomaría el trono para sí misma. Ella, que había ejercido como la segunda autoridad de la nación, ahora se coronaría a sí misma como señora del reino. El antiguo modelo establecía que, cuando llegaran a su fin los días de Joram, Atalía contendería por sentarse en el trono como gobernante de la tierra.[4] Así, después de la "muerte política" del Joram estadounidense, Joe Biden, la Atalía estadounidense, Kamala Harris, contendió para convertirse en gobernante de la tierra, la nueva presidenta de Estados Unidos.[5]

SANGRE EN EL PALACIO

Atalía nació en una cultura y en una familia empapadas de sangre. Más allá de la práctica del sacrificio infantil, su familia tenía un historial de asesinatos. Su abuelo había llegado al trono asesinando al rey que lo precedió.[6] Su madre había mantenido su poder derramando la sangre de aquellos que consideraba un obstáculo. Y su esposo, quizás influenciado por su consejo llevó a que [él] matara a todos sus hermanos para asegurar su trono.[7] Ahora, ella aplicaría la tradición familiar para asegurar su propia reclamación al trono. Y así, como registran las Escrituras, Atalía "se levantó y destruyó a toda la descendencia real".[8] Detrás de esas pocas palabras había una escena de maldad y horror casi inimaginables. Atalía era abuela. Ahora estaba asesinando a sus propios nietos y, presumiblemente, a sus sobrinos, sobrinos nietos y a los primos de estos, todos ellos herederos reales. No los veía como hijos suyos, sino como rivales y amenazas a su poder. Así comenzaría el reinado de Atalía: con un río de sangre que fluía desde su propia casa.

CONTRA LOS NIÑOS

Así como Atalía ascendió al trono, a costa de la sangre de niños inocentes, también lo hizo Harris. Su ascenso al poder contó con el respaldo entusiasta y el financiamiento de la principal organización abortista de la nación, Planned Parenthood.[9] Y en su intento por convertirse en presidenta, haría de la matanza de niños no nacidos el tema más claro y sobresaliente de su campaña.[10] Se convertiría en la candidata presidencial más desvergonzada y ferviente defensora abortista de cualquier partido importante en la historia de Estados Unidos. La convención que la nominó a la presidencia fue la más radical en la historia del Partido Demócrata. Prometió eliminar la Enmienda Hyde para que los fondos de los contribuyentes pudieran destinarse directamente a financiar la matanza de los no nacidos, y convertir el aborto en ley de la nación, prácticamente sin restricción alguna.[11]

La Atalía estadounidense procuraría evitar decirlo abiertamente, pero su agenda abrazaba la matanza de niños no nacidos hasta el propio momento del parto. Y, fiel al espíritu y naturaleza de sus antiguas predecesoras, Harris prometió que —en lo relativo al aborto— eliminaría todas las exenciones religiosas.[12] Si llegaba a ser presidenta, obligaría a los hospitales cristianos a matar niños no nacidos en contra de su voluntad, de su conciencia y de su Dios.

LAS OFRENDAS A LOS DIOSES

No fue casualidad que su compañero de fórmula, Tim Walz, fuera quien la acompañó cuando se convirtió en la primera vicepresidenta en cruzar las puertas de una clínica de abortos.[13] En efecto, fue ese acontecimiento el que sentó las bases de la fórmula Harris–Walz. Todo comenzó en una clínica de abortos. Todo empezó con Baal. Más allá de eso, Walz fue el primer gobernador en consagrar el aborto como ley estatal después de la anulación de Roe contra Wade.[14] La ley eliminó la exigencia de que los médicos salvaran la vida de un niño nacido con vida.[15] Aunque Walz y sus aliados intentaron negarlo, la ley permitía la matanza de niños nacidos vivos. En esto, estaba perfectamente alineado con la Atalía estadounidense que, cuando se le presentó un proyecto de ley para salvar la vida de un niño nacido tras un intento fallido de aborto, votó en contra.[16] En el ascenso de la Atalía estadounidense y su socio, la matanza de no nacidos *e incluso nacidos* —prácticas del mundo pagano y ofrendas a los dioses— volvieron a ponerse en juego.

La guerra de Atalía contra los niños no tuvo precedentes. Así también pasó con la guerra librada por la Atalía estadounidense y su partido contra los niños de la nación. Y no fue casualidad que se erigiera un altar moderno frente a la convención que la nominó a la presidencia, un altar para niños sacrificados.

Capítulo 44

JOSABA

Si alguien tenía alguna duda sobre cuál era el verdadero propósito de la campaña de Kamala Harris, lo que ocurrió a la sombra de la convención que la nominó para la presidencia lo aclararía absolutamente.

LOS ALTARES EN LA CONVENCIÓN

Mientras Harris era nominada para la presidencia en la Convención Nacional Demócrata afuera, en las inmediaciones del recinto, había niños que estaban siendo realmente asesinados. Ese fue otro hecho sin precedentes en la historia estadounidense. Se instaló una unidad móvil, en coordinación con la convención, con el propósito de realizar abortos.[1] El ascenso de Atalía al poder estuvo acompañado por la matanza de niños. Así también, el intento de ascenso al poder de la Atalía estadounidense fue acompañado por lo mismo.

LA IRRUPCIÓN EN LA CASA DE DIOS

Para quienes seguían los caminos de Dios, la posibilidad de que Atalía se convirtiera en gobernante de la tierra era una perspectiva aterradora. Si lograba sentarse en el trono, tendría entonces el poder sin restricciones para ejecutar su agenda. Del mismo modo, para los creyentes estadounidenses que buscaban seguir los caminos de Dios, la idea de que Kamala Harris llegara a ser presidenta resultaba igualmente alarmante: significaría que actuaría sin las limitaciones de la vicepresidencia. El reinado de Atalía da una advertencia clara:

> "Resulta que la malvada de Atalía y sus hijos habían destrozado el Templo de Dios, y hasta habían ofrecido a los baales los objetos sagrados del Templo del Señor".[2]

Así como su madre Jezabel, Atalía no tenía reparo en usar la fuerza y la violencia contra quienes se oponían a su agenda y contra la adoración al Dios verdadero. Tal como su madre Jezabel, Atalía haría guerra contra los caminos y el pueblo de Dios.

EL USO DE LA FUERZA

Ya sea que "los hijos de Atalía" se refiera a hijos de sangre o a quienes seguían sus caminos, lo cierto es que fueron los suyos quienes irrumpieron en el templo de Dios, robaron todos los utensilios sagrados y los destinaron a la adoración de Baal. Nada de eso podría haber ocurrido sin su aprobación. Atalía era guerrera de los dioses paganos. Mientras promovía su adoración, guerreaba contra el culto al Dios verdadero.

El ascenso de la Atalía estadounidense prometía lo mismo. Si alcanzaba la presidencia, no solo eliminaría todas las exenciones religiosas en lo que respecta al aborto,[3] sino que —según lo declarado en la plataforma de su partido— también trataría de eliminar todas las exenciones religiosas en lo que respecta a la agenda LGBT.[4] Así, quienes siguieran los caminos de Dios se verían obligados a oponerse también en este ámbito. Más allá de eso, tanto Harris como Walz hicieron comentarios inquietantes sobre la limitación de la libertad de expresión.[5] Por más que ella y sus aliados intentaran maquillarlo, su candidatura presagiaba una guerra contra la libertad religiosa.

JOSABA

El derramamiento de sangre de niños por parte de Atalía la pondría también en guerra contra quienes procuraban salvarlos:

> Cuando Atalía madre de Ocozías vio que su hijo era muerto, se levantó y destruyó toda la descendencia real. Pero Josaba hija del rey Joram, hermana de Ocozías, tomó a Joás hijo de Ocozías y lo sacó furtivamente de entre los hijos del rey a quienes estaban matando, y lo ocultó de Atalía, a él y a su ama, en la cámara de dormir, y en esta forma no lo mataron. Y estuvo con ella escondido en la casa de Jehová seis años; y Atalía fue reina sobre el país.[6]

Atalía no había matado a *todos* los herederos reales. Se salvó uno. Josaba, miembro de la familia real y esposa del sumo sacerdote Joiada, tomó al pequeño Joás, nieto de Atalía, y lo escondió de la masacre.[7] Luego llevó al niño y a su nodriza al templo para criarlo allí, entre sacerdotes y adoradores de Dios.[8]

CONTRA LOS PROTECTORES

El hecho de que Josaba tuviera que esconder también a la nodriza implica que su vida igualmente corría peligro. Y si Atalía hubiera sabido quiénes habían salvado al niño y ahora lo protegían, los habría considerado amenazas mortales a su reinado y habría procurado matarlos también.

El misterio, por lo tanto, ordenaría que la Atalía estadounidense librara una guerra no solo contra la vida de los niños, sino contra quienes trataban de salvarlos de su destrucción. Y eso es exactamente lo que haría. La guerra no sería solamente contra los niños, sino contra quienes defendían la vida, como aquellos que se posicionaban a favor de ella.

Para ver lo que le esperaba a Estados Unidos si Harris hubiera ganado la presidencia —y lo que habría hecho sin las restricciones del cargo de vicepresidenta— bastaba con observar lo que hizo antes de llegar a ese cargo, cuando actuaba sin freno alguno.

EN GUERRA CONTRA LA VIDA

Los centros de ayuda para embarazos en crisis existen con el propósito de ofrecer a las madres una alternativa al aborto, para apoyarlas durante el embarazo y para ayudar tanto a la madre como al niño después del nacimiento. En otras palabras, cumplen el papel de Josaba: procuran salvar a los bebés de la matanza. Para Harris, como fiscal general de California, no bastaba con que el aborto fuera legal y ampliamente practicado; el hecho de que algunos bebés fueran salvados del aborto en centros de ayuda para embarazos en crisis era demasiado. Por eso, emprendió una guerra legal contra ellos. Usaría su cargo y la maquinaria del Estado para restringirlos y obstaculizarlos. Fue algo sin precedentes. Abrió la puerta para que otros funcionarios igualmente proaborto en diferentes estados emprendieran guerras similares contra estos centros en toda la nación.[9]

LOS UTENSILIOS DE DIOS PARA BAAL

En su celo, Harris fue aún más lejos. Ordenó que todos los centros de ayuda para embarazos en crisis del Estado se comprometieran a colocar carteles anunciando clínicas de aborto. En efecto, intentaba forzar a los centros y los ministerios provida a dirigir a las personas a los abortos. Tan radical y desvergonzada fue su acción, que la Corte Suprema misma la revocó.[10]

Esto también fue un cumplimiento del modelo de Atalía: fueron los hijos de Atalía los que procuraron tomar los utensilios de la casa de Dios y destinarlos para los propósitos de Baal, es decir, tomar lo que estaba consagrado para Dios y redirigirlo hacia la muerte, hacia los sacrificios infantiles de Baal. Así, Harris buscaba tomar lo que estaba dedicado a salvar la vida de los niños y destinarlo a la muerte.

Y, sin embargo, la guerra de la Atalía estadounidense contra la vida y contra quienes procuraban salvarla se sumergiría en profundidades aún mayores.

Capítulo 45

LA CASA DE DAVID

EL PELIGRO IMPLÍCITO en el modelo de Atalía y en una presidencia de Kamala Harris puede verse de manera dramática en lo que ella hizo en la primavera de 2016.

EL QUE REVELA LA VERDAD

David Daleiden fue un activista provida que trabajó encubierto para exponer el tráfico de órganos de bebés por parte de la industria abortista con fines de lucro.[1] Aunque los defensores del aborto alegaron que él no pudo probar que este problema existía, sus grabaciones captaron a ejecutivos de la industria abortista hablando justamente de eso: la venta de partes de bebés por lucro.[2] Investigaciones posteriores revelarían que dicha práctica efectivamente ocurría.[3] Se podría esperar que un investigador que expusiera algo así, o incluso abriera la puerta a una investigación sobre esa posibilidad, recibiera reconocimientos por su trabajo. Pero no fue así. En vez de elogiar la labor de Daleiden y abrir una investigación contra la industria abortista en su estado, Kamala Harris abrió una investigación en *contra de David Daleiden*.[4]

LA REUNIÓN

Tal como Atalía y los sacerdotes de Baal tenían una comunión estrecha, también la tenían Kamala Harris y Planned Parenthood. Así como Atalía era agente de Baal, Harris era —en efecto— agente de Planned Parenthood. En marzo de 2016, Harris se reunió con seis ejecutivos de Planned Parenthood.[5] Poco después de esa actividad, Harris pondría en marcha una acción que conmocionaría incluso a sus aliados.

El 5 de abril de 2016, Harris ordenó un allanamiento al apartamento de Daleiden.[6] Agentes del Departamento de Justicia de California incautaron cuatro de sus computadoras y horas de grabaciones en video.[7] Harris había logrado eliminar la evidencia de Daleiden contra la industria abortista. Las pruebas, más de quinientas horas de grabaciones, serían selladas y prohibidas para el acceso público.[8] La campaña de Harris contra Daleiden resultó en que él se convirtiera en el primer periodista procesado criminalmente bajo la ley estatal de grabaciones.[9] El sucesor de Harris, Xavier Becerra, le imputó *quince cargos criminales* e intentó condenarlo a varios años de prisión.[10]

ALLANAMIENTO DE LA CASA DE DAVID

La línea real de los monarcas de Judá comenzó con el rey David. Atalía no pertenecía a ese linaje. Al atacar a los herederos reales, Atalía estaba arremetiendo contra la casa de David. Porque los de la casa de David tenían un reclamo legítimo al trono, a diferencia del reclamo ilegal de Atalía. Por ello, la casa de David representaba una amenaza especial al reclamo de Atalía al trono. Por eso Atalía le declaró la guerra a la *casa de David.*

Es significativo, por tanto, que el epítome de la guerra de la Atalía estadounidense contra la vida y quienes procuraban protegerla se centrara en un hombre llamado David y, además, que efectuara tal irrupción en la *casa de David.*

La intensa y aparentemente obsesiva guerra de Harris contra los niños no nacidos y quienes intentaban salvarlos puede parecer desconcertante. Pero el antiguo misterio lo explica. Para Atalía, quienes procuraban salvar la vida de un infante, como el heredero real Joás, representaban la mayor amenaza para su reinado. Según el misterio, la Atalía estadounidense veía a quienes procuraban salvar la vida de los bebés como amenazas existenciales y les declararía la guerra. En esto cumplía el papel de la antigua reina en el desarrollo de ese misterio ancestral.

Al final, fue Joás el que demostró ser la perdición y el fin de Atalía. El final de Atalía contendría la clave de un misterio que se desplegaría en nuestro tiempo.

Capítulo 46

EL FIN DE ATALÍA

EL SANGRIENTO REINADO de Atalía llegaría a un desenlace dramático. Su caída iba a ser obra de uno de los niños que ella quiso matar.

LA CORONACIÓN DEL NIÑO

El futuro parecía desesperanzador. Atalía tenía un control férreo sobre el trono de la nación. Promulgaba la adoración a Baal y a los dioses de Fenicia, y había exterminado a los herederos de la casa de David o, al menos, eso creía. El único niño salvado de esa matanza y oculto en el templo de Dios tenía ahora siete años. Era el momento. El sumo sacerdote Joiada reunió a los ancianos y levitas de la nación, en Jerusalén, y los preparó para lo que iba a suceder. El libro de 2 Crónicas (23:9) revela lo acontecido:

> Dio también el sacerdote Joiada a los jefes de centenas las lanzas, los paveses y los escudos que habían sido del rey David, y que estaban en la casa de Dios; y puso en orden a todo el pueblo, teniendo cada uno su espada en la mano, desde el rincón derecho del templo hasta el izquierdo, hacia el altar y la casa, alrededor del rey por todas partes. Entonces sacaron al hijo del rey, y le pusieron la corona y el testimonio, y lo proclamaron rey; y Joiada y sus hijos lo ungieron, diciendo luego: ¡Viva el rey!”.[1]

¡TRAICIÓN!

Así fue como, el niño Joás, que había vivido toda su vida oculto de la vista pública, fue de repente revelado ante la nación vivo y coronado rey en el templo de Dios. El alboroto y la celebración llegaron hasta los oídos de Atalía. El relato continúa:

> "Cuando Atalía oyó el estruendo de la gente que corría, y de los que aclamaban al rey, vino al pueblo a la casa de Jehová; y mirando, vio al rey que estaba junto a su columna a la entrada, y los príncipes y los trompeteros junto al rey, y que todo el pueblo de la tierra mostraba alegría, y sonaba bocinas, y los cantores con instrumentos de música dirigían la alabanza. Entonces Atalía rasgó sus vestidos, y dijo: ¡Traición! ¡Traición!".[2]

Las últimas palabras registradas de Atalía resonaron con las palabras finales escritas de su hermano, el rey Joram, que ante Jehú y la muerte gritó: "¡Traición!".[3]

LO SANTO Y LO PROFANO

El sumo sacerdote entonces ordenó que la reina, que había derramado tanta sangre, fuera ejecutada:

> "Entonces el sacerdote Joyadá … hizo que salieran los comandantes que estaban al mando de las fuerzas y ordenó: ¡Sáquenla de entre las filas!".[4]

Así llegó a su fin el reinado de Atalía. Fue especialmente simbólico que el final comenzara en el templo, la misma casa que sus hijos habían saqueado para la adoración de Baal, y la casa del Dios al que ella había tratado de expulsar de Israel. El final de su impío reinado comenzó en el lugar más santo, el templo de Dios.

LA SEÑAL DEL FIN DE JEZABEL

Ella había llegado al trono con violencia y derramamiento de sangre, y así también terminaría su reinado. Lo mismo ocurrió con su madre. Así como Jezabel derramó sangre, al ascenso de Jehú, la sangre de ella sería derramada.

El día en que Hillary Clinton, que seguía el modelo de Jezabel, iba a recibir la nominación de su partido para contender contra Donald Trump por la presidencia, se dio una palabra profética. El hombre que la pronunció no sabía que sería profética. Había venido a dar un discurso de apoyo a la candidata presidencial del partido. Pero repitió una frase varias veces: "La tiraron... La tiraron... La tiraron", una y otra vez.[5]

LA SEÑAL DEL FIN DE ATALÍA

Harris fue nominada como candidata presidencial demócrata el 5 de agosto. Al día siguiente, ella y su compañero de fórmula, Walz, lanzaron su campaña con su primera aparición conjunta. Fue en Pensilvania, y el evento fue auspiciado por el gobernador demócrata de ese estado, Josh Shapiro. No podía pasarse por alto el tema más apasionado del evento: nuevamente, el asesinato de niños, en consonancia con el modelo de Atalía, cuyo ascenso se fundamentó en la matanza de infantes. Los tres —Harris, Walz y Shapiro— se enfurecieron por la anulación de *Roe vs. Wade*.[6] La Atalía estadounidense proclamó:

> Tras la revocación de *Roe v. Wade*, él [Walz] fue el primer gobernador del país que promulgó una ley que elevaba la libertad reproductiva a la categoría de derecho fundamental. Y con Tim Walz a mi lado, cuando sea presidenta de Estados Unidos... aprobaremos una ley que restituya dicha libertad, la cual firmaré con orgullo para oficializarla.[7]

Harris declaró lo que iba a hacer cuando se convirtiera en presidenta. Pero la actividad en la que afirmó eso tenía el sesgo de una señal profética. Una señal que anticipaba un desenlace distinto: su final.

LA CAÍDA EN EL TEMPLO

El fin de Jezabel se resumió en las palabras "la tiraron". Así que, la señal profética dada acerca del fin de la Jezabel estadounidense fue esa declaración del día de su nominación: "la tiraron". Pero el fin de Atalía estuvo conectado al templo. Fue en el templo donde comenzó su fin. Fue en el templo donde fue derrocada. Fue en el templo donde otro fue declarado líder de la tierra. Fue en el templo donde se revirtió la agenda de Baal que ella había defendido. Y fue en el templo donde su ambición de gobernar la tierra llegó a su fin.

Como las palabras proféticas suelen manifestarse al inicio de una época, y dado que el fin de Atalía comenzó en el templo, ¿podría haber manifestado la señal del templo su fin desde el comienzo, en el primer evento de su campaña presidencial?

LA SEÑAL DEL TEMPLO

Ese primer evento de campaña, que ocurrió el día después de que recibió la nominación en la Convención Nacional Demócrata, fue en una universidad de Pensilvania. ¿Podría ser significativo ese lugar? ¿Podría haberse manifestado allí la señal del templo?

El nombre de la universidad donde se realizó el evento era Temple (Templo). Así como la derrota de Atalía comenzó en el lugar llamado Templo, también la derrota de la Atalía estadounidense se inició en un sitio llamado Temple. La primera aparición pública de la campaña Harris-Walz fue ahí, y ahí se dio la señal: *la señal del templo.*

La manifestación de la señal de la caída de Atalía significaba que la Atalía estadounidense no prevalecería. Profetizaba que su plan de gobernar la tierra llegaría a su fin. Anunciaba que otro sería proclamado líder de la tierra. La señal del templo significaba que la Atalía estadounidense iba a ser derrotada.

Y así como la señal del templo se dio en el primer día de su campaña, otra señal se manifestaría en el último.

Capítulo 47

EL PATIO Y EL VALLE DE LA RUINA

EL TEMPLO EN el que fue derrocado el reinado de Atalía no fue como la mayoría piensa.

EL COMPLEJO DEL TEMPLO

Cuando se escucha la palabra *templo*, la mayoría imagina un edificio cerrado con cuatro paredes y un techo. Pero ese no era el templo del fin de Atalía. El templo de Jerusalén sí tenía un edificio cerrado, pero solo los sacerdotes podían entrar en él. Atalía no habría tenido acceso. Sin embargo, ese edificio cerrado o santuario era solo una parte de lo que la Biblia llama *el templo*.

Los eventos que pusieron fin al reinado de Atalía, descritos en 2 Crónicas 23, no ocurrieron dentro del edificio cerrado sino en el área circundante conocida como el *complejo o recinto del templo*. Un autor observa:

> Desde un punto de vista semántico, los nombres dados al recinto —*hatser* (patio) en hebreo, o los términos griegos *peribolos* y *temenos*— describen un espacio que rodea otro elemento arquitectónico. Por tanto, el Templo se concebía como un complejo arquitectónico que contenía distintos componentes. Así como el altar era parte de la estructura del Templo, también lo eran los elementos circundantes: los patios y las galerías.[1]

EL PATIO

El templo era entonces un complejo compuesto por un edificio cerrado y un gran patio formado por varios patios más pequeños. A todo el complejo se le llamaba *hatser* o *patio*. La palabra *yard* (patio o terreno) se define como un terreno contiguo a un edificio o casa, o un área rodeada por muros o edificios. *Courtyard* (patio) se define como un área sin techo que está principal o completamente encerrada por las paredes de un edificio grande. Así que el derrocamiento de Atalía ocurrió en el *hatser* o patio, también conocido como complejo del Templo.

EL VALLE

Cuando el sumo sacerdote Joiada ordenó que sacaran a Atalía, se refería a los límites del patio del templo. No quería que su ejecución ocurriera en tierra santa:

> "Llévensela afuera..." Porque el sacerdote dijo: "No la maten en la casa del Señor". Así que la arrestaron; y ella salió por la entrada de la Puerta del Caballo hacia la casa del rey, y allí la mataron".[2]

Atalía fue asesinada *saliendo por la entrada de la Puerta del Caballo hacia la casa del rey.* La casa del rey era el palacio. La mayoría de los eruditos sitúan el palacio justo al sur del complejo del templo, bordeando y con vistas al Valle de Cedrón. El monte del templo mismo limita con el valle de Cedrón. El historiador judío del siglo primero, Josefo, identificó el lugar de la ejecución de Atalía como el valle de Cedrón.[3] Ese sería un lugar adecuado para el fin de la reina, un lugar donde ídolos, altares y otras cosas impuras serían arrojados, un lugar de muerte.[4] Sea que fuera asesinada en el valle o en sus alrededores, su muerte estuvo conectada al valle, como lo ha estado por siglos.

EL PATIO Y EL VALLE DE SU DERROTA

Así, la derrota, caída y fin de Atalía estuvieron ligados a dos lugares: el patio del templo y el valle de Cedrón, el *patio* y el *valle*. En el patio fue vencida y derrocada. Allí fue donde presenció su caída, su derrota, y la victoria del rey que se sentaría en el trono que ella codiciaba. Y fue en el valle donde su reinado fue juzgado y tanto su vida como su dominio llegaron a su fin.

LA NOCHE DEL PATIO

Para la noche de las elecciones presidenciales, la Atalía estadounidense había escogido que la Universidad Howard sirviera como cuartel general de su campaña. Su equipo de operaciones instaló su base dentro de los edificios universitarios. Se esperaba una noche de triunfo y celebración. Pero no habría ni triunfo ni celebración. El lugar que había elegido para su victoria sería, en cambio, el escenario de su derrota.[5]

La caída de Atalía comenzó en el patio del templo. La parte del campus que Harris eligió como cuartel general la noche de la elección llevaba desde hacía mucho tiempo un nombre particular: *El Patio*.[6]

Así como la caída de la antigua Atalía sucedió en El Patio, el desplome de la Atalía estadounidense ocurriría en otro lugar llamado El Patio. Al igual que para la Atalía antigua, fue ahí, en El Patio, donde sería derrotada, donde recibiría la noticia de que otro sería líder en su lugar, y donde su agenda sería detenida.

LA NOCHE DEL VALLE

La derrota de Atalía no ocurrió solo en el patio, sino también en el valle, y en el patio que daba vista al valle. La derrota de la Atalía estadounidense, Kamala Harris, tuvo lugar en el terreno llamado El Patio. Pero así como el patio del templo estaba conectado a otro terreno relacionado con la caída de Atalía, también El Patio de la derrota de Harris estaba ligado a otro lugar llamado El Valle.[7] Al igual que en la caída de la antigua Atalía, El Patio limitaba con El Valle.[8] Así que, la Atalía estadounidense fue derrotada como la antigua Atalía, en *El Patio* y *El Valle*.

Todo había sido anticipado el primer día oficial de su campaña, cuando se celebró en el lugar llamado Temple (Templo), y todo terminó en el último día oficial, en el lugar llamado The Yard y The Valley [El Patio y El Valle].

Hemos visto la derrota de la Atalía estadounidense. Ahora debemos ver la victoria del Jehú estadounidense. ¿Qué sucedió después que Jehú subió al trono y comenzó a reinar? ¿Podría eso revelar lo que su contraparte moderna haría, qué nos espera y qué significa?

PARTE X

EL REY DE LA TORMENTA

Capítulo 48

EL REY JEHÚ

HAY MUCHO EN el patrón de Jehú que se hizo evidente con el regreso de Trump a la Casa Blanca. Fue cuando el Jehú americano ascendió al poder por segunda vez para comenzar su segunda administración que esas otras dinámicas de su antiguo prototipo se manifestaron con mayor fuerza.

LA CARRERA DESENFRENADA

Tras recibir la comisión del profeta, Jehú subió a su carro y con sus tropas inició una carrera hacia la ciudad real de Jezreel. Al verlo acercarse a lo lejos, el centinela de la ciudad reportó:

> ... el que conduce el carro ha de ser Jehú, hijo de Nimsi, pues lo hace como un *loco*.[1]

El vocablo que usó el centinela para describir a Jehú es el hebreo *shiggaon*. Esto puede traducirse como salvajemente, frenéticamente y como un loco. Estas palabras describen ambas carreras de Trump hacia la Casa Blanca, siendo la segunda tan frenética como la primera, pues desafiaba no solo el embate de los medios de comunicación y la cultura dominante, sino también una serie de procesos legales, múltiples condenas por delitos graves, dos intentos de asesinato y más.

LA FURIA DE JEHÚ

Pero esa palabra también puede traducirse como *furioso*. Esto, junto con el relato mismo, transmite también la idea de velocidad, intensidad y fuerza. Una traducción expresa así las palabras del centinela:

> Su *fuerza* y su *velocidad* son tan feroces como la *loca conducción de Jehú*.[2]

La rapidez con que Jehú actuó fue clave para su éxito al tomar el trono y luego asegurarlo. Como dice un comentario: Jehú cumpliría su misión con

> *una energía ardiente, apresurada e implacable.*[3]

Tan rápido y feroz fue el cumplimiento de sus objetivos que dejó a sus enemigos en la casa de Acab sin preparación y abrumados:

> La rapidez y decisión de los movimientos de Jehú no les dieron oportunidad a sus víctimas para protegerse.[4]

La misma estrategia y dinámica empleadas por Jehú serían usadas por el Jehú americano.

"SU RITMO FRENÉTICO NO CESABA"

Lo que siguió al regreso de Donald J. Trump a la Casa Blanca dejó atónitos a sus enemigos y seguidores por igual. La velocidad con la que actuó fue sin precedentes. En su primer día como presidente firmó muchas más órdenes ejecutivas que cualquier otro presidente en el día inaugural en la historia estadounidense.[5] En su primera semana y luego en sus primeros cien días,[6] emitió más órdenes y acciones ejecutivas que cualquier otro presidente en ese mismo lapso.[7] Estaba generando tanto cambio en tan poco tiempo que sus críticos y opositores no podían seguirle el ritmo. Cuando emitían una crítica por alguna acción, él ya había puesto en marcha varias más. Lo que sigue fue escrito sobre la naturaleza y velocidad de Jehú:

> Su conducción rápida era característica... Una vez decidido, se apresuraba a realizarlo. Hacía que las cosas sucedieran. Combinaba energía con tenacidad y era capaz de tomar decisiones rápidas... Tenía un fuerte magnetismo personal que obligaba a sus asociados a un servicio voluntario e incluso entusiasta... No solo era rápido sino persistente. Nunca se cansaba. Su ritmo frenético no cesaba.[8]

Las mismas palabras escritas acerca de Jehú podrían describir perfectamente al líder americano moderno que siguió sus pasos.

EL ASALTANTE

Jehú tomó el trono de Israel como una tormenta. Él mismo era una tormenta viviente, arrojando a su alrededor un sistema decadente e instituciones apóstatas al caos y la conmoción. Un escritor resumió así el ascenso y reinado de Jehú:

> *Jehú arremete* con furia y desenfreno a lo largo de 2 Reyes 9 y 10.[9]

Esto era característico de Jehú. Y también de Trump. Era una tormenta viviente. Cuando derrotó a Kamala Harris para regresar a la Casa Blanca, *The New York Times* publicó la noticia con un titular en primera página que decía:

> *TRUMP REGRESA CON FUERZA*[10]

Así que *The New York Times* usó las mismas palabras para describir el ascenso del Jehú americano que se emplearon para describir el ascenso de su antiguo prototipo.

EL RETORNO DEL REY

Jehú podía actuar con absoluta autoridad, era el rey. Pero Trump era presidente. Sin embargo, incluso ese aspecto del líder antiguo se manifestó especialmente en la segunda administración del moderno, cuando los medios principales le otorgaron un nuevo título. *The New York Times* lo tituló así:

> *"El retorno del rey": Trump adopta los atributos del trono.*[11]

Para entender lo que Trump haría al regresar a la Casa Blanca, hay que comprender la comisión dada a Jehú por el profeta en Ramot de Galaad.

Capítulo 49

EL DESTRUCTOR

SOLO PASARON UNAS horas desde el regreso de Trump a la Casa Blanca para que se desatara un tsunami de reacciones por parte de los medios de comunicación principales y la opinión pública. Para algunos, él era una amenaza para la democracia y destruiría la nación. Para otros, estaba salvando al país de la autodestrucción. Pero lo que realmente estaba ocurriendo era algo diferente, algo que trascendía ambas interpretaciones. Era, más bien, el desarrollo de un misterio que comenzó miles de años antes de que él naciera.

"DESTRUIRÁS"

La profecía dada a Jehú contenía este mandato central:

> Destruirás la casa de Acab...[1]

El cumplimiento de ese mandato significaría no solo el fin de una casa real, sino también la destrucción de los establecimientos, sistemas, cultos, convenciones e instituciones conectados a la casa de Acab. Solo así podrían eliminarse los efectos persistentes del reinado de Acab y su familia en la tierra.

DESMANTELAMIENTO EL TEMPLO

Así, como hemos visto, una de las campañas principales de Jehú fue eliminar el culto a Baal, con sus sacrificios de niños. El momento definitorio de esa campaña fue la destrucción del templo de Baal en la ciudad capital. Observemos las palabras del relato bíblico que lo registra:

> Además de *tumbar* la piedra sagrada, *derribaron* el templo de Baal y lo convirtieron en un muladar. Así ha quedado hasta el día de hoy. De esta forma Jehú erradicó de Israel el culto a Baal.[2]

Derribaron, demolieron, destruyeron. Un comentarista lo expresa así:

> Uno de los logros destacados de Jehú es que desmanteló la casa de Baal en Samaria.[3]

Por tanto, la misión de Jehú de destruir la casa de Acab y el templo de Baal implicaba derribar, demoler, desmantelar y destruir.

EL OTRO TEMPLO

Los actos de Donald Trump han desconcertado constantemente a amigos y enemigos por igual. Pero para entenderlos, hay que comprender el llamado de Jehú. El Jehú americano asumiría la misma misión: derribar, demoler y desmantelar la casa estadounidense de Acab, el Templo americano de Baal: sus establecimientos, sus sistemas, sus cultos, sus convenciones, sus ideologías y sus instituciones.

Así, al regresar a la presidencia, Trump se enfocó especialmente en desmantelar los establecimientos e ideologías de la izquierda radical y las instituciones y casas del movimiento "woke" que habían tomado gran parte de la sociedad americana. De este modo, al volver a la Casa Blanca, no perdió tiempo en derribar los sistemas e ideologías que guerreaban contra los valores americanos tradicionales y bíblicos. El Jehú americano regresó a la Casa Blanca con la furia y ferocidad de su antiguo prototipo para destruir la casa americana de Acab y desmantelar el templo estadounidense de Baal.

LOS ACTOS DE JEHÚ

No fue casualidad que los titulares, al describir las primeras acciones de la nueva administración, resonaran con los primeros actos del rey Jehú:

> *Trump listo para desmantelar los programas de DEI [Diversidad, Equidad, Inclusión] dentro del gobierno federal desde el primer día...*[4]

Trump ha dicho que el Departamento de Educación debe ser desmantelado...[5]

Plan del presidente Trump para desmantelar el estado profundo[6]

¿Cuánto del gobierno puede desmantelar Donald Trump?[7]

Los titulares ahora daban testimonio involuntario del misterio de Jehú. Porque destruir una casa es desmantelarla.

Al regresar a la Casa Blanca, Trump emprendió una campaña que no solo rememoraba los actos de Jehú, sino que también era como uno de esos programas televisivos conocidos como *reality show*.

Capítulo 50

EL DEPURADOR

JEHÚ COMPRENDIÓ QUE nunca podría cambiar el rumbo de su nación si la vieja guardia seguía controlando el gobierno y los lugares altos de su cultura. Así que emprendió una campaña despiadada para removerlos.

LOS SEÑORES Y LOS PRÍNCIPES DE ACAB

Los primeros en ser eliminados fueron el rey Joram y Jezabel. Pero no se detuvo allí. Luego enfocó su atención en los señores y príncipes de la casa de Acab. El relato antiguo registra:

> "Jehú mató a todos los que quedaban de la casa de Acab en Jezreel, y a todos sus grandes hombres, sus allegados y sacerdotes, hasta no dejar a nadie".[1]

Jehú eliminó a los herederos, agentes y gobernantes de la casa de Acab del gobierno nacional. Aunque sus métodos fueron cuestionables y brutales, depuró el gobierno de la nación. La casa de Acab y su influencia sobre el futuro de Israel quedaron anuladas.

LOS SEÑORES Y LOS PRÍNCIPES AMERICANOS

El Jehú estadounidense también sabía que nunca podría cambiar la trayectoria de Estados Unidos mientras la vieja guardia y lo que muchos llamarían el "estado profundo" permanecieran en el gobierno del país. Mientras la casa americana de Acab estuviera en los más altos niveles del gobierno —en sus agencias, ramas y departamentos— sería imposible que la nación cambiara su rumbo.

Así que, como hizo Jehú, Trump se propuso eliminar a la vieja guardia del gobierno americano. Aquellos que usaban sus cargos para promover una ideología que Trump veía como contraria a los valores americanos, tradicionales y bíblicos, debían ser despedidos, puestos en licencia o echados. Por eso despidió a jefes de oficinas, líderes de agencias,[2] generales y comandantes militares,[3] y a quienes defendían ideologías y agendas radicales dentro del gobierno. Estas masivas remociones desataron un gran revuelo, pero el Jehú americano repetía lo que su contraparte antigua había hecho miles de años antes: ejecutar una purga masiva del gobierno de su nación.

JEHÚ DEPURA ISRAEL

Estos son algunos títulos usados en traducciones bíblicas y artículos para resumir los actos de Jehú al inicio de su reinado, según 2 Reyes 9 y 10. Observa las palabras que se repiten:

Jehú elimina a los enemigos de Israel[4]

La coronación y limpieza de Jehú en Israel[5]

Jehú continúa depurando la casa de Acab[6]

La purga de Jehú contra el culto a Baal en Israel[7]

TRUMP DEPURA ESTADOS UNIDOS DE AMÉRICA

Ahora compara esos títulos bíblicos con los titulares que describen las acciones del Jehú americano al inicio de su segunda administración:

Donald Trump intensifica su guerra contra lo "woke" con la limpieza de empleados federales de DEI[8]

Purga política sin precedentes: una orden de Trump intenta desmantelar el legado de Biden[9]

Administración Trump reforma el liderazgo militar[10]

Limpieza en FBI y DOJ desata "batalla" por el personal de carrera[11]

La purga sin precedentes, de Trump, en el Departamento de Justicia...[12]

Una purga generalizada está ocurriendo en todo Estados Unidos de América[13]

JEHÚ EN UN REALITY TELEVISIVO

En la purga del Jehú antiguo, la remoción de los agentes y herederos de Acab se hizo por ejecución. En la del Jehú americano, se realizó por medios menos violentos: el despido de su empleo. Un artículo resumió una de las primeras purgas de la segunda administración de Trump con este titular:

Trump anuncia la purga de más de 1.000 designados por Biden: "¡Estás despedido!"[14]

El titular aludía a las palabras que Trump ponía al final de sus avisos escritos de despido, "¡Estás despedido!". Trump usaba esta frase emblemática que popularizó en el programa televisivo *The Apprentice.* De hecho, Trump se hizo famoso por esas dos palabras mucho antes de su primer ascenso a la Casa Blanca.[15] ¿Podría ser que incluso eso formara parte del misterio? Porque esas palabras se volverían centrales en el paralelo moderno de la purga de Jehú contra la casa de Acab. El misterio era tan abarcador que incluso podía involucrar algo aparentemente trivial como la frase icónica de un *reality show.*

Había otro aspecto del antiguo modelo de rey que Trump siguió. Eso conectaría al profeta Elías con un baile inaugural.

Capítulo 51

LA ESPADA DE JEHÚ

JEZABEL HABÍA JURADO matar al profeta Elías.[1] Elías huyó para salvar su vida y se dirigió al Monte Sinaí. Allí recibiría una palabra de parte de Dios.

LA PROFECÍA DE ELÍAS

> A Jehú hijo de Nimsi ungirás *por* rey sobre Israel ... el *que* escapare de la espada de Hazael, Jehú lo matará; y el que escapare de la espada de Jehú, Eliseo lo matará.[2]

Esta primera profecía sobre Jehú en las Escrituras contiene una frase importante: *la espada de Jehú.*[3] Jehú fue una de las tres personas a quienes Elías fue enviado a ungir y cada uno estaba relacionado con la espada. La espada de Jehú representaba al antiguo rey como un instrumento de juicio, el medio por el cual un reino corrupto sería derribado.[4] También estaba implícito el mandato dado a Jehú por el profeta: atacar la casa de Acab y vengar la sangre derramada por Jezabel. Jehú sería un instrumento de justicia, venganza y castigo. Vengaría la sangre de los inocentes, los justos y los siervos de Dios.

LA VENGANZA DE JEHÚ

Una de las críticas que recibió Donald Trump al regresar a la Casa Blanca era que actuaba movido por un espíritu de venganza. Por eso aparecieron titulares como:

> *Se observa un espíritu de venganza en la primera semana de Trump*[5]

> *Trump II: Regresa con venganza*[6]

Y, sin embargo, esos mismos titulares podrían haberse escrito sobre Jehú. Así como la naturaleza o los motivos de Trump podían prestarse a esa agenda, lo mismo podría decirse de Jehú. Como señala un comentario bíblico:

> Jehú fue un instrumento de la venganza divina, aun cuando cumpliera proyectos propios de su ambición.[7]

"YO SOY TU CASTIGO"

Jehú fue un instrumento de castigo para un gobierno y una cultura que se habían vuelto perversos en su apostasía y mortíferos por derramar sangre inocente. Esto es lo que dijo un comentarista:

> Jehú sería el instrumento del castigo divino.[8]

La palabra "castigo" (o retribución, para el caso) no es algo que usualmente se asocie con un presidente estadounidense moderno. Pero Trump no era un presidente común. Es el equivalente moderno del antiguo rey. Por eso los titulares decían cosas como:

Trump actuó rápidamente para imponer el "castigo".[9]

Trump 2.0: Prohibiciones, purgas y castigo.[10]

El propio Trump afirmó:

> "Yo soy su *justicia*. Y para los que han sido heridos y traicionados, yo soy su *castigo*".[11]

LA ESPADA

La espada de Jehú se iba a manifestar de una forma aún más dramática. La noche de su regreso a la presidencia, Trump apareció en el Baile del Comandante en Jefe, una gala inaugural dedicada a las Fuerzas Armadas del país. Allí le entregaron un importante objeto: una *espada*. Trump tomó la espada, la levantó sobre su cabeza y comenzó a bailar con ella.[12] Fue otro momento sin precedentes: un presidente estadounidense bailando con una espada ante su pueblo. Pero eso concordaba con el misterio. Porque era justo que el Jehú americano blandiera la *espada de Jehú*.

La derrota de Atalía y Jezabel, el regreso de Jehú... ¿qué significaba todo esto para Estados Unidos de América, para el mundo y para el futuro?

Capítulo 52

EL SIGNIFICADO DE JEHÚ

PARA DESCUBRIR QUÉ significa el regreso del Jehú americano para el futuro, debemos considerar el pasado y ver qué representó el antiguo y radical rey para el destino del reino del norte.

UN HOMBRE CON UNA MISIÓN

En los primeros días de su segundo mandato como presidente, Donald Trump publicó en internet una imagen que causó gran revuelo en los medios principales. Era una foto del presidente caminando por una calle de la ciudad en la noche, vestido con un largo abrigo negro. En la parte superior de la imagen, en letras grandes, intensas y mayúsculas, estaban las palabras:

ÉL ESTÁ EN UNA MISIÓN DE DIOS.[1]

Y en la parte inferior de la imagen aparecía:

Y NADA PUEDE DETENER LO QUE VIENE.[2]

Nunca un presidente estadounidense se había referido a sí mismo con palabras tan contundentes. Los medios lo acusaron de tener delirios de grandeza, de creerse infalible y divino. Sin embargo, esas palabras estaban en completa armonía con el misterio y el patrón de Jehú.

EL PROPÓSITO DE LA UNCIÓN

Con todas sus peculiaridades y contradicciones, de todos los reyes de Israel, Jehú fue sin duda un hombre con una misión divina. Vale la pena destacar que estaba ordenado que Jehú primero fuera ungido con aceite y luego se le diera la misión que debía cumplir. En otras palabras, aunque fuera solo por un momento, él sabía que había sido ungido antes de saber por qué o para qué propósito. Lo mismo ocurrió con el Jehú estadunidense; también sabía que había sido ungido antes de saber para qué. Así como Jehú fue llamado a una misión divina que iba más allá de lo que había planeado o imaginado, lo mismo pasó con el Jehú norteamericano. Entonces, ¿cuál era el propósito de la misión de Trump? El misterio radica en el significado de Jehú.

UNA MISERICORDIA BRUTAL

El reino del norte ya llevaba tiempo hundiéndose en la apostasía cuando el profeta comisionó a Jehú. El primer rey de la nación, Jeroboam, había puesto todo en marcha cuando hizo dos becerros de oro para que su pueblo los adorara.[3] Con la posterior ascensión de la casa de Acab y la adoración a Baal, la nación cayó aún más bajo. A menos que su rumbo cambiara y se volviera a Dios, su destino sería el juicio y la destrucción.

Dada la larga y progresiva caída del reino, el imperio de Jehú resulta aún más impactante. Representó la primera vez, desde los días del rey Jeroboam, que la apostasía fue detenida. De todos los reyes del reino del norte, solo Jehú fue elogiado por la Palabra de Dios. Aunque para la casa de Acab y la cultura apóstata del pueblo Jehú trajo juicio, también trajo esperanza. Puesto que solo al detener la caída y volverse a Dios habría posibilidad de redención.

Como el desplome del reino implicaba la adoración y el servicio a los dioses y a los ídolos, lo único que podía revertir esa caída era que esos dioses fueran expulsados y sus ídolos derribados. Eso era lo que significaba Jehú. Aunque sus hechos fueron brutales y despiadados, solo eliminando lo que tenía que eliminar, purgando lo que debía purgar y desmantelando lo que arrasó, pudo frenarse la caída de la nación y darle oportunidad para volver atrás.

LA CAÍDA DE ESTADOS UNIDOS

Fue en los años sesenta cuando el alejamiento de Dios por parte de Estados Unidos se hizo evidente. Al inicio de esa década, la nación comenzó a eliminar a Dios de la vida pública, empezando por prohibir la oración en las escuelas.[4] Aunque entonces esa decisión parecía limitada, puso en marcha una transformación que afectaría todos los ámbitos de la cultura americana y que con el tiempo se intensificó, profundizó y cobró cada vez más fuerza. Estados Unidos se estaba vaciando de Dios y, según la advertencia antigua, una casa vacía no queda sin ocupantes; otros vendrían, otros como dioses y espíritus.

Por lo que, a menos que se cambiara el rumbo, la nación avanzaría hacia la calamidad.

EL IMPACTO RADICAL Y LA ESPERANZA

Nunca se había detenido o revertido de manera significativa la apostasía nacional. Tal vez fue por la naturaleza radical de Trump, como la de Jehú, que él pudo ser usado para sacudir el sistema y cambiar de rumbo. A pesar de todas sus contradicciones, el Jehú americano inició la primera gran reversión masiva de la apostasía estadounidense. La nación recibía una oportunidad. Qué haría con ella era una pregunta franca, así como también lo era si esa oportunidad sería la última que se le daría.

¿Podrían los días de Jehú y el tiempo que tuvo en el escenario nacional haber determinado los días y el tiempo dado a su contraparte de hoy?

Capítulo 53

EL AÑO VEINTIOCHO

Ahora abrimos un antiguo misterio subyacente al tiempo ordenado para que Donald J. Trump presidiera el escenario político estadounidense.

LA PROFECÍA MODELO

Tras el fracaso de Trump en mantenerse la presidencia en las elecciones de 2020, muchos predijeron que su tiempo había terminado. Incluso se dijo que su propio partido buscaba seguir adelante sin él. Fue en ese tiempo, entre su salida de la Casa Blanca y su anuncio para volver a postularse, que muchas personas me preguntaron si creía que Trump volvería a ser presidente. Respondí que lo que se alineaba con el modelo de Jehú era que Trump volvería a postularse y ganaría la presidencia en 2024. ¿Cómo pudo el patrón de tres mil años de antigüedad del antiguo rey predecir eso?

EL TIEMPO DE LOS REYES

El esquema ordenaba el ascenso y caída de los líderes estadounidenses de nuestro tiempo y, específicamente, el tiempo asignado a los antiguos reyes de Israel y el que cada líder americano tendría en el escenario político nacional. Pero el caso de Trump es diferente. Él no comenzó en el gobierno ni como político, sino como desarrollador inmobiliario y empresario.[1] Fue por eso, y más tarde por su carrera como estrella de un show televisivo, que se hizo famoso. A diferencia de las otras figuras del modelo, estuvo en el escenario nacional mucho antes de entrar al ámbito político o gubernamental. ¿Sigue vigente, entonces, el misterio?

LA PRIMERA CAMPAÑA

¿Cuándo fue la primera campaña presidencial de Donald J. Trump? La mayoría respondería que fue la de la elección presidencial de 2016. Pero esa respuesta es incorrecta. Comenzó mucho antes. Trump entró por primera vez en el ámbito presidencial en el año 2000. En septiembre de 1999, escribió un artículo que apareció en *The Wall Street Journal* titulado "Estados Unidos necesita un presidente como yo". Allí argumentaba que él sería "el tipo de presidente que la nación americana necesitaba en el nuevo milenio".[2] De modo que, el 7 de octubre, Trump anunció la formación de un comité exploratorio para una candidatura presidencial por un tercer partido, como candidato del Partido Reformista.[3] Eso fue el inicio de su primera campaña presidencial y su entrada en el escenario político nacional. La campaña se llamaría *Trump 2000*.[4]

TRUMP 2000

Como candidato presidencial, Trump apareció en medios y en numerosos eventos de campaña por todo el país. Pero el 14 de febrero, declarando que las disputas internas del Partido Reformista no favorecían su triunfo, Trump se retiró oficialmente.[5] Aun así, ganó las primarias de Michigan el 22 de febrero y las de California el 7 de marzo.[6] Aunque terminó retirándose de la carrera, Trump 2000 fue el precursor de la campaña de Trump para la Casa Blanca dieciséis años después y, por ende, de su presidencia.

LOS AÑOS DE TRUMP

El 5 de noviembre de 2024, Trump ganó la elección presidencial y regresó a la Casa Blanca para su segundo mandato. Fue elegido para servir cuatro años, siendo 2028 su último año completo en el cargo. Al final de ese año se celebraría una elección para determinar al próximo presidente y administración. Trump entró en el ámbito presidencial y en el escenario político nacional con *Trump 2000*, su primera campaña presidencial. Desde la elección de 2000 hasta la de 2028 hay un lapso de *veintiocho años*. El año incluso llevará el número *veintiocho*.

LOS AÑOS DE JEHÚ

En 2 Reyes 10:36 se resumen los años del reinado de Jehú. Se registra que reinó en Israel por un período identificado en tres palabras hebreas: *Esrim U'Shmoneh Shannah*. *Esrim* significa veinte. *Shmoneh* significa ocho. Y *shannah* significa años. Así que, el tiempo dado a Jehú desde el comienzo de su ascenso hasta el final de sus días en el escenario nacional y político de Israel fue de *veintiocho años*.

En cuanto al Jehú estadounidense, el tiempo que se le dio desde que entró al ámbito presidencial con su primera campaña para la Casa Blanca hasta el final de sus días en el escenario nacional y político de Estados Unidos, desde el año 2000 hasta el año 2028, es de *veintiocho años.* Al terminar su segundo mandato, los días de Trump habrán sido Esrim U'Shmoneh Shannah, el tiempo exacto asignado al antiguo rey cuyos pasos siguió.

LOS PARÁMETROS DEL ESQUEMA

Si Trump hubiera logrado mantener la Casa Blanca en las elecciones de 2020, el misterio no se habría cumplido. En otras palabras, para cumplir el misterio de Jehú, no debía retener su estancia en la Casa Blanca en 2020. Además, Jehú ascendió al poder en el duodécimo año del rey anterior, Joram. Así que el Jehú americano tuvo que ascender en el duodécimo año del gobernante anterior, Obama —en 2016— lo cual hizo. Pero también tenía que ser elegido para un mandato que terminara en el año veintiocho. La única manera de que eso sucediera era con dos ascensos, dos mandatos y dos presidencias. Trump tuvo que ganar la Casa Blanca en 2016, salir de ella en 2020 y volver a ganarla en 2024. Y así, según el patrón bíblico, fue exactamente lo que hizo. El Jehú americano ascendió en el *duodécimo año* del gobernante anterior en 2016 y volvió al poder en 2024, en una presidencia que terminará en el *año veintiocho.*

Antes de llegar a la respuesta y a la esperanza de redención, debemos dar un paso más profundo. Debemos retirar un velo o una máscara más. Lo que encontraremos bajo ella será un misterio de consecuencias asombrosas. Abrirá, con claridad inconfundible, cuán crítico y relevante es el misterio de los dioses, y cuán peligroso es su potencial. Y revelará cuán cerca estuvimos de la ascensión total de los dioses, cuán cerca todavía podríamos estar, y hacia dónde nos lleva todo esto. Ello representará la convergencia de los misterios: de los dioses y los reyes, de los espíritus y los gobiernos: *el misterio del avatar.*

PARTE XI

AVATAR

Capítulo 54

LOS AGENTES DE LOS DIOSES

HEMOS VISTO LA interacción entre dioses y reyes, espíritus y gobiernos, deidades y dominios. Lo que ahora vamos a observar es cómo todo eso se concentró en suelo norteamericano en una lucha por el futuro de la nación y del mundo.

Hemos notado lo cerca que estuvo la apostasía estadounidense de llegar a un punto de no retorno, de sellar su destino. Pero ¿podría haber algo más en la historia? ¿Podría haberse dado una señal en el escenario nacional de Estados Unidos? ¿Podría la agenda de los dioses y espíritus haberse manifestado abiertamente y en tiempo real? ¿Y acaso no la vimos?

Si los misterios de Jehú, Acab, Jezabel, Joram del norte, Joram del sur y Atalía son de naturaleza explosiva, lo que vamos a ver ahora será aún más impactante. Por eso debemos reafirmar el equilibrio. Las revelaciones involucran a personas pero, en última instancia, no se tratan de ellas. Las personas son solo vasos, instrumentos, agentes y avatares que muchas veces no tienen idea de cómo están siendo usados, así como los evangelios registran que el discípulo Pedro fue usado —sin saberlo— como instrumento de Satanás. Los que siguen los caminos de Dios no deben odiar ni condenar, sino amar y orar por todos, incluso por sus enemigos, por aquellos que los persiguen, y por quienes son usados como instrumentos en la guerra contra ellos. Los justos deben buscar su redención.

Ahora dirigimos nuestra atención a uno de esos instrumentos y avatares. No es que esta persona sea, por supuesto, una manifestación real de un dios. Tampoco que esté poseída por un espíritu en particular. Más bien, ha servido como instrumento, vaso inconsciente, representante y una imagen viva, y —en ese sentido— es un tipo de avatar. Tampoco significa que no existan otros, pero este es el más destacado y el que estuvo más cerca de lograr el dominio sobre Estados Unidos de América.

El misterio que hasta ahora hemos abierto —un misterio de dioses, espíritus, reyes y avatares— ahora se concentrará en el escenario nacional americano y ante el mundo.

Capítulo 55

LOS REYES-DIOSES

PARA QUITAR EL último velo, debemos abrir el fenómeno de los *reyes-dioses.*

EL IMPERIO DE LOS REYES-DIOSES

En el mundo pagano antiguo, el rey o gobernante casi siempre era considerado la representación viva y la encarnación misma de una deidad: un rey-dios. Los reyes-dioses se encontraban en los tronos de Egipto, Babilonia, Persia, África, Asia Menor, China, India, el sudeste asiático y más allá.[1] Los que estaban bajo su dominio los veían como manifestaciones de carne y hueso de los dioses. En Egipto, los faraones reinaban como encarnaciones de Amón-Ra,[2] Re[3] y Horus.[4] En la cultura india y del sudeste asiático, el concepto y fenómeno del rey-dios tenía un nombre propio: *devaraja*, de *deva* que significa dios, y *rajá*, rey.

IMAGEN VIVIENTE DE DIOS

En Egipto y Mesopotamia se creía que el rey emanaba la imagen misma de la deidad. En los escritos del antiguo Egipto, el faraón era llamado por su dios respectivo como "mi imagen viviente en la tierra".[5] Incluso los títulos reales llevaban a menudo los nombres del dios encarnado y el papel del rey como portador de su imagen. El nombre del faraón Tutankhaten significa "Imagen viviente de Atón", el dios sol.[6] Más tarde, su nombre sería cambiado a Tutankhamón, que significa "Imagen viviente de Amón", dios del aire.[7] En Mongolia se creía que el rey había descendido realmente del cielo para gobernar en la tierra.[8] En esos reinos y civilizaciones no solo había un rey en el trono, sino un avatar de los dioses.

EL CONDUCTO

Se creía que el rey-dios tenía un acceso especial al reino de las deidades y que debía funcionar como un canal o conducto entre la gente y sus deidades, masculinas o femeninas. A menudo presidía los festivales y días sagrados de los dioses. En algunos de estos, el rey incluso representaba al dios como su encarnación. Así ocurría en los "matrimonios sagrados" de Mesopotamia, en los que una gran sacerdotisa asumía el papel de la diosa Ishtar y el rey, su consorte, Dumuzi o Tammuz.[9] El rey-dios actuaba como un agente divino en la tierra, representando a los dioses ante su pueblo, y a su pueblo ante los dioses.

EL REGRESO DE LOS REYES-DIOSES

¿Qué pasa si aplicamos la verdad bíblica en cuanto a los *shedim* y *daemonia*, la realidad de los espíritus activos y voluntarios —subyacentes a los dioses— al fenómeno del rey-dios? Eso nos lleva a la conclusión de que el rey-dios no sería simplemente un rey o líder que se asocia con un dios, sino un dios o espíritu que se asocia con un líder o rey. Porque los *shedim* y los *daemonia* son, después de todo, espíritus poseedores.

¿Y qué pasa si sumamos la parábola de los espíritus a la ecuación? Llevaría a la conclusión y a la advertencia de que si alguna nación o civilización que ha conocido a Dios, habiendo sido liberada de los dioses por el poder de su Espíritu y su Palabra, se aleja de él, se expondría no solo a la vuelta de los dioses, sino también al regreso de los reyes-dioses.

EL REGRESO DE LOS AVATARES

Por eso no es casual que aquellas naciones y culturas que se alejaron dramáticamente de Dios para abrazar ideologías poscristianas —como el comunismo, el fascismo y el nazismo— sean las mismas que otorgaron con mayor pasión y sensibilidad a sus gobiernos y gobernantes autoridades, auras y poderes semejantes a los de los dioses. Es más, sus líderes gobernaron como los reyes-dioses de la era poscristiana.

Así como Estados Unidos de América y Occidente no son inmunes al fenómeno de los dioses, tampoco están exentos del fenómeno de los reyes-dioses. En efecto, son especialmente vulnerables. ¿Es posible entonces que el alejamiento de Dios por parte de Estados Unidos se manifieste en el regreso del rey-dios —un líder que lleva la imagen y semejanza de una deidad, una representación de un dios o diosa—, un avatar?

Ahora abramos el misterio del avatar estadounidense.

Capítulo 56

EL AVATAR

AVATAR ES UNA palabra que deriva de dos raíces sánscritas: *ava*, que significa "hacia abajo", y *tara*, que significa "a través" o "cruzar". Se refiere al viaje descendente por el cual un dios cruza hacia otra forma o manifestación, el descenso de un dios a la tierra. Es un principio central del hinduismo.

DIOS ENCARNADO

En la parábola de los espíritus, el demonio desencarnado debe encontrar una "casa" para habitarla, un individuo para poseerlo.[1] Hemos visto en la adoración a los dioses —como en Cuba, Sudamérica, Nigeria e India— la creencia en la posesión y sus manifestaciones. En esos casos, a medida que el espíritu o dios habita el cuerpo del adorador, este asume la identidad del dios o del espíritu. El adorador adopta las características, amaneramientos y la psique del dios —actúa como el dios, habla como el dios, se mueve como el dios, se vuelve como el dios. El individuo poseído se convierte, en efecto, en un vaso del espíritu poseedor, un avatar del dios o diosa que habita en él. En el caso de un rey-dios, en su identificación total con la deidad, gobierna como avatar del dios que encarna.

EL AVATAR ENTRONADO

Lo que hace especialmente peligroso al rey-dios es, primero, que opera con autoridad semejante a la de un dios; y, segundo, que su identificación o posesión por el dios se manifiesta en el ámbito del gobierno. Así impacta a todo un pueblo, reino o nación. Y si detrás de los dioses hay espíritus, entonces él se convierte en un vaso a través del cual los espíritus ejercen dominio sobre un pueblo, una nación o una civilización.

¿Es posible entonces que un equivalente moderno del rey-dios pueda ser levantado por los dioses y espíritus para gobernar una nación que alguna vez conoció a Dios, pero se alejó? ¿Es posible que usen un vaso de carne y hueso para implementar su agenda y alcanzar su dominio? ¿Es posible que los espíritus poseedores, a través de alguien así, busquen la posesión de Estados Unidos?

FARAONES, REINAS Y DICTADORES

Cuando el faraón se enfrentó a Moisés y a los hebreos, lo hizo como agente de los dioses de Egipto. Cuando Acab y Jezabel persiguieron a Elías y a los profetas, lo hicieron en calidad de agentes de los dioses de Fenicia. Es más, eso se ve en Jezabel, un avatar de Ishtar, diosa de la inmoralidad y feroz destructora de sus enemigos. Cuando el dictador poscristiano Fidel Castro luchó contra Dios y su pueblo en la isla de Cuba, lo hizo imitando —sin saberlo— al dios santero Changó, incluso hasta el día de su entierro. Si surgiera un equivalente estadounidense de los antiguos reyes-dioses, uno que manifestara su imagen, implementara su agenda y sirviera como su agente, ¿cómo sería ese surgimiento?

EL VASO ELEGIDO

Los dioses, en su lucha por el dominio, buscarían a alguien que también luchara por el dominio. Intentarían erigir y colocar a esa persona en los puestos más altos de poder. Buscarían a alguien que sirviera a su agenda y se opusiera a los propósitos de Dios. No importa si esa persona servía a los dioses consciente o inconscientemente, solo que estuviera dispuesto a ser usado.

Y si ya estaba conectado al ámbito de los dioses, esa persona estaría especialmente apta para convertirse, como los antiguos reyes-dioses, en una representación, encarnación, agente y avatar.

¿Ha aparecido alguien así? Y si es así, ¿quién sería?

Capítulo 57

LA CASA DE LOS BRAHMANES

¿QUÉ PASARÍA SI el modelo de los antiguos reyes que está detrás de los modernos líderes políticos americanos fuera aún más profundo? ¿Qué sucedería si detrás de una máscara hubiera otra? ¿Y qué ocurriría si la quitáramos?

DETRÁS DE ATALÍA

En la batalla de Kamala Harris contra Donald J. Trump estaba el modelo de Jezabel. Pero detrás de eso estaba el rol principal de Harris como Atalía. ¿Y si detrás del misterio de Atalía hubiera algo aún más profundo? Atalía, al igual que su madre, estaba profundamente unida a los espíritus y los dioses de la antigua Fenicia. Ella servía como su agente, su defensora, su vaso y su vengadora. ¿Y si la Atalía moderna también estuviera conectada con los dioses? ¿Y si estuviera vinculada a un dios en particular?

EL DIOS DE LOS AVATARES

La palabra *avatar* está más asociada con un dios que con cualquier otro: el dios Vishnú, el segundo de las tres deidades principales del hinduismo. Vishnú es venerado como el sustentador del universo. Entre todos los dioses del panteón hindú, Vishnú es especialmente conocido por manifestarse en forma de avatares.[1]

Más allá de sus avatares espirituales, Vishnú apareció en avatares de carne y hueso. El primero de estos fue llamado *Vamana*. En Vamana, Vishnú nació en la casa sacerdotal de los brahmanes.[2] Vishnú también se encarnó como el guerrero-sabio Parashurama, que también nació en la casa de los brahmanes.[3] Y la última encarnación profetizada de Vishnú será Kalki, que también nacerá en una casa brahmán.[4]

LA CASA DE LOS AVATARES

Los brahmanes representan la casta más alta en el hinduismo. Fungen como ministros de los dioses, oficiando en los templos hindúes, presidiendo los ritos y ceremonias, y ofreciendo sacrificios a las deidades hindúes.[5] Se cree que tienen un acceso especial a los dioses y sirven como mediadores entre estos y el pueblo. Se dice que los brahmanes son especialmente favorecidos por los dioses y sus casas, siendo elegidos especialmente para el nacimiento de los avatares. Como la casta más alta, los brahmanes proporcionan al avatar la mejor plataforma para ejercer poder e influencia en el mundo. Por eso se cree que la casa de los brahmanes es la más propicia para la llegada de los avatares al mundo.

LA HIJA DE LOS BRAHMANES

Entre los que nacieron en la casa de los brahmanes, la casa de los avatares, estuvo Kamala Harris.[6] En el hinduismo se cree que las diosas aparecen como avatares en forma de mujer.[7] Una de ellas fue la esposa misma de Vishnú. ¿Es posible entonces que la hija nacida de los brahmanes, en la casa de los avatares, llamada Kamala, pueda ser usada como un vaso de los dioses? ¿Y qué significaría si ella llegara a ocupar el más alto puesto de poder en la nación, como en tiempos antiguos lo hicieron los reyes-dioses?

Para descubrir el significado de ello, debemos abrir el misterio del loto.

Capítulo 58

EL LOTO

EN EL ESTADO de Tamil Nadu, al sur de India, en el pequeño pueblo de Thulasendrapuram, los habitantes se reunían en su templo para orar fervientemente a sus dioses.

UNA ORACIÓN A SHIVA

Los adoradores ofrecían sus plegarias ante sus ídolos mientras el sacerdote hindú levantaba una llama ante uno de sus dioses. Se habían reunido para orar por el resultado de las elecciones presidenciales estadounidenses de 2024. Oraban a los dioses para que concedieran la victoria a Kamala Harris. Un artículo registró las palabras del sacerdote hindú que dirigió las oraciones:

> Nuestra deidad es un dios muy poderoso. Si le oramos bien, ella saldrá victoriosa.[1]

Su dios "muy poderoso" era Shiva, el señor hindú de la destrucción.[2]

EL TEMPLO DE KAMALA

Harris, en efecto, estaba conectada con ese templo. Fue construido en su pueblo ancestral. En una de sus paredes, entre los nombres de los patrocinadores del templo, estaba grabado su nombre.[3] En los días de Jehú, los adoradores de los dioses y las diosas, sin duda, habrían orado en sus templos a favor de Jezabel y Atalía. No habrían orado por Jehú, que se oponía a los dioses e ídolos que ellos adoraban, sino contra él. Así que las oraciones elevadas a los dioses en ese templo hindú fueron para procurar la victoria de Harris y la derrota del Jehú americano, Donald Trump. Lo que ocurrió allí, en el templo de Thulasendrapuram, se unió al misterio de Kamala Harris.

LA ENTRADA ORIENTAL

Cuando Israel se apartó de Dios, se volvió a adorar a los dioses de las naciones que lo rodeaban. No es casualidad entonces que, al mismo tiempo que Estados Unidos comenzó a alejarse de Dios, quitándolo de su cultura y desechándolo de su vida nacional, también comenzó a abrirse a los dioses del mundo pagano. Esa apertura trajo el regreso de los antiguos dioses y espíritus de la civilización occidental, como escribí en *El regreso de los dioses*; pero también permitió la entrada de otros dioses, a la vez que la aceptación de ellos aumentó. Al mismo tiempo que Occidente se apartó de Dios, empezó a volverse hacia los dioses de Oriente. Así como Israel se apartó de Dios y buscó a los dioses de otras naciones, Estados Unidos se volvió hacia los dioses de otras culturas, hacia los de India, la mayor reserva natural del mundo de dioses paganos.

BIENVENIDA A LOS OTROS

La casa, vacía de Dios, no quedará desocupada. Otros entrarán en ella. Por eso no es casualidad que en la misma década en que Dios fue expulsado de la vida pública estadounidense, en los años sesenta, también haya crecido la aceptación y la popularidad de religiones, cultos, dioses e ideas orientales por parte de los americanos. Fue entonces cuando creencias como el karma, la reencarnación, el panteísmo, la divinidad del yo y la espiritualidad de la Nueva Era, tal cual las prácticas como el yoga, la meditación trascendental y el canto de mantras, comenzaron a arraigarse en Occidente. En el mismo grado en que Israel se alejó de Dios, Estados Unidos se dispuso a abrazar a los dioses paganos del Medio Oriente. Y en la misma medida en que Estados Unidos de América y Occidente se apartaron de Dios, se dispusieron a acoger a los dioses, creencias y prácticas del paganismo oriental.

LA FLOR DE LOS DIOSES

En India, la flor de loto es venerada como sagrada, es símbolo de iluminación, pureza, nacimiento, renacimiento, reencarnación, vida, fertilidad y eternidad. El loto aparece en muchas escrituras hindúes y se ha convertido en símbolo de la religión y espiritualidad oriental, especialmente del hinduismo, el budismo y el jainismo.[4] Varios de los dioses hindúes más importantes son representados sentados y reinando desde una flor de loto. Se dice que el universo mismo nació de un loto que creció de uno de los dioses.[5] Como uno de los símbolos más sagrados del hinduismo, el loto está profundamente unido a los dioses y diosas de Oriente.

KAMALA

En la Biblia, el nombre de una persona a menudo tiene gran significado, frecuentemente profético, anticipando el llamado o destino de la persona. El patriarca Abraham sería el progenitor de los pueblos judío y árabe. Su nombre significa "padre de muchos".[6] El héroe Gedeón derrotó al ejército de Madián.[7] Su nombre significa "el que derriba". Rut se convirtió en amiga fiel de la viuda israelita Noemí. Su nombre significa "amiga".[8]

Loto es una palabra inglesa derivada del griego. Por supuesto, no aparece tal cual en el idioma de los dioses hindúes. En las escrituras hindúes, el loto, símbolo de la religión oriental y específicamente de sus dioses y diosas, aparece en su forma original sánscrita como Kamal o Kamala.[9]

LA SEÑAL DE LA PARTIDA

Así como los antiguos reyes-dioses representaban a las deidades y los panteones de sus reinos, la niña nacida en la casa de los brahmanes, Kamala Harris, recibió un nombre que representa a los dioses y al panteón de oriente. Y tal como Jezabel y Atalía representaban a los dioses de Fenicia, Kamala, por virtud de su nombre, representa a los dioses de India. Se le dio ese nombre al nacer, en 1964.[10] Ese fue un momento clave en la trayectoria espiritual de Estados Unidos. Justo después del comienzo de la expulsión de Dios de la vida pública estadounidense y al borde de la masiva entrada de dioses y religiones orientales en la nación. Así que para el mundo oriental, el nombre Kamala —el loto— evoca dioses y diosas, pero para Occidente, representa la partida de Dios y su posterior caída en la apostasía. Por tanto, ¿qué significaría el surgimiento de alguien que lleva ese nombre?

Para encontrar la respuesta, debemos profundizar aún más.

Capítulo 59

LA DIOSA

EL NOMBRE *LOTO* abarca a todos los dioses y diosas del hinduismo, e incluso al propio hinduismo. Pero ¿podría el misterio ser aún más específico que eso?

LA DIOSA LAKSHMI

El avatar encarnaría a un dios o diosa en particular. Entre las más centrales y prominentes de las deidades hindúes está la diosa Lakshmi. Ella es una de las deidades hindúes más veneradas y adoradas.[1] Suele representarse como una reina sentada en un trono, rodeada de elefantes, con cuatro brazos y adorada como la diosa de la fortuna, la belleza, la prosperidad, el amor, la fertilidad y el poder.[2]

LA DIOSA DE LOS AVATARES

Al igual que Vishnú, Lakshmi es conocida por sus encarnaciones y avatares. Es más, Lakshmi y Vishnú, el dios de los avatares, son amantes. Así que Lakshmi es conocida a través de sus muchos avatares. Cuando Vishnú viene al mundo en forma de avatar, Lakshmi desciende igualmente a la tierra y renace como su propio avatar. De modo que los avatares de Vishnú suelen estar acompañados por los de Lakshmi. Se decía, por ejemplo, que la diosa nació como el avatar Dharani para ser la esposa del avatar brahmán y guerrero de Vishnú, Parashurama, y como el avatar Sita para ser la amada del avatar guerrero y rey Vishnú, Rama, entre muchos otros. El avatar de uno seguía después del avatar del otro.[3]

LA DAMA DEL LOTO

A Lakshmi se la representa típicamente sentada sobre un loto. Reina desde un trono hecho de loto. Lleva una guirnalda de lotos. Se la describe como aquella cuyo rostro es un loto, cuyos ojos son tan bellos como el loto, en cuyas manos está el loto, que habita en el loto y que del loto ha nacido. Tan grande es la asociación de esta diosa en particular con esa flor, que ella misma lleva el nombre *Loto* o *La del*

Loto.[4] La diosa es así conocida por el nombre Kamalātmikā o Kamala. Lakshmi es Kamala y Kamala es Lakshmi.[5]

De modo que a Kamala Harris se le asignó su nombre en honor a una deidad, una diosa que reina desde el trono de loto, la diosa Kamala. Mientras ascendía al poder, la mayoría de los estadounidenses tuvo que aprender a pronunciar su nombre. No tenían idea de que lo que estaban pronunciando era el nombre de una diosa. Cuando sus seguidores coreaban alabanzas a su nombre, sin saberlo, repetían la alabanza y adoración a la diosa.

KAMALA LA DIOSA

Pero había más. La palabra sánscrita para "diosa" es *devi*, la forma femenina de *deva* y significa "los resplandecientes". Devi puede, más concretamente, referirse a la diosa madre primordial del hinduismo, Devi, que aparece, entre otras diosas, como Lakshmi o Kamala. Las diosas del panteón hindú también son identificadas por el mismo nombre: Devi.[6]

Al nacer, Kamala Harris no recibió un solo nombre, sino dos. Su segundo nombre de pila fue *Devi.* Así, fue nombrada Diosa.

El avatar del hinduismo está completamente unido al dios o diosa que encarna. La persona que es habitada por una diosa llega a ser como la diosa. Del mismo modo, los reyes-dioses avatares del mundo antiguo a menudo llevaban el nombre de la deidad que manifestaban. Kamala Harris llevaba el nombre de una diosa antigua que también era conocida por el nombre *Devi.* Así, la mujer nacida en la casa de los brahmanes, la casa de los avatares, fue llamada Kamala Devi, que se traduce como "Kamala la Diosa".[7] El avatar es uno con el dios que encarna.

Así como los antiguos reyes-dioses eran conocidos como la imagen viviente de los dioses que personificaban y manifestaban, ¿es posible que la mujer conocida como Kamala la Diosa llevara la imagen de aquella cuyo nombre portaba? ¿Es posible que su vida fuera conformada a la semejanza de la diosa?

Capítulo 60

EL GOPALAN

¿PODRÍA LA CASA en la que nació Kamala Harris guardar más secretos relacionados con los dioses y los avatares?

MAYA

La palabra sánscrita para "ilusión" es *maya*. El término *maya* representa la creencia hindú de que el mundo y el yo están separados de la unidad subyacente de la realidad y que, por lo tanto, existen en una ilusión cósmica.[1] Como diosa de la fortuna y del deseo terrenal, Lakshmi —o Kamala— está unida a maya.

Menos de tres años después del nacimiento de Harris, a quien se le dio el nombre Kamala, le nació una hermana. A ella le dieron el nombre *Maya*. Así como en el panteón de los dioses orientales la diosa Kamala/Lakshmi está unida a la ilusión (maya), también en la casa donde nació, Kamala estuvo unida a Maya. Y, para que la conexión no pasara inadvertida, el segundo nombre de Maya es Lakshmi.[2]

KRISHNA, EL AVATAR

Así como Vishnú es especialmente el dios de los avatares, Harris fue nombrada en honor a la amante de Vishnú, diosa de los avatares femeninos que acompañaban a los avatares masculinos de Vishnú. El más venerado de todos los avatares de Vishnú es Krishna.[3] Krishna es el dios embaucador que volcó el carro de cuatro ruedas, el mismo que mencioné en el relato de nuestra experiencia cercana a la muerte en el camino de Agra a Nueva Delhi.

El año después del nacimiento de Harris, se fundó en la ciudad de Nueva York la Sociedad Internacional para la Conciencia de Krishna. Esta sociedad se convertiría en un canal central a través del cual la adoración a Krishna se difundiría a Estados Unidos y a Occidente. La casa en la que nació Harris tendría así una conexión especial con el dios embaucador.

EL GOPALA

Los escritos hindúes describen a Krishna jugando con vacas y guiándolas. Por ello se le dio el nombre *Gopala*, que significa "El tierno" o "El protector de las vacas".[4] De ese nombre asignado a Krishna proviene el apellido indio Gopalan. La madre de Harris pertenece al linaje de los Gopalan.[5] Así, Harris nació en una casa que llevaba el nombre de un dios hindú. En su apellido hindú, Harris llevaba el nombre de un dios, y en su primero y segundo nombre, el de una diosa. A esto se suma que la diosa en cuyo honor fue nombrada Harris estaba a su vez vinculada a Krishna, el dios del cual provenía el nombre de su familia. El avatar de esta diosa era la amante de Krishna y era conocida como una *gopi*, seguidora del dios *Gopala*.

LA CASA DEL AVATAR

Pero había más. Krishna no era solamente un dios; era un avatar, la manifestación en la tierra del dios Vishnú. Por tanto, el nombre Gopalan hace referencia a un avatar. Harris descendía de la línea de los Gopalan, nacida en la casa del avatar.

Y esta no era su única conexión con los avatares. Así como Krishna no era solamente un dios sino el avatar de otro dios, también Kamala —nombre que Harris llevaba— no era solamente una diosa, sino el avatar de otra deidad. Kamala era la manifestación terrenal de Lakshmi. De este modo, Harris nació tanto en la casa de un dios-avatar como con el nombre de una diosa-avatar. Desde el principio, estuvo impregnada del misterio del avatar.

¿Es posible que detrás de los orígenes y el ascenso de Kamala Harris se encuentren los *orígenes* y el *ascenso* de una diosa antigua?

Capítulo 61

LA DAMA DE LAS AGUAS

El mito de origen de la diosa Kamala, la historia de su ascenso, la vincula con el *Samudra Manthan*, el *Océano de Leche*. El título encierra la clave de la historia.

ORIGEN DE LA DIOSA

Según el relato, el dios guerrero hindú Indra fue encargado de proteger el universo. Por un acto de descuido, perdió sus poderes, al igual que los demás dioses. Entonces el universo fue tomado por los asuras, espíritus malignos o demonios. Los dioses acudieron a Vishnú para pedirle consejo sobre cómo podrían vencer a los asuras. Él les dijo que agitaran las aguas del Océano de Leche para obtener el néctar de la vida inmortal.

Los dioses engañaron a los asuras para que los ayudaran a batir las aguas. Usando una serpiente gigante como cuerda, dioses y demonios comenzaron a agitar las aguas lechosas. Durante años y eras continuaron batiendo, sin ver más que espuma y burbujas del océano. Finalmente, el océano comenzó a dar sus tesoros. El más importante de ellos fue la diosa Kamala.[1] De la espuma del océano, comenzó a elevarse la diosa, sentada sobre un loto y con un loto en la mano. Con su ayuda, los dioses derrotaron a los asuras y el mundo fue restaurado.[2] Por esta razón, la diosa Kamala/Lakshmi pasó a ser conocida como Jaladhija, "la nacida del océano" y "la hija de las aguas".[3]

LA HIJA DEL OCÉANO

¿Podría la vida de Kamala Harris, como una "imagen viviente" de la diosa, reflejar los orígenes de esta? Y si el "nacimiento" de la diosa Kamala estuvo conectado a las aguas del océano, ¿podría pasar igual con el nacimiento de la mujer Kamala? Harris nació en Oakland, California.[4] Oakland es una ciudad situada junto a las aguas. Se encuentra al este de la bahía de San Francisco, y la bahía, a su vez, está en el lado oriental del océano Pacífico. Así como la llegada de la diosa Kamala al mundo estuvo unida a las aguas, también la entrada al mundo de la mujer Kamala estuvo vinculada a las aguas.

LAS AGUAS LECHOSAS

Después de llegar al mundo, Harris pasó los primeros algunos años de su infancia en Berkeley, California, no muy lejos de Oakland.[5] Berkeley también se encuentra junto a las aguas de la bahía de San Francisco. En esta bahía se pueden encontrar conchas; entre ellas, la vieira. Las conchas, y en particular la vieira, están especialmente asociadas con la diosa Lakshmi.[6]

El mito del nacimiento de la diosa incluye el hecho de batir la espuma del océano, de donde emergió y por la cual fue levantada por primera vez en su trono de loto. Así también, las aguas de la bahía de San Francisco, junto a las cuales Kamala Harris apareció por primera vez y luego creció, son conocidas igualmente por la espuma y la agitación que producen.[7]

EL ASCENSO OCEÁNICO

El mito de origen de la diosa no solo habla de su nacimiento, sino de su ascenso. Ambas cosas comenzaron en las aguas. ¿Podría entonces el ascenso de la diosa Kamala estar detrás del ascenso de la mujer Kamala? ¿Podría el ascenso de Harris a las más altas cumbres del poder político haber *nacido también del océano*?

Fue en la bahía de San Francisco donde Harris entró por primera vez en los pasillos del gobierno, convirtiéndose en fiscal adjunta, luego fiscal asistente y, en 2003, fiscal de distrito de San Francisco.[8] Su ascenso al cargo de fiscal general, luego al Senado de Estados Unidos y después a la Casa Blanca, comenzó en San Francisco.[9] Así, el ascenso de la mujer Kamala empezó, como en el caso de la diosa Kamala, en medio de las aguas, como alguien *nacida del océano.*

El misterio de la diosa estaba relacionado con el poder. ¿Podría estar detrás del extraño ascenso de Kamala Harris hasta la más alta casa del gobierno estadounidense?

Capítulo 62

LA REINA CÓSMICA Y EL DIOS DURMIENTE

EL ASCENSO DE Kamala Harris a las alturas del poder político en Estados Unidos parecía poco probable. Su primer intento de postularse a la presidencia se desvaneció rápidamente ante el escaso apoyo y la falta de financiamiento.[1] Y, sin embargo, cuando ya parecía no haber esperanza alguna de cumplir sus aspiraciones presidenciales, de repente fue impulsada hasta la Casa Blanca. ¿Pudo haber existido otra fuerza actuando detrás de su ascenso, en la esfera de los dioses?

LA DIOSA DEL PODER GUBERNAMENTAL

La diosa Lakshmi estaba vinculada con el poder, en concreto con el poder gubernamental. Era adorada como consorte de reyes, incluidos algunos de los más poderosos dioses reinantes del hinduismo, así como a varias divinidades menores.[2] Si detrás de Kamala Harris se oculta el misterio de esta diosa, ¿es posible que la conexión de la deidad con el poder gubernamental haya estado detrás del improbable ascenso de Harris a las más altas esferas del poder político?

SEGUNDA EN EL TRONO CÓSMICO

La diosa estaba más estrechamente asociada con Vishnú. Según la mitología hindú, fue por medio de Vishnú que el universo llegó a existir. Es adorado como uno de los seres supremos del hinduismo: el Preservador, el Señor del mundo, sustentador del universo y guardián del orden cósmico.[3] Junto al trono adornado de joyas de Vishnú, se encuentra el trono de loto de la diosa, desde el cual ella reina a su lado.[4]

Así como la diosa gobernaba en el trono más alto, al lado del rey hindú de la creación, ¿es posible que quien llevaba el nombre de la diosa estuviera destinada a gobernar junto al presidente, el líder supremo del gobierno estadounidense? Y así como la diosa reinaba como segunda en el mando cósmico, a la par del Señor del mundo hinduista, ¿es posible que quien portaba su nombre también estuviera destinada a ser la segunda al mando en Estados Unidos?

LA MAMALAH CÓSMICA

Durante su vicepresidencia, y mucho antes de ser considerada candidata a la presidencia, Harris apareció en un programa de televisión transmitido a nivel nacional en el que ocurrió un intercambio llamativo. La presentadora le dijo: "Necesitamos que seas la *Mamalah* del país".[5] Con eso le estaba pidiendo que fuera la "Madre" de la nación. El uso de esas palabras para referirse a un líder estadounidense era algo sin precedentes, por lo que el momento resultó particularmente incómodo. Pero, ¿pudo eso haber tenido un significado no intencional aunque revelador?

La diosa era conocida como la Gran Madre o, en otras palabras, la Mamalah. Así como a Vishnú se le llamaba "Señor del mundo", su consorte y corregente era llamada "Madre del mundo".[6] Para los millones que vieron aquella entrevista, las palabras de la presentadora parecieron extrañas y fuera de lugar, pero en realidad estaban en perfecta armonía con la deidad que estaría detrás de Kamala Harris: la gran diosa Mamalah.

VISHNÚ DORMILÓN

Contrario a lo que podríamos esperar, en la pareja formada por la diosa y el dios gobernante Vishnú, es este quien aparece en gran parte pasivo, mientras que la diosa es la más activa.[7] De manera similar, en la pareja política formada por Harris y el presidente Biden, era este quien —para muchos— se mostraba pasivo, mientras Harris parecía la más enérgica de los dos. Trump incluso lo apodó "Sleepy Joe"[8] (Joe el dormilón). A la luz del panteón hindú, este apodo es notable, pues Vishnú era conocido como el "dios durmiente", aquel que caía en el yog nidra, el sueño cósmico.

Mientras el "rey de la creación" duerme, Lakshmi/Kamala, en efecto, desempeña su papel como sustentadora del universo, compensando y cubriendo a su "Vishnú dormido".

Y, sin embargo, la diosa tenía otro lado, otra personalidad y otro rostro muy diferente al que mostraba como Lakshmi. Era un lado más oscuro, especialmente representado en su manifestación como Kamala.

Capítulo 63

LA MAHAVIDYA

HEMOS IDO QUITANDO una máscara tras otra, un rostro y una identidad después de la siguiente. Ahora quitemos la máscara de la propia diosa.

LA MANIFESTACIÓN DE LA DEVI

En el panteón del hinduismo, la diosa que está por encima de todas las demás se conoce como la *Mahadevi*, la *Gran Diosa*, o simplemente la *Devi* ("la Diosa").[1] A las diez manifestaciones de la Devi se las llama Mahavidyas. La décima es la diosa Kamala.[2] Kamala es considerada la manifestación final de la Devi.[3] Como Mahavidya, no se la llama Lakshmi, sino solamente *Kamala*. Es en esta manifestación, como Kamala, en que se revela el otro lado, muy diferente, de la diosa del loto.

LA DIOSA POR SÍ MISMA

Como Lakshmi, la diosa es presentada al lado de Vishnú. Pero como Kamala, Vishnú desaparece en gran parte de la escena. Como Lakshmi, la diosa reina con el dios; pero como Kamala, no reina en conjunto, sino que reina sola desde el trono de loto. Como Kamala, pasa de ser la compañera de Vishnú, la segunda en el mando, la "número dos" cósmica, a convertirse, al parecer, en la primera al mando. En esta manifestación, el enfoque deja de estar en el dios y la diosa, y se concentra únicamente en la diosa.[4]

¿Es posible que esto también se oculte detrás del ascenso de Kamala Harris? ¿Podría el misterio haber determinado que la mujer que lleva el nombre de la diosa comenzara en la posición número dos de Estados Unidos —la vicepresidencia— y luego intentara ocupar la posición número uno: la presidencia?

La diosa Kamala eclipsa a Krishna para sentarse sola en su trono. De igual manera, Kamala eclipsaría al presidente bajo el cual fungió y aspiraría a ocupar su lugar. Así como Vishnú se desvanecía a la sombra de la diosa Kamala, el presidente Biden se desvanecería a la sombra de la mujer Kamala. Cabe señalar que este mismo patrón se manifestó en el caso de Atalía que, después de servir como segunda al mando, tomó para sí el trono del rey… pero ahora este patrón se presenta en el ámbito de los dioses.

LA DUALIDAD DE LA DIOSA

La transformación de la diosa no se limita al ámbito político o gubernamental. Como Kamala, Mahavidya —la diosa— no solo está separada del rey, sino también de su esposo y, en realidad, del contexto del matrimonio mismo. Como escribió un autor:

> En su calidad de Mahavidya, Kamala está… casi completamente apartada de los contextos maritales y domésticos.[5]

Como Kamala, la diosa Mahavidya, no actúa como esposa ni como madre, sino como deidad. Aquí radica la dualidad de la diosa: como Lakshmi, está unida a su esposo y cumple la función de esposa; pero como Kamala, su identidad prácticamente no tiene relación con los hombres ni con el matrimonio, la familia o los hijos. Es como si estuviera desprovista de todo ello.

Así que, en la dualidad de la diosa vemos la dualidad de Kamala Harris. Por un lado, esta estaba casada y formaba parte de una familia; pero, por el otro, actuaba como si estuviera desligada de ello. Representaba la agenda del feminismo radical, encarnada por la diosa Mahavidya Kamala, en la cual se minimiza el papel del hombre, del matrimonio, de la familia y de los hijos.

LA QUE REEMPLAZA

Como Kamala, la Mahavidya, la diosa no solo está separada de los dioses, sino que está por encima de ellos. Así lo describe un comentarista sobre las diosas Mahavidya:

> Su poder y autoridad no provienen de su asociación con deidades masculinas. Más bien, es su poder el que impregna a los dioses… Cuando aparecen deidades masculinas, casi siempre juegan roles de apoyo… y son presentadas como figuras subordinadas”.[6]

Como Kamala, la diosa se aparta de su papel de Lakshmi, en apoyo a su compañero masculino. Así también cabría esperar que la mujer Kamala hiciera lo mismo. Alejándose de su rol de apoyo y subordinación a un líder masculino —en este caso, el presidente—, Kamala Harris ahora aspiraba a la presidencia, sin estar subordinada a nadie. Los hombres que la rodeaban, incluido su compañero de fórmula, parecían estar, o realmente estaban, en posición subordinada. Y, como la diosa Kamala, ahora encarnaba el poder y la autoridad femeninos en el gobierno, por encima de todos.

UNA DIOSA PARA DIOS

Como Mahavidya, la diosa Kamala asumía atributos, funciones y roles tradicionalmente asociados con los hombres, como el de guerrera y vencedora. Así también, la mujer que llevaba el nombre Kamala promovería una agenda en la que los roles de género fueran revertidos, distorsionados, transformados, fusionados o sustituidos. Torcer y anular las distinciones es característico del paganismo: borrar la diferencia entre Dios y el universo, entre el hombre y el animal, entre la materia y el espíritu, entre el hombre y la mujer, entre el bien y el mal. El tema de género no es más que un síntoma. Por eso, el ascenso de la mujer llamada "Diosa" no tenía que ver solo con una mujer reemplazando a un hombre; en última instancia, se trataba de un espíritu pagano reemplazando el espíritu bíblico, del reemplazo de Dios por los dioses.

Y, sin embargo, incluso esto ocultaba algo más profundo. Para encontrarlo, debemos quitar todavía otra máscara.

Capítulo 64

EL COLLAR DE CALAVERAS

De entre las diez diosas Mahavidya, Kamala podría parecer una de las más benignas. Pero las apariencias pueden engañar.

LO TERRIBLE

La "Gran Diosa" del hinduismo, Devi, que está detrás de las Mahavidyas —y de la cual una es Kamala— también es llamada Shakti. La Devi o Shakti es considerada igualmente la misma diosa que *Kali*. Kali es la temible diosa hindú de la muerte y la destrucción. Suele representarse empuñando una espada en una mano y, en otra de sus múltiples manos, la cabeza decapitada de su enemigo. Se la muestra ebria con la sangre de sus víctimas.[1] Así, que detrás de Kamala está la Devi, también conocida como Shakti y Kali. Por tanto, está escrito:

> Como Mahavidya, Kamala también ha llegado a ser asociada con cualidades temibles … Sus cientos y miles de nombres en el texto litúrgico hindú llamado *Sakta-pramoda,* la llaman —por ejemplo— Klartri [Kalaratri] (un nombre temible para la diosa Kali)".[2]

Por lo tanto, detrás de la apariencia benigna e inofensiva de Kamala se oculta algo oscuro y aterrador.

LA VENCEDORA DE SUS ENEMIGOS

¿Podría la dicotomía de la diosa Kamala estar detrás de la dualidad de la mujer que lleva su nombre? Es importante recordar que su nombre completo no era solo Kamala, sino Kamala Devi. Y Devi no solo significa "diosa", sino que se refiere específicamente a la Devi, la diosa primordial del panteón hindú, identificada también como Shakti y Kali. En Kamala Devi Harris había una dualidad semejante: por un lado, se mostraba benigna; pero por otro, bajo su apariencia inofensiva, se escondía algo muy distinto.

En uno de sus himnos, la diosa Kamala es identificada como la "Vencedora de Madhu y Kaitabha, Vencedora de Sumbha y Nisumbha".[3]

Al igual que Kali, la diosa Kamala era una vencedora, una fiera destructora de sus enemigos. Del mismo modo, el otro lado de Kamala Harris era combativo: también vencía a sus adversarios. Como fiscal, levantaba acusaciones contra quienes consideraba enemigos y buscaba su castigo. Así como la diosa Kamala mataba demonios, la mujer Kamala buscaba "matar" —en sentido político y legal— a aquellos que ella demonizaba, ya fuera con razón o sin ella. En su lucha por la presidencia, haría lo mismo para demonizar y, en efecto, "aniquilar" a su oponente, Donald Trump.

EL BHIMA, EL TAMASI Y EL GHORA

En los himnos dedicados a la diosa Kamala aparecen otras palabras, títulos y descripciones notables, varios de ellos propios de la diosa Kali. Uno de sus títulos es Bhima, que significa "la Terrible". Otro es Tamasi, que quiere decir "la Oscura". También se le llama Ghora, "la Espantosa".[4] La dicotomía de estos títulos otorgados a la diosa Kamala —ocultos bajo una apariencia benigna— podía encontrarse también en la mujer Kamala. Bajo la imagen inofensiva de Harris había una agenda que defendía la matanza sin límites de niños no nacidos. Ningún otro tema encendía tanto su pasión. En este sentido, ella representaba lo que es espantoso, terrible y de las tinieblas.

EL MUNDAMALA

El *mundamala* es un collar hecho de calaveras humanas.[5] Está asociado con la Devi y puede verse en las representaciones hindúes de Kali.[6] En los himnos de Kamala, la diosa es conocida como "La que lleva una guirnalda de calaveras".[7] El collar se usa para adornar o embellecer a quien lo porta. La diosa Kamala usa el *mundamala*, un collar de calaveras. De manera semejante, la mujer Kamala se adornó con la causa del aborto como si fuera algo digno de elogio y admiración. Pero esa causa implicaba la destrucción de vidas humanas. Era la joya de la Mahavidya, un adorno de muerte: un collar de calaveras.

Ahora abrimos una de las manifestaciones más extrañas de la diosa y uno de sus cumplimientos más insólitos.

Capítulo 65

LA RISA QUE PRECEDE A LA CAÍDA

De todos los rasgos por los cuales Kamala Harris llegaría a ser conocida, hubo uno que parecía especialmente extraño e incongruente. Y, sin embargo, incluso este guardaba una inquietante conexión con la antigua diosa.

KAMALA LA RISUEÑA

Su risa de convirtió en un tema singular durante su campaña presidencial. Parecía incapaz de pasar por un evento informal o una conversación sin reírse. Pero no era solo la frecuencia, sino el contexto en que soltaba la carcajada. Reía cuando le preguntaban por la economía.[1] Reía cuando le preguntaban por los refugiados.[2] Reía en momentos en los que era inapropiado y anormal reír. Su risa era tan incongruente que suscitaba preguntas de muchos observadores, críticas de sus opositores y preocupación entre sus seguidores.[3] Era tan curiosa y llamativa que se volvió un meme en internet.[4] Llegó a ser conocida como "Kamala la risueña".[5]

Pero ¿podría este extraño rasgo de una figura política contemporánea estar conectado con el misterio de los dioses y los avatares?

LA DIOSA QUE RÍE

La extraña risa de Kamala Harris aparece en el panteón oriental. Uno de los conceptos básicos del hinduismo es el de la Diosa que ríe. A Harris le fue dado el segundo nombre Devi. Como ya hemos visto, aunque la palabra puede significar "diosa", en general, corresponde específicamente al nombre de una diosa particular: Devi, la diosa primordial de la religión oriental que se manifiesta en las deidades femeninas del panteón hindú. Harris recibió el nombre Devi, la que se manifiesta no solo en la forma de la diosa Kamala, sino también en la forma de la diosa que ríe del hinduismo.

ATTAHASA, LA RISA DE LA DEVI

El antiguo texto hindú conocido como *Devi Mahatmya* o la *gloria de Devi,* es más específico. Devi, en la forma de la diosa Durga, que derrota a su enemigo Mahashasura. El texto describe la estrategia de Devi como attahasa, es decir, risa fuerte, risa estrepitosa:

> Comenzó a rugir. Comenzó a emitir attahasa [risa], una y otra vez… El cielo entero se llenó con el fuerte sonido de su attahasa [risa]. Y resonaba. De gran manera resonaba su attahasa [risa]. Todos los mundos se agitaron… Viendo todo esto, el cielo se llenó con el attahasa de Devi [la risa de Devi].[6]

Así, el *Devi Mahatmya* identifica a Devi como la diosa primordial del attahasa: risa fuerte, extrema y rugiente. Kamala Harris, por tanto, lleva el nombre de la diosa suprema y cósmica que ríe.

LA DÉCIMA EMANACIÓN

Entre las manifestaciones más prominentes y aterradoras de *la diosa que ríe se encuentra Kali.* Como hemos visto, la diosa Kamala está conectada de manera específica con la diosa Kali. La siguiente cita une cada uno de los puntos del misterio:

> *Kamala* ("el loto"):
> *La décima de las diez Mahāvidyās…*
> Las diez Mahāvidyās son las emanaciones de Mahākālī, la diosa del tiempo y la muerte.
> Ella es representada como una diosa temible que ríe.[7]

En otras palabras, la diosa Kamala, como una Mahavidya, es una emanación de la diosa Mahakali o la Gran Kali, la diosa temible que ríe. Así, Kamala es una emanación de la diosa aterradora y riente. Por tanto, la mujer llamada *Kamala Devi*, de entre todas las personas en el escenario estadounidense y mundial, se haría especialmente conocida por este atributo único: una extraña risa.

EL SONIDO DE LA DESTRUCCIÓN

Lo que hacía más llamativa la risa de la diosa no era solo su magnitud, sino el contexto. La risa de la diosa era extrañamente incongruente con su entorno. De igual manera, la extraña e incongruente risa de Kamala Devi Harris seguía el patrón de la antigua diosa. El sonido de la diosa que ríe estaba vinculado a la guerra, el terror y la violencia. Un relato describe a dos guerreros que cometieron el error de acercarse a la diosa temible que reía:

> [Ellos] se encontraron con la *diosa que reía espantosamente* y tenía la lengua extendida. Tras ser asesinados...[8]

Así, el sonido de la diosa que ríe se relacionaba con la destrucción. Lo último que oían sus enemigos antes de ser aniquilados era el sonido de su risa.

EL AVATAR QUE RÍE

Como fiscal de distrito, Harris supervisó y dirigió el juicio y condena de Jamal Trulove por homicidio. Fue sentenciado a cincuenta años de prisión. Más tarde se dictaminó que era inocente, por lo que la condena fue anulada. De manera llamativa, Trulove relataría después que, al leerse el veredicto, Harris "soltó una carcajada".[9] Así como la diosa que ríe lo hacía ante la destrucción de sus enemigos, también lo hacía la mujer que lleva su nombre actualmente. Insisto, el misterio se cumplía: la diosa que ríe tendría un avatar que ríe.

Ahora debemos adentrarnos aún más en el origen de la diosa y el de su avatar. Lo que se revelará, a la luz del misterio, no es menos que asombroso.

Capítulo 66

EL DÍA DEDICADO A LA DIOSA

Es uno de los días más importantes del calendario hindú, un día de ritos y ceremonias, celebración y adoración. Es un día que tiene gran significado para el presente y para Estados Unidos de América.

SHARAD PURNIMA

Se llama *Sharad Purnima*. Se celebra en la primera luna llena del otoño. En ese día, los ídolos de los dioses y diosas hindúes se visten de blanco para simbolizar el brillo de la luna. Aunque muchos dioses son adorados en Sharad Purnima, la festividad se dedica especialmente a uno: es el día de veneración a la diosa Lakshmi/Kamala.[1]

En Sharad Purnima, los devotos se bañan en los ríos para alcanzar la pureza. Algunos ayunan. Los hogares se decoran con pinturas en el piso y con flores. Se distribuye y comparte comida sagrada. Se elevan oraciones y se recitan mantras.

EL ÍDOLO EN EL HOGAR

Sharad Purnima no está completo sin la presencia tangible de la diosa. Su ídolo es central en los rituales. Los adoradores lo visten con ropas y joyas suntuosas. Luego se coloca típicamente en un altar especialmente preparado dentro del hogar. Se presentan ofrendas al ídolo: frutas y dulces hechos de leche y arroz. Y como Lakshmi/Kamala es la diosa del loto, sus devotos también colocan flores de loto en su altar. Himnos y mantras se ofrecen a la diosa toda la noche mientras los adoradores buscan su favor,[2] y en algunas regiones de India se realizan danzas al aire libre bajo las estrellas en su adoración.

EL DÍA DEL MISTERIO

Hemos visto la conexión entre Kamala Harris y la antigua diosa oriental cuyo nombre ella lleva. Hemos visto cómo su vida siguió la mitología de la diosa y se conformó a su imagen. Ahora es tiempo de levantar el velo final para conocer y ver lo que nadie supo ni vio en su momento ni mucho antes de que se manifestara.

Kamala Harris llegó al mundo en el día dedicado a los *dioses y los espíritus*. La mujer que llevaría el nombre de la *Diosa nació en el día de la diosa*.

La mujer llamada Kamala entró al mundo en el día dedicado a una deidad específica: la diosa llamada Kamala.

Kamala Harris nació el 20 de octubre de 1964. El día de un festival hindú: *Sharad Purnima*.

La mujer que llevaría el nombre de la diosa nació el día de la diosa cuyo nombre llevaba. Aquella cuya vida seguiría y reflejaría la imagen y semejanza de una diosa particular comenzaría su vida en la tierra el día dedicado a celebrar a esa misma diosa.

LA DANZA DEL GOPALA

Sharad Purnima celebra la *Rāsa-līlā*, la danza de Gopala, el dios pastor de vacas, Krishna.[3] La Rāsa-līlā es la danza del amor que Krishna realiza con las gopi, las pastoras de leche, lideradas por la principal gopi, su consorte Radha, el avatar de Lakshmi/Kamala. Es una danza nocturna realizada bajo las estrellas. Como Krishna era el avatar del dios Vishnú y Radha el avatar de la diosa Lakshmi/Kamala, la Rāsa-līlā era una danza de avatares. Kamala Harris nació en la casa llamada *Gopalan*, en honor al dios Gopala, Krishna. Nació de noche, la noche de la danza de Gopala con las gopi y Radha, el avatar de la diosa. Así, en la noche de la danza del avatar de la diosa, un niño llegó al mundo y se convertiría, en efecto, en el avatar de la diosa.

En 1964, durante Sharad Purnima, una madre hindú pronunció el nombre Kamala en devoción a su recién nacido mientras adoradores en todo el mundo pronunciaban el mismo nombre, *Kamala*, en mantras de devoción a su diosa.

Y así fue, de acuerdo con el misterio, que aquella que serviría como la imagen viviente o avatar de la diosa nacería no solo en el día de esa diosa, sino en la noche de la danza del avatar de la diosa.

Es una noche de vigilias en espera de la manifestación de una deidad. Pero trajo consigo otra cosa.

Capítulo 67

LA NOCHE DE LA VISITACIÓN

La festividad se conoce como *Kojagara Puja*. No es solo una celebración o conmemoración; es un acontecimiento en sí mismo, un suceso o la preparación para uno de estos: es una manifestación.

¿QUIÉN ESTÁ DESPIERTO?

El nombre *Kojagara Puja* proviene de una pregunta. *Kojagara* significa "¿Quién está despierto?". En la noche de Kojagara Puja se considera crucial que los observadores no cedan ante el sueño, sino que permanezcan despiertos y vigilantes. Se cree que quienes duermen pierden la bendición. Pero los que permanecen despiertos recibirán salud y prosperidad.[1]

Por eso los devotos tratan de mantenerse despiertos en sus vigilias toda la noche. Esas vigilias incluyen, en algunos casos, ayuno, oración, canto, recitación de mantras y danzas dedicadas a los dioses.[2] Algunos juegan durante la noche para evitar dormirse.[3] Se encienden lámparas ceremoniales para iluminar la noche, aunque la luz más importante es la de la luna. Durante Kojagara Puja, se anima a los devotos a contemplar la luna y adorar bajo su luz, todo en preparación para un evento anhelado.[4]

LA VISITACIÓN DE LA DIOSA

La razón por la que es crucial mantenerse despierto esa noche es porque se cree que, en la noche de Kojagara Puja y, solo esa noche, una deidad realiza una visita especial, un descenso a la tierra.[5] La deidad es la diosa Lakshmi/Kamala. Kojagara Puja es la noche en la que ella visita la tierra. Así se describe esta noche:

> La diosa Lakshmi [Kamala] desciende a la Tierra en el día de luna llena de Ashwin para observar las acciones de los mortales.[6]

En la noche de Kojagara Puja, los adoradores deben contemplar la luna, ya que se cree que cuando la luz lunar alcanza la tierra, la diosa Lakshmi/Kamala ha puesto un pie sobre ella.[7]

Al entrar en el mundo, la diosa recorre casa por casa para ver quién está despierto y quién dormido en la noche de su visitación.[8]

Los devotos, a fin de prepararse para su llegada, limpian, decoran y embellecen sus hogares; arreglan todo para la visitación de la diosa. Para darle la bienvenida, dibujan la silueta de su huella en los umbrales de sus puertas.[9] Se cree que al entrar en cada casa, la diosa pregunta: "¿Kojagara?" o "¿Quién está despierto?", de ahí el nombre de la festividad. Los que puedan responderle reciben su bendición.[10]

LA NOCHE DEL DESCENSO, NOCHE DEL AVATAR

¿Qué es Kojagara Puja? Es otra versión de Sharad Purnima, pero su nombre se centra específicamente en la entrada de la diosa al mundo y a cada hogar. El 20 de octubre de 1964, día en que nació Kamala Harris, fue Kojagara Puja, el día en que la diosa Kamala visita el mundo.

Así que la niña llamada *Diosa* entró al mundo en la noche designada para que la diosa entrara al mundo.

Y así como los adoradores en todo el mundo guardaban vigilia y permanecían despiertos para recibir a la diosa en sus casas, una joven devota hindú permaneció despierta toda la noche para darle la bienvenida a la niña llamada con el mismo nombre de la diosa.

Así como la diosa llamada Kamala Devi, o Kamala la Diosa, debía manifestarse en la tierra en la noche de Kojagara Puja, fue que en la noche de Kojagara Puja, la niña llamada Kamala Devi, Kamala la Diosa, hizo su aparición en la tierra.

Esto nos devuelve al significado de la palabra *avatar*: el descenso, la venida de un dios o diosa al mundo en una forma diferente.[11] El avatar es la manifestación de ese descenso. Así, quien llevaba el nombre Kamala Devi, Kamala la Diosa, nació en el día del descenso de la diosa cuyo nombre tenía. Y su vida sería la manifestación de ese descenso, la manifestación de un avatar.

Sin embargo, todavía queda una pieza más del rompecabezas del misterio de ese día.

Capítulo 68

EL NACIMIENTO

EL DÍA EN que Kamala Harris llegó al mundo guarda un secreto más.

EL NACIMIENTO DE LA DIOSA

El mito del nacimiento de la diosa, su aparición en las aguas del Océano de Leche, su elevación sobre la espuma del océano, se cuenta y se vuelve a contar cada año. Forma parte de la celebración de su cumpleaños. ¿De qué día se trata? Es Sharad Purnima, Kojagara Puja. Ese día no solo se dedica a la celebración y adoración de la diosa, no solo a la apertura de los hogares y a recibir su visitación nocturna, sino que es su cumpleaños.

Ocurrió el 20 de octubre de 1964.

El nacimiento de la diosa se celebró en todo el mundo. Y en medio de la celebración, nació la niña llamada *Diosa*.

Mientras los adoradores recitaban y contaban la historia del "nacimiento" de la diosa Kamala y su aparición desde las aguas, una niña llamada *Kamala* emergió igualmente junto a las aguas del océano, y fue traída al mundo.

EL DÍA DE KAMALA DEVI

En ese día se establece que los adoradores deben recitar estas palabras:

> Oh Kamala, diosa semejante al loto y habitante del loto, sé bondadosa, sé bondadosa… Me inclino ante la diosa Mahalakshmi.[1]

La palabra Mahalakshmi es otro nombre de la diosa Lakshmi, otro nombre de Kamala. Así que en todo el mundo se elevaron oraciones a la diosa Kamala, además de que nació la niña llamada Kamala.

En ese día también se establece que se pronuncie este cántico:

> *Kamala Devi* está por encima y más allá de todos los mundos.…

Kamala Devi es de radiante dorado.
Kamala Devi… es oscura; es la unificadora.
Kamala Devi… es la conclusión del universo; el núcleo de su destrucción.[2]

Así, la gente cantaba: "Kamala Devi, Kamala Devi, Kamala Devi", una y otra vez, y nació la niña Kamala Devi.

EL NACIMIENTO DEL AVATAR

Nadie pudo planearlo ni orquestarlo. Todo formaba parte del misterio desde el primer día.

El 20 de octubre de 1964, nació una niña que fue destinada a llevar el nombre de una diosa.

Nació el día de la diosa cuyo nombre le fue asignado. Llegó al mundo la noche designada para que la diosa entrara al mundo.

El avatar lleva la identidad y la esencia del dios o diosa que manifiesta. Por eso, en el día en que nació Kamala Devi, Kamala la Diosa, nació Kamala Devi, la llamada *Kamala la Diosa*. En otras palabras, en el día del nacimiento de la diosa, nació el avatar.

Por tanto, el avatar, nacido en el misterio de la diosa, nació en el día del nacimiento de la diosa.

Ahora avancemos a través de los años hasta el momento en que Kamala Harris estaba a punto de ascender al escenario nacional y mundial; y veamos también la aparición de una imagen extraña y significativa.

Capítulo 69

LA IMAGEN DEL AVATAR

¿PODRÍA EL MISTERIO de los dioses unir las imágenes grabadas que adornaban las paredes del antiguo Egipto con las imágenes digitales del siglo veintiuno?

LA IMAGEN DE LA FUSIÓN

Así como los antiguos reyes-dioses de Egipto y Mesopotamia imperaban como "imágenes vivientes" de las deidades, su imaginería tenía un gran significado. En sus representaciones grabadas y pintadas, se mostraban con las vestiduras y adornos de los dioses que personificaban.

En el antiguo Egipto, a los faraones lo representaban como halcones o con cabeza de un halcón, ya que la imagen del rey se fusionaba con la de Horus, el dios halcón. De igual manera, las imágenes de las reinas-diosas egipcias se fusionaban con los símbolos, tocados y adornos de las deidades que encarnaban, como Isis y Hathor.[1]

¿Es posible entonces que la fusión de imágenes —la de los dioses con quienes los representan— llegara al mundo moderno y a nuestros días? ¿Podría aparecer una imagen en el mundo actual que uniera a un avatar moderno con una diosa antigua?

LA APARICIÓN

Era octubre de 2020. Joe Biden había elegido a Kamala Harris como su compañera de fórmula en la campaña para seguir en la Casa Blanca. Faltaba menos de un mes para las elecciones presidenciales y para el ascenso de Harris a esa posición. ¿Podría haberse dado en ese momento una señal para revelar otro reino, aquel que ocurría detrás del escenario político?

Y apareció… en forma de imagen. En tiempos antiguos, las imágenes de los reyes-dioses se mostraban como estatuas o grabados en paredes de piedra. Pero en el siglo veintiuno, apareció en internet. Así como las imágenes del antiguo Egipto fusionaban las representaciones de los faraones con los rasgos, atributos y simbolismos de los dioses que encarnaban, la imagen fusionó una fotografía de Kamala

Harris con los rasgos, atributos y simbolismo de una diosa pagana. Apareciendo justo antes de que Harris fuera elevada a los más altos niveles del poder estadounidense, ¿podría haber sido una advertencia?

DE LOS TEMPLOS EGIPCIOS A LA RED GLOBAL

Era una representación de lo que ya había sido. Desde el momento de su nacimiento, la vida de Kamala Harris estuvo unida a la diosa. Pero ahora esa unión se manifestaba de forma visual. En la imagen, el rostro de Harris estaba superpuesto al cuerpo de una deidad. Los faraones se unían a los dioses de Egipto, los reyes de Babilonia con los dioses de Mesopotamia. Harris se fusionaba con una deidad hindú. La imagen fue creada, no por un enemigo, sino desde la propia casa de Harris, por la hija de su hermana, Maya.[2] Estaba destinada a glorificar a su sujeto, pero lo que hizo fue unir a los dioses con la mujer que había estado vinculada a los dioses desde el día de su nacimiento… manifestó el misterio.

EL AVATAR Y LA DIOSA

Como en las imágenes del antiguo Egipto, en las que las reinas eran coronadas con los tocados y ornamentos de las diosas, Kamala Harris fue coronada con el tocado, las joyas y las vestimentas de una deidad. Eso era típico en la imaginería hindú; se la representaba con muchos brazos. En sus manos llevaba los símbolos y las armas de la diosa: una lanza, un escudo, una espada y el *shankha*, la caracola de los dioses.[3] Harris fue presentada como una diosa hindú por su propia familia. Considerando todas las conexiones, desde su nombre "Diosa" hasta la fecha de su nacimiento, la imagen resultaba impactante. Al igual que las imágenes antiguas de los faraones egipcios, la imagen revelaba a Kamala Harris como una con los dioses: el avatar de una diosa.

GUERRERA

Era una imagen de conflicto y guerra. Se pretendía representar la campaña presidencial, pero en el reino de los dioses y los espíritus del hinduismo. Se necesitaba la imagen de una diosa guerrera. Aunque la diosa Kamala se describe en términos de ferocidad y combate, como la que aniquila a sus enemigos, las imágenes que la muestran así no son comunes.[4] La que más se le asemeja es la diosa Durga. Así,

Harris se fusionó con la diosa hindú Durga.[5] Y aun en los textos hindúes, se puede encontrar a Durga como manifestación de la diosa Lakshmi/Kamala.

DIOSA, LEÓN Y BESTIA

La imagen mostraba a Harris como una diosa hindú cabalgando sobre un león en un campo de batalla. Estos elementos suelen asociarse con la diosa Durga, pero la imaginería hindú también representa a Lakshmi o Kamala montando un león y empuñando varias armas con sus muchos brazos. En la imagen, la "diosa" Harris luchaba contra una bestia enemiga de la mitología hindú. Dirigía su lanza hacia su hombro y su cuello para vencerla. Pero en lugar de la cabeza de la criatura estaba la de Donald Trump. Y el león sobre el que cabalgaba la "diosa" Kamala era nada menos que Joe Biden, su rostro reemplazaba el del león.[6]

LA PROFECÍA DE LOS DIOSES

Por extraña que fuera la imagen, igual de raro era su mensaje. Cuando apareció, Harris no competía directamente por la presidencia, ni luchaba directamente contra Donald Trump. Biden lo hacía. Pero en la imagen, Biden —como el león— desempeñaba un papel de apoyo, permitiendo que Harris luchara contra Trump. Nada de eso encajaba con las elecciones de 2020. Pero encajaría y se cumpliría en las elecciones de 2024. Solo entonces Biden se retiraría de la contienda y jugaría un papel de apoyo a la campaña de Harris. Solo entonces Harris cabalgaría sobre la presidencia de Biden para enfrentarse directamente a Donald Trump e intentar derrotarlo. En ese sentido, la imagen era profética. ¿Podría ser entonces que este fuera el plan desde el principio, no de los hombres, sino de las potestades, los espíritus, los dioses que estaban detrás de su agenda y para los cuales ella servía como instrumento? Porque la imagen representaba, en definitiva, la fusión de un dios o espíritu con un ser humano: una reina-diosa, un avatar.

¿Podría la diosa del misterio de Kamala Harris y la diosa de la apostasía de Estados Unidos estar conectadas?

Capítulo 70

LA DIOSA ORIENTAL Y LA OCCIDENTAL

EN EL CENTRO de la oscura trinidad de dioses a la que Israel se dirigió cuando se apartó de Dios estaba Ishtar. Es este espíritu, esta potestad, con su distorsión y alteración de la sexualidad y el género, el que también se ha vuelto esencial en la apostasía moderna de Estados Unidos y Occidente. Y fue ese espíritu, en el momento de la campaña de Kamala Harris por la Casa Blanca, el que parecía estar a punto de tomar completa posesión de la cultura estadounidense. ¿Podría entonces existir una conexión entre la diosa Ishtar, que apartó a una nación antigua de Dios, y la diosa Kamala?

A SIMPLE VISTA

Las dos diosas podrían parecer muy diferentes: Kamala o Lakshmi del mundo hindú e indio, e Ishtar del antiguo mundo mesopotámico y mediterráneo. Y, sin embargo, esa es la modalidad que los dioses emplean para unirse y fusionarse con los dioses de otras tierras y épocas. ¿Podrían la diosa Ishtar y la diosa Kamala poseer las mismas características, elementos y dominios?

LA DIOSA DEL AMOR Y LA GUERRA

Tanto Lakshmi o Kamala como Ishtar están entre las diosas más adoradas y preeminentes. Kamala era conocida por su belleza y era una de las principales diosas del amor en India. Ishtar también era conocida por su hermosura y era una de las principales diosas del amor en Mesopotamia. La diosa hindú tenía dominio sobre la fertilidad. Lo mismo que la mesopotámica Ishtar.[1] Ambas diosas eran descritas como aniquiladoras de sus enemigos. Ambas encarnaban dualidad: amor y guerra, belleza y ferocidad, características y funciones tanto masculinas como femeninas.

LA DIOSA ENCIMA DEL LEÓN

Desde tiempos antiguos, Kamala/Lakshmi estaba asociada con los leones. Los leones eran el *vahana* de la diosa, su vehículo, montura o criatura que transportaba a la deidad.[2] El león llevaba a la diosa sobre su lomo. La diosa se representaba armada y montando un león en dirección a la batalla. Ishtar, al igual que Kamala, estaba asociada con los leones.[3] Los leones también eran el vahana de Ishtar, el vehículo o montura que la transportaba.[4] Los relieves mesopotámicos antiguos la muestran montando sobre leones, con los pies encima o junto a sus cabezas. Y la mitología mesopotámica antigua habla de ella cabalgando leones en plena batalla.[5]

DIOSA DE BÚHOS Y CONCHAS

Kamala/Lakshmi también está asociada con el búho, otro de sus vahanas.[6] En la mitología hindú, el búho acompaña o transporta a la diosa en sus viajes.[7] Ishtar también estaba asociada con el búho. En una de las imágenes más famosas de Ishtar, la diosa aparece de pie sobre dos leones y flanqueada por dos búhos.[8]

Otro símbolo asociado con Kamala es la concha marina. La diosa se relaciona con la caracola, la concha de cauri y la concha de vieira.[9] De hecho, los seguidores de la diosa usan conchas cuando se dedican a la adoración.[10] Ishtar, en su encarnación griega como Afrodita, también estaba fuertemente conectada con la concha marina.[11] A menudo se la representaba montando sobre una gran concha de vieira.[12] La concha se consideraba un símbolo de fertilidad, procreación y nueva vida.[13]

NACIDA DE LA ESPUMA DEL MAR

Los mitos en cuanto al origen de ambas diosas tienen en común un elemento muy singular. En el caso de Kamala, ella emerge de las aguas del mar. En el mito de Afrodita, esta surge también de las aguas del mar. Es, en parte, debido a sus historias de origen que cada diosa está asociada con la concha marina. Más en concreto, la diosa Kamala nació de la espuma del océano. La diosa Afrodita también nació de la espuma del océano. Es más, muchos creen que el nombre Afrodita deriva de la palabra griega *aphros*, que significa espuma, y se refiere a *alguien nacido o surgido de la espuma*.

LA ISHTAR TERRA Y EL LAKSHMI PLANUM

El segundo planeta desde el sol lleva el nombre de Venus, en honor a la diosa romana del mismo nombre. Pero mucho antes de que ese planeta se asociara con la diosa romana, estaba conectado con la diosa mesopotámica Ishtar.[14] Solo se le dio el nombre de Venus porque era el nombre de la encarnación romana de Ishtar.[15] La deidad más prominente del panteón hindú asociada al planeta Venus es Lakshmi, Kamala.

El planeta Venus tiene tres grandes mesetas de tamaño continental, cada una conocida como *terra*. De las tres, una se llama Ishtar.[16] Dentro de la Ishtar Terra hay una vasta llanura de más de un millón de kilómetros cuadrados conocida como *planum*. Se llama *Lakshmi*, o la diosa *Kamala*.[17] Incluso en los cielos, en el planeta Venus, las dos diosas están unidas.

LAS ÚNICAS DOS

De todas las deidades del mundo, solo hay dos que poseen todos los siguientes atributos: diosa del amor, diosa de la belleza, diosa de la fertilidad, diosa de la dualidad, de la vida y la muerte, del amor y la destrucción, del matrimonio y su ausencia, de la feminidad y la masculinidad, diosa de la concha marina, diosa del búho, diosa del león sobre el que cabalga, diosa de las aguas del océano, diosa nacida de la espuma y diosa del segundo planeta desde el sol. En el mundo occidental, es Ishtar, también conocida como *Astarte*, *Afrodita* y *Venus*. En el mundo oriental, es *Lakshmi*, también conocida como *Kamala*.

LA DIOSA DE JEZABEL Y ATALÍA

En esto, dos misterios convergen otra vez. Hemos visto la manera en que Harris sirvió como antitipo de Jezabel y, más específicamente, de su hija Atalía. Tanto Jezabel como Atalía adoraban, promovían y se identificaban con las deidades del panteón fenicio. Entre esas divinidades, destacaba Ashtarte o Ishtar. De modo que Jezabel y Atalía habrían estado asociadas con esa diosa. Por lo tanto, la Atalía estadounidense estaba asociada con la diosa Kamala/Lakshmi, la contraparte oriental de Ishtar.

Así como la antigua Atalía habría estado asociada con la diosa occidental de los leones, la Atalía estadounidense estaba asociada con la diosa oriental de los leones. Como la antigua Atalía habría representado a la diosa occidental del planeta Venus, la Atalía estadounidense representaba a la diosa oriental del planeta Venus. Tras la contraparte estadounidense de la antigua reina estaba la contraparte oriental de la diosa de la reina antigua.

LA MUJER LLAMADA DIOSA

El ascenso de Kamala Harris al poder hizo un paralelo con el ascenso del espíritu y el movimiento de Ishtar en la cultura estadounidense y occidental. Harris defendería ese espíritu y su agenda. No fue casualidad que, en las elecciones presidenciales de 2024, cuando ese espíritu, ese movimiento y esa agenda estaban listos para tomar posesión de la cultura americana, todo dependiera de la mujer llamada *Diosa*, el avatar de la contraparte oriental de Ishtar.

Sin embargo, ese acto de posesión sería frustrado, interrumpido. Habría un giro. Detrás de ese giro estaba un día antiguo determinado para apartar a una nación de su oscuridad.

Capítulo 71

EL ALTAR DE ISHTAR

Sucedió en el National Mall (un gran parque público ubicado en el centro de Washington D. C.), aunque sus raíces se remontan al libro de Levítico.

LA REUNIÓN DE YOM KIPPUR

Un hombre de Dios y con visión, Lou Engle, había sentido durante mucho tiempo la carga de convocar una reunión sagrada de oración y arrepentimiento en el National Mall, Washington D.C., con un enfoque especial en las mujeres. Me pidió que lo ayudara a liderar esa actividad. El evento caería en Yom Kippur, el Día de la Expiación, el día más sagrado del año bíblico, día de oración, confesión del pecado nacional y personal, y arrepentimiento. De manera que, en Yom Kippur de 2024, cientos de miles de creyentes se reunieron en el National Mall para arrepentirse y orar por Estados Unidos. Inicié la convocatoria con oración, el toque del shofar y las antiguas palabras de Levítico que ordenaban el día.

EL ALTAR DE MOLOC

Cuatro años antes, estuve en el mismo lugar del National Mall para otra reunión sagrada llamada *El Retorno*. Ese también fue un día nacional de oración y arrepentimiento, pero con un fuerte enfoque en el pecado de la nación contra sus hijos no nacidos, como en lo referente a los sacrificios infantiles de Moloc. Tal como el profeta Jeremías rompió un cántaro ante el valle donde se sacrificaban los hijos de su nación, fui guiado a hacer lo mismo en el National Mall.

También fui guiado a confirmar las oraciones de ese día con el sonido de las trompetas. Tras declarar la ratificación de esas oraciones, invoqué el poder de Dios sobre ese lugar y grité: ¡Vamos! En ese momento, sonaron las trompetas desde el escenario y las multitudes clamaron como en el día de Jericó. Y algo sucedió: ese mismo día y a esa misma hora, Trump, en el jardín de la Casa Blanca, puso en marcha la nominación de Amy Coney Barrett para la Corte Suprema.[1]

Barrett emitiría el voto que anularía el Templo de Baal y el altar de Moloc de Estados Unidos, *Roe v. Wade*.[2] El presidente inició todo en ese mismo día, hora, minuto y segundo en que dije ¡vamos! El templo de Baal y el altar de Moloc comenzaron a resquebrajarse.

CONTRA LA DIOSA

Ahora estaba de pie en el mismo lugar donde estuve durante *El Retorno*. De nuevo fui guiado a realizar otro acto profético, esta vez enfocado en la diosa. Cuando me pidieron por primera vez ministrar en ese evento más de un año antes, percibí que el enfoque espiritual de esa reunión se relacionaría con Ishtar, la diosa y espíritu de la inmoralidad sexual y la alteración del género. Nadie podía saber entonces que menos de dos meses antes del evento, una mujer se alzaría para contender por la presidencia y el futuro de Estados Unidos, defendiendo esa agenda y *llevando el nombre de diosa*.

EL ALTAR FALSO

En la antigüedad, cuando Israel se arrepentía de su apostasía y volvía a Dios, la señal más tangible de ese regreso se manifestaba en la destrucción de los altares de los dioses falsos. De modo que, en el National Mall, fui guiado a romper el altar de Ishtar. El último acto ordenado de Yom Kippur consistió en expulsar y eliminar el pecado y la oscuridad del país. Así, el último acto sacerdotal de ese Yom Kippur en el National Mall fue la expulsión del pecado y la oscuridad, confirmado con la ruptura del altar de Ishtar.

EL DERRUMBE

Era casi el atardecer, hora cercana al final de Yom Kippur, cuando el altar fue colocado en el escenario frente a mí. Conduje a la congregación en una oración contra Ishtar, para expulsar el espíritu que destruye matrimonios; abusa de niños; trafica con jóvenes; distorsiona la sexualidad; esclaviza multitudes; altera, confunde y destruye el sexo; mutila a los inocentes; profana todo lo que toca; y trae destrucción a vidas, familias y naciones. Luego alcé un gran martillo y golpeé el altar. Nada sucedió. Lo levanté una segunda vez y lo golpeé de nuevo; esta vez el altar se partió en dos y se derrumbó sobre el escenario.

El sonido de las oraciones elevadas en el National Mall alcanzó un crescendo, un rugido masivo. El altar de Ishtar fue destruido.[3]

EL CAMBIO

Cuando los creyentes se reunieron en el National Mall, Estados Unidos estaba en una encrucijada. Dos visiones y agendas opuestas luchaban por su futuro. Pero en Yom Kippur, cuando se expulsó la oscuridad del país y los cristianos oraron e intercedieron, el altar de Ishtar se partió en dos. Menos de treinta días después, la mujer con el nombre Diosa fue derrotada. Ella había llevado la agenda de Ishtar, así como había llevado el nombre de su contraparte oriental. El altar de la diosa fue destruido, al igual que el ascenso y la agenda de la mujer llamada Diosa.

EL PROPÓSITO DEL AVATAR

Los planes de Ishtar, con su alteración de la sexualidad, el matrimonio y el género, solo habían avanzado a través de la cultura estadounidense y nunca había sido detenida de manera significativa. Cuando oramos, en ese día de Yom Kippur, por la reversión de esa agenda y ese espíritu, lo hicimos con fe. Pero menos de un mes después, por primera vez, comenzaría un retroceso masivo de esa agenda.

El propósito de un avatar es cumplir un objetivo que de otro modo no podría lograrse. Vencer a un avatar es superar el propósito para el que fue enviado. Vencer al avatar de una diosa es superar los propósitos de la diosa. Así, no fue casualidad que la derrota de la mujer llamada Diosa trajera consigo el retroceso de esos propósitos y esa agenda.

LA EXPULSIÓN

Al igual que el altar de Moloc cuatro años antes, el altar de Ishtar comenzó a resquebrajarse. Como habíamos orado en el antiguo día de expulsión, ahora comenzaría una expulsión cultural y social masiva. Al regresar a la Casa Blanca, el Jehú estadounidense pondría en marcha una serie de órdenes presidenciales y directrices para eliminar la ideología de género del ejército, del Departamento de Justicia, del Departamento de Educación, de cada ámbito del gobierno y de todo dominio bajo su autoridad.[4] Ordenaría la depuración de miles de páginas web gubernamentales dedicadas a la agenda LGBT y a la alteración de la sexualidad.[5] Buscaría prohibir la mutilación de niños con cirugías de transición de género.[6] Y establecería oficialmente que solo existen dos géneros: masculino y femenino.[7]

Tal como Jehú derribó los templos y altares de los dioses, el Jehú estadounidense ahora derribaba sus equivalentes modernos, retrocediendo y desmantelando la agenda y los templos de la diosa en la sociedad estadounidense.

EL PRONÓSTICO

Con la derrota de Jezabel y Atalía, vino un gran desmantelamiento de los templos y altares paganos que cubrían la tierra. De forma que, no fue casualidad que la derrota de Hillary Clinton condujera a la anulación y el desmantelamiento de *Roe v. Wade*. Tampoco fue casualidad que la derrota de Kamala Harris condujera a otro gran desmantelamiento.

Lo que ocurrió en esa reunión de Yom Kippur en el National Mall fue un acto profético. Habíamos destruido el altar de Ishtar. Fue simbólico, profético. Pero ahora sucedía en la realidad y a lo largo de toda la nación. A simple vista, Trump emitía órdenes, instrucciones y acciones presidenciales. Pero, en realidad, estaba haciendo algo mucho más profundo y antiguo. El Jehú estadounidense levantaba un martillo sobre la nación y destruía el altar de Ishtar.

El ascenso de la diosa fue una señal. ¿Qué significaba eso?

Capítulo 72

LA SEÑAL DEL AVATAR

¿QUÉ SIGNIFICA EL ascenso de la mujer llamada *Diosa*?

LA PRIMERA ADVERTENCIA

Fue a principios del siglo diecisiete cuando los primeros fundadores de Estados Unidos consagraron la nueva civilización a la voluntad, los propósitos y la gloria de Dios. No había duda de quién era ese Dios: era el Dios de las Escrituras, el Dios de Israel. Cuando los israelitas estuvieron a punto de entrar en la Tierra Prometida, su líder, Moisés, los advirtió en cuanto a alejarse de Dios e ir en pos de otros dioses. De la misma manera, al amanecer de la civilización estadounidense, el líder puritano John Winthrop dio a esa primera generación un mensaje con la misma advertencia. Él dijo:

> Si nos alejamos, no obedecemos y, en cambio, nos dejamos llevar, adorando y sirviendo a otros dioses por nuestro propio placer y beneficio... seguramente perderemos esta buena tierra.[1]

EL DIOS DENTRO DEL NOMBRE

Sin embargo, Israel se apartó de Dios y Estados Unidos también. Al apartarse de Dios, Israel abrió la puerta a los dioses. Estados Unidos hizo lo mismo. En el caso de Israel, la apostasía alcanzó su punto crítico en los días en que los dioses tomaron dominio de su cultura, sus instituciones y su gobierno: los días de Jezabel. Contenido dentro del nombre de Jezabel estaba el nombre del dios que representaba: Baal. Así, la nación cayó bajo el dominio de los dioses al mismo tiempo que caía bajo el mando de una mujer que llevaba el nombre de una deidad pagana.

Y ahora, por primera vez en su historia, Estados Unidos, una nación también consagrada a los propósitos de Dios, había llegado al momento de estar al borde de ser gobernada por una mujer cuyo nombre también llevaba el de una deidad pagana. En el caso del antiguo Israel, era una señal de que la nación estaba a punto de caer bajo la potestad de los dioses. ¿Qué significaría entonces la misma señal para Estados Unidos?

EL AVATAR ESTADOUNIDENSE

La idea de reyes y reinas-dioses, imágenes vivientes, avatares, gobernando un reino o nación, era lo usual en las civilizaciones paganas. El avatar era la manifestación de una deidad idólatra. Por lo tanto, el dominio sobre el que el avatar gobernaba era, por definición, pagano.

Si un dios o espíritu puede guiar a un rey o reina, si puede ordenar a un avatar gobernante, puede guiar y gobernar una nación. Pero la idea de los avatares era completamente ajena a las civilizaciones judeocristianas y a naciones como Estados Unidos. Los avatares no gobiernan sobre civilizaciones cristianas. De forma que el regreso del avatar era, en sí mismo, una señal del estado y la caída de Estados Unidos. Como reina-diosa avatar del mundo antiguo, Kamala Harris se había convertido inadvertidamente en una imagen viviente, una manifestación inquietante de la diosa cuyo nombre ella llevaba. Que ahora estuviera siendo elevada a los más altos niveles de poder, que estuviera posicionándose para la Oficina Oval, y que activamente buscara gobernar la nación, no era casualidad.

Los avatares y los reyes-dioses solo gobiernan naciones paganas, naciones entregadas a los dioses. Estados Unidos se había apartado de Dios. Que una mujer llamada Diosa estuviera ahora al borde de convertirse en su gobernante era una señal ominosa. América estaba en peligro y a punto de convertirse en una nación bajo el dominio y posesión de los dioses y los espíritus.

UNA NACIÓN BAJO DIOSES

Tampoco fue casualidad que, en una de sus campañas, ella dijera a quienes proclamaban "Jesús es Señor" que estaban en la reunión equivocada.[2] En efecto, fueron retirados por la fuerza. La mujer con el nombre de una diosa se había convertido en una señal en carne y hueso de la antigua verdad: la casa vacía no permanecería vacía. Estados Unidos se había vaciado de Dios; ahora vendrían otros, dioses y diosas con sus avatares, para poseerla. En la antigüedad, todos habían sido expulsados ante la declaración de "Jesús es Señor". Ahora, la mujer llamada Diosa aspiraba a gobernar la casa estadounidense, y con su ascenso, la declaración de que "Jesús es Señor" fue expulsada.

Estados Unidos, la nación que alguna vez fue entregada singularmente a la voluntad y los propósitos de Dios, estaba ahora al borde de entregarse a una mujer que llevaba el nombre de Diosa. Estados Unidos, que alguna vez se proclamó *nación bajo Dios*, estaba a punto de convertirse en una nación bajo la Diosa o, mejor dicho, bajo *dioses*. Esa era una señal y una advertencia.

El hecho de que Israel se apartara de Dios y se volviera a los dioses y las diosas, fue un presagio de una nación encaminada al juicio y la calamidad.

Al abrir ahora el último misterio de la mujer llamada Kamala, debemos abrir también el misterio final del hombre llamado Trump.

PARTE XII

EL MISTERIO DEL VASO

Capítulo 73

LA TROMPETA

CUANDO REMOVIMOS EL último velo en el misterio de Kamala Harris, encontramos a una diosa. ¿Qué sucederá entonces si quitamos el último velo en el misterio de Donald Trump? ¿Qué encontraremos? No un espíritu ni un dios, sino algo muy diferente.

LAS TROMPETAS DE JEHÚ

Detrás de Trump está el misterio de Jehú. Pero, ¿podría haber algo aún más profundo y primordial detrás de esto? Para descubrirlo, debemos volver al momento del ascenso de Jehú:

> Entonces cada hombre corrió a tomar su vestidura y ponerla debajo de él sobre la cima de los escalones; y tocaron las trompetas, diciendo: "¡Jehú es rey!".[1]

La señal y el signo del ascenso de Jehú constituyó el sonido de las trompetas. De todos los reyes que gobernaron el reino del norte de Israel, Jehú es el único cuyo ascenso al poder se registra como que comenzó con el sonido de trompetas.

EL SONIDO DE LA REVOLUCIÓN

El sonido de las trompetas era un símbolo de levantamiento, de revolución, de cambio y juicio, del fin de reinados y dinastías, y del ascenso de un nuevo rey. El sonido de las trompetas era el sonido de Jehú. Ellos pusieron en movimiento y anunciaron con trompetas, todo lo demás que estaba a punto de suceder. Era el sonido de la caída, el fin de Jezabel y Joram, la destrucción de su reino, la demolición del templo de Baal y la expulsión de su culto: el anuncio de un nuevo rey, una nueva dinastía, un nuevo día.

LA TRUMPETA [TRUMP]

Así que la trompeta estuvo vinculada a Jehú desde el momento de su llamado y su ungimiento. Pablo, en 1 Corintios 15 lo dice así:

> a la final *trompeta* ... la trompeta [sonará].[2]

La Primera Carta a los Tesalonicenses, Capítulo 4 dice así:

> El Señor mismo descenderá del cielo... con la *trompeta* de Dios.[3]

El apellido *Trump* es de origen alemán. Pero en inglés, el idioma del país que él iba a liderar, *trump* es parte de la palabra *trumpet* [trompeta].

EL MISTERIO DE SU PROPÓSITO

No es casualidad que, así como ocurrió con el antiguo Jehú, también el Jehú estadounidense estuviera vinculado a la trompeta. El principio bíblico por el cual el nombre dado a un individuo puede estar dotado de significado respecto a su llamado, propósito y destino profético pudo verse en el caso de Kamala Devi Harris —ya que el nombre que le dieron apuntaba al misterio que subyacía en su vida— que significa diosa. Así fue con Trump. Todo estaba allí desde el día de su nacimiento. El llamado, el propósito y el destino profético de Trump se hallaban en la trompeta. Trump era Jehú y Trump *era* una trompeta.

LA SEÑAL DE JEHÚ

En Trump estaba la señal de Jehú, el signo de un cambio venidero, de una revolución y de un levantamiento que estremecería el ámbito político estadounidense. En Trump estaba la señal de que un nuevo Jehú ascendería a las alturas del poder en Estados Unidos. Y también la señal de la caída de los líderes, las dinastías, las agendas y los legados estadounidenses. Así como las trompetas de Jehú señalaron la caída de Jezabel, Trump señaló la caída de Hillary Clinton y Kamala Harris.

Cabe destacar que incluso la caída de Atalía estuvo vinculada con la trompeta.

La Biblia registra que:

> Al ver que el rey estaba de pie junto a la columna de la entrada y que los oficiales y músicos estaban a su lado, y que todo el pueblo se alegraba *al son de las trompetas* y

los cantores que acompañados de instrumentos musicales dirigían la alabanza, Atalía se rasgó las vestiduras y gritó: "¡Traición! ¡Traición!".[4]

EL SONIDO DEL DERROCAMIENTO

Fue el sonido de las trompetas lo que señaló la caída de Atalía. El mismo sonido que había puesto en movimiento la caída de su madre pondría en movimiento la suya. Igualmente, con la caída política de Hillary Clinton, que ocurrió al sonido de Trump. Y también la derrota de Kamala Harris, que ocurrió al sonido de Trump. Al igual que con Jezabel y Atalía, la caída de cada una estuvo vinculada al sonido de la trompeta.

Así como las trompetas de Jehú activaron la purga del gobierno de Israel, en Trump estaba el signo de que el gobierno estadounidense sería purgado. Así como las trompetas de Jehú llevaron al derrocamiento del templo de Baal, en Trump estaba el signo de que el templo de Baal en Estados Unidos —*Roe v. Wade*—, sería derribado.

EL VASO MÁS ALLÁ DE SÍ MISMO

Muchos críticos de Trump cuestionaron sus motivos, su manera de actuar, su naturaleza y sus intenciones. Pero eso era perder de vista el punto. La trompeta es un instrumento, un vaso usado para cumplir un propósito. Como con Jehú, el punto no era el motivo ni siquiera el hombre, sino el propósito para el cual se usaba el instrumento. La trompeta suena porque hay uno que la toca y porque el propósito de la trompeta, o en este caso, de Trump, es sonar.

En el caso de Harris, el misterio de su vida se manifestó por primera vez en el momento de su nacimiento. En el caso de Trump, el misterio de su vida también se manifestaría por primera vez en el momento de su nacimiento.

Capítulo 74

LA ESCRITURA DESIGNADA

EL DÍA EN que nació Kamala Harris, hubo festejos en todo el mundo para celebrar el nacimiento y la manifestación de la diosa. En el día del nacimiento de Donald Trump, también se hubo celebraciones en todo el mundo, pero de una naturaleza muy diferente.

LA PALABRA DEL SÁBADO

Cada sábado, los judíos se reúnen en las sinagogas para adorar y abrir los rollos de las Escrituras hebreas en pasajes aprobados desde tiempos antiguos para que se lean en ese día específico. Trump llegó al mundo un viernes, el día en que comienza el Sabbat. Eso significa que había una escritura designada para que se recitara. ¿Cuál fue la escritura designada para el Sabbat que comenzó el 14 de junio de 1946, día de su nacimiento?

La escritura designada hablaba de un vaso, un instrumento de Dios. Ese instrumento era una trompeta. Más específicamente, hablaba de una trompeta sagrada y consagrada para que se tocara en los tiempos y con los propósitos designados por Dios. Así, tras el nacimiento de aquel que sería conocido como Trump, en todo el mundo, el antiguo pueblo de Dios leía, recitaba y cantaba la Palabra de Dios que hablaba de la trompeta de Dios.[1]

EL VASO ESTRUENDOSO

Según la escritura designada, la trompeta debía guiar al pueblo. Al sonar, debían reunirse. Y cuando sonara el llamado a avanzar, debían moverse hacia adelante. Así, el Trump que nació ese día también guiaría al pueblo. Cuando él sonara, se reunirían. Y cuando llamara a avanzar, lo harían. El sonido producido por la trompeta era disonante, penetrante y estruendoso. No podía ser ignorado fácilmente.

De modo que el Trump que nació ese día también produciría un sonido disonante, penetrante y estruendoso. Perforaría el ruido de los medios de comunicación de su nación y el discurso de su época. Se podía amarlo u odiarlo, pero no podía ignorarlo con facilidad.

Era una trompeta, un disruptor. Según la escritura designada para el Sabbat del 14 de junio de 1946, la trompeta también debía usarse como instrumento de guerra. Así que el sonido de Trump también era el de un guerrero, un sonido de conflicto y batalla. La trompeta era un instrumento, un vaso de poder, de reyes y reinos, ejércitos, revolución y levantamiento. Por tanto, el sonido de Trump era el sonido del poder, de la revolución, del levantamiento y del cambio de reyes.

EL NACIMIENTO DEL INSTRUMENTO

La escritura designada para que se leyera el Sabbat del nacimiento de Trump hablaba específicamente de la *fabricación*, *producción* y *surgimiento de la trompeta*. Hablaba del *nacimiento de la trompeta*.[2] De modo que, tras el nacimiento de Trump, el antiguo mandato de dar a luz a la trompeta fue leído, recitado y cantado en todo el mundo.

Cuando Kamala Harris llegó al mundo, los adoradores de los dioses anunciaban la llegada de la diosa Kamala. Cuando Trump llegó al mundo, los adoradores de Dios recitaban las escrituras sobre la llegada de la trompeta, la trompeta de Dios. Así como la mujer llamada *Kamala la Diosa* nació en el día vinculado al nacimiento de Kamala la Diosa, también el hombre llamado *Trump* nació en el día vinculado al nacimiento de la trompeta de Dios.

¿Será posible que el misterio de la trompeta no solo esté detrás del nacimiento de Trump, sino también de su ascenso?

Capítulo 75

EL TIEMPO DESIGNADO

La trompeta de Dios debía sonar en los tiempos designados por Dios. ¿Podría el misterio de esos tiempos señalados haber determinado el momento del ascenso de Trump al poder, el año exacto?

CUANDO SUENA LA TROMPETA

El mismo pasaje de las Escrituras ordenado para el Sabbat del 14 de junio de 1946 dice lo siguiente:

> En el día de vuestra alegría, y en vuestras solemnidades, y en los principios de vuestros meses, tocaréis las trompetas".[1]

La trompeta era un instrumento o vaso sagrado que debía sonar en los tiempos designados por Dios. Entre los más destacados de esos tiempos estaba el Jubileo: el año de la restauración, la libertad y el retorno.[2] La conexión entre la trompeta y el año de restauración es tan fuerte que la palabra hebrea para *Jubileo, Yovel,* significa literalmente *trompeta*.

AÑO DE LA TROMPETA

> El día diez del mes séptimo, es decir, el día del Perdón [o Jubileo], *harás resonar la trompeta por todo el país.*[3]

El mandato establecía que cada cincuenta años la trompeta debía sonar para iniciar el Jubileo. Al sonido de la trompeta, lo que se había perdido sería restaurado, lo que estaba atado sería liberado, y cada uno retornaría a su posesión ancestral. Para el momento en que Trump anunció su candidatura presidencial en 2015, ya tenía sesenta y nueve años. Pero ¿podría el momento de su candidatura y ascenso a la Casa Blanca haber estado escondido en el pasaje de las Escrituras señalado para leerse el momento de su nacimiento?

EL JUBILEO PROFÉTICO

Como el Jubileo es un año de retorno y restauración, cada Jubileo cae cincuenta años después del último año de retorno y restauración. La restauración se centra en la tierra de Israel. Durante casi dos mil años, el pueblo de Israel estuvo separado de su posesión ancestral, su Ciudad Santa, Jerusalén. Esa separación terminó en 1967, cuando los soldados israelíes entraron en las puertas de la antigua ciudad. Fue el año de retorno y restauración, Israel regresando a su posesión ancestral, un Jubileo profético.[4] ¿Qué ocurre entonces si contamos desde 1967, considerado el Jubileo profético de Israel? ¿Cuándo sería el siguiente Jubileo?

EL TIEMPO DEL SONIDO

Cincuenta años después de 1967 nos lleva al año 2017. En el Año del Jubileo, la trompeta se levanta. Así fue que en el Jubileo profético de 2017, Trump fue elevado ante el escenario estadounidense y mundial. En el Año del Jubileo, la trompeta suena en toda la tierra.[5] Así también Trump comenzó a sonar en toda la nación.

En el Año del Jubileo, aquellos que regresan a su posesión ancestral reciben el reconocimiento legal y el derecho a poseerla. Eso fue lo que pasó en 2017, cuando Trump emitió la Declaración de Jerusalén, otorgando a Israel el reconocimiento legal de su retorno a su posesión ancestral. Cuando suena la trompeta en el Año del Jubileo, el derecho a la tierra retorna a su dueño original.[6] Así que en el Jubileo de 2017, Trump resonó y el derecho sobre Jerusalén regresó a su dueño original, Israel.[7]

No sería la última vez que se manifestara el misterio del Jubileo y la trompeta o Trump. Tanto el aborto en Estados Unidos como el caso *Roe v. Wade* comenzaron en 1970. Así que fue en 2020, el año jubilar de ambos, cuando Trump sonó y comenzó la anulación de *Roe v. Wade*.

Al inicio de este libro, hablamos de la trompeta como un vaso o instrumento de guerra espiritual. ¿Podría esta otra dimensión de la trompeta ser parte del misterio del hombre llamado Trump?

Capítulo 76

LA TROMPETA Y LOS DIOSES

COMENCÉ ESTE LIBRO relatando mis encuentros con los dioses, ídolos y espíritus de las naciones. En cada caso, la trompeta jugó un papel crítico. ¿Podría el hombre llamado *Trump* desempeñar también un papel crucial con respecto a los dioses y espíritus de esta era?

TROMPETAS Y DEIDADES

En la reunión nocturna efectuada en Chennai, India, fue el sonido de la trompeta lo que desencadenó lo que podría haberse llamado un exorcismo de espíritus masivo. En Cuba, fue la imagen de la trompeta la que golpeó la cabeza de la diosa y le tumbó la corona. En Nigeria, otra imagen de la misma trompeta se convirtió en el fondo de otro destronamiento de un "dios", el ooni de Ife, antiguo "Señor de la tierra". En cada viaje hubo un enfrentamiento de algún tipo entre los dioses, por un lado, y la trompeta por el otro. ¿Cuál es la conexión?

RABINOS, TROMPETAS Y ESPÍRITUS

Los escritos de los rabinos no son Escritura sacra, pero nos dan una visión de las antiguas creencias judías basadas en principios y fundamentos bíblicos. En el Talmud babilónico, los rabinos relatan la historia de un exorcismo:

> Sacó las *trompetas* y las hizo sonar, y *exorcizó al espíritu demoníaco*.[1]

El relato describe la expulsión de un espíritu demoníaco mediante el sonido de las trompetas. Así también escriben los rabinos que en la Fiesta de las Trompetas, el sonido de las trompetas debía hacerse de manera ordenada y establecida:

> … para *confundir a Satanás* [el Acusador].[2]

Insisto, la trompeta se ve como un instrumento a utilizar contra los poderes demoníacos y satánicos.

SHOFARS Y SHEDIM

Sobre el sonido de las trompetas en los días santos hebreos, el sabio rabínico Rashi escribe:

> Vi a "alguien que soplaba... {una trompeta}... ['para un demonio'] ... y ahuyentar un espíritu maligno de sobre uno mismo".[3]

Insisto, la trompeta se muestra como un vaso mediante el cual se exorcizan los espíritus de oscuridad. La palabra hebrea para el demonio contra el cual se toca la trompeta es *shed*, forma singular de *shedim*. Es la misma palabra que aparece en la Biblia para hablar de los nuevos dioses a los que los hebreos sacrificaban:

> Sacrificaron a los demonios [shedim], y no a Dios; *a dioses* que no habían conocido, a *nuevos dioses*, venidos de cerca.[4]

Detrás de los dioses a los que sacrificaban estaban los *shedim*. Y según la tradición judía, eran expulsados por el sonido de una trompeta. Todo esto coincide con lo que presencié en las naciones que visité: el fenómeno masivo en India al sonar la trompeta, el derribo del ídolo con la imagen de la trompeta, el desplome de la corona del ooni.

VASO DE CAMPOS DE BATALLA SOBRENATURALES

El principio proviene de la Escritura, donde la trompeta está conectada con la guerra, la señal del poder de Dios, mediante la cual el enemigo es derrotado. En los campos de batalla terrenales, la trompeta suena contra enemigos de carne y hueso, pero en las batallas espirituales, contra enemigos del espíritu: los *shedim* y los dioses. El pasaje bíblico en el que se toca la trompeta para lograr la victoria sobre los enemigos de Dios merece repetirse:

> Cuando estén ya en su propia tierra y tengan que salir a la guerra contra el enemigo opresor, las trompetas darán la señal de combate. Entonces el Señor su Dios se acordará de ustedes y los salvará de sus enemigos.[5]

Este versículo también estaba en el pasaje de la Escritura destinado a ser proclamado en el Sabbat que comenzó el 14 de junio de 1946, día del nacimiento de Trump. El niño nacido ese día fue llamado a convertirse en un vaso contra el enemigo, un instrumento contra los espíritus, una trompeta, un Trump, contra los dioses.

ECHAR FUERA A LOS DIOSES

Y así, en esta capacidad, la trompeta está destinada a expulsar al enemigo, es un instrumento de exorcismo. Esto es crucial para entender el misterio de Trump. Él es un vaso de exorcismo, un instrumento destinado a expulsar lo que había llegado a la tierra pero que no pertenecía a ella. En el ámbito espiritual, eran los dioses los que habían regresado a Estados Unidos y Occidente.

Por tanto, Trump resonó contra los templos de Baal y los altares de Moloc, contra los instrumentos del sacrificio infantil del aborto. Por ello, Trump resonó contra los altares de Ishtar, mediante los cuales la sexualidad y el género fueron pervertidos y millones fueron contaminados. Trump no necesitaba saber cómo estaba siendo usado, del mismo modo que una trompeta no necesita saber por qué se toca. Trump resonaría para expulsar a los dioses, para echar fuera a los *shedim* que habían regresado a la casa vacía.

EL AVATAR Y LA TROMPETA

¿Podrían el avatar y la trompeta compartir un atributo definitorio en común? Claro que sí. Tanto el avatar como la trompeta son vasos. El avatar es un vaso de los dioses; el shofar, o trompeta, es un vaso de Dios. Tenemos un misterio de dos vasos, en el cual cada uno se opone al otro. No fue coincidencia que aquel nacido bajo el misterio de la trompeta se enfrentara al nacido bajo el misterio de la diosa. La trompeta es, en cierto sentido, el antiavatar. Este suena para expulsar a los espíritus, los *shedim*, los dioses, por eso fue designado que el que —al nacer— recibió el nombre de *Trump* sonaría para expulsarla a ella, la que —al nacer— fue llamada *Diosa*.

¿Qué sucede después? ¿Nos da el misterio un vistazo de lo que el futuro depara, lo que aún está por venir o puede ser, y lo que estamos llamados a hacer?

PARTE XIII

LA REDENCIÓN

Capítulo 77

EL REGRESO DE DIOS

CUANDO SE EXPULSA a los espíritus y se echa a los dioses, ¿qué sigue?

EL FIN DE LA HISTORIA

En cada uno de mis encuentros con los dioses hubo un epílogo. Los gritos de liberación masiva en India llevaron a la proclamación del evangelio, a una oración masiva de salvación y a una enorme recepción de la presencia de Dios. La expulsión de los espíritus llevó a la entrada del Espíritu de Dios. El golpe a la diosa en Cuba condujo al avivamiento en la ciudad y a que los adoradores de los dioses entraran en las iglesias, con sus ídolos destrozados, y recibieran la presencia de Dios. Y la renuncia del rey yoruba a su divinidad conduciría a la proclamación de un solo Dios en toda la tierra y al avivamiento entre millones, incluyendo, entre otros lugares, el palacio del propio rey.

CUANDO SE EXPULSA A LOS DIOSES

Todo se remite a la palabra hebrea para Dios, *Elohim*. Esta palabra habla del único Dios verdadero, pero también se usa para referirse a los dioses del mundo pagano. Es, por lo tanto, uno u otro Elohim: si no es Dios, son los dioses; y si no son los dioses, entonces es Dios. Es la antigua parábola al revés. Si Dios es removido, los dioses ocuparán su lugar. Pero si los dioses son expulsados, la casa queda abierta para recibir a Dios y, en lugar de los espíritus, al Espíritu. Así, pasamos del regreso de los dioses al regreso de Dios.

UN REGRESO NACIONAL

Con la victoria de Jehú sobre Joram, Jezabel y la casa de Acab, con la destrucción del templo de Baal y la expulsión de los dioses de Fenicia de la tierra, Israel tuvo la oportunidad de volver a Dios. Con la caída de Atalía en el sur, el reino de Judá también se dispuso a expulsar a los dioses del paganismo de en medio de su pueblo:

> Y todo el pueblo de la tierra entró en el templo de Baal, y lo derribaron; asimismo despedazaron enteramente sus altares y sus imágenes.[1]

Pero no fue solo una expulsión; también fue una entrada:

> Entonces Joiada hizo pacto entre Jehová y el rey y el pueblo, que serían pueblo de Jehová.[2]

De modo que apartarse de los dioses se vinculaba a un regreso nacional a Dios. Al expulsar a los dioses vino la recepción de la presencia y las bendiciones de Dios para la nación.

EL RETORNO DE LA PRESENCIA DE DIOS A LA NACIÓN

Por lo tanto, si ahora ha de producirse un alejamiento masivo de los dioses, de los ídolos y de los altares de nuestra apostasía, entonces nos encontramos en el mismo momento en que estuvo la antigua Judá con la caída de Atalía y el antiguo Israel con la caída de la casa de Acab. Es un momento sumamente crítico. Pero no es, por sí mismo, el fin.

La expulsión de los dioses debe abrir la puerta al regreso de Dios. Despojar nuestro gobierno, nuestras instituciones y nuestra cultura de los dioses y sus dominios debe dar paso a la presencia plena de Dios. La reversión de nuestra profanación debe dar lugar a una nueva consagración. Y la expulsión de los espíritus debe abrir la puerta a la entrada del Espíritu de Dios.

Con la derrota de Atalía, el templo de Baal fue derribado y luego el pueblo se consagró a Dios. Por tanto, este momento no puede ser solo para derribar, sino para edificar; no solo para limpiar y expulsar, sino para recibir nuevamente a Aquel de quien habíamos vaciado nuestra casa. El exorcismo de la civilización debe dar paso a la plenitud de Dios en la nación. Si hacemos eso, se convertirá en el más importante de los momentos. Si no, se convertirá en algo completamente distinto.

La casa no debe permanecer vacía. Eso sería lo más peligroso. Y eso nos lleva al siguiente paso.

Capítulo 78

LA VENTANA

LA TROMPETA ERA, por un lado, un instrumento de bendición y redención, pero también de advertencia y juicio por el otro. Jehú fue así. Trump también lo es.

LA DUALIDAD DE LA TROMPETA

En el Jubileo, en las fiestas y las celebraciones del Señor, la trompeta se hacía sonar para bendición, restauración, libertad y gozo. Pero en la Fiesta de las Trompetas, en Yom Kippur, en los días de guerra y en manos del vigilante, la trompeta se tocaba como señal de advertencia, alarma y juicio. La misma dualidad puede verse en Jehú; él fue un vaso de bendición y redención, pero al mismo tiempo una advertencia de juicio. Vino a traer alivio, restauración y liberación a los oprimidos y perseguidos. Pero también vino a traer juicio sobre la casa de Acab y sobre los dioses que esta defendía. Y, sin embargo, su ascenso al trono fue aún más significativo que eso.

UNA VENTANA DE TIEMPO

Cuando Israel se hundía en el juicio, la misericordia de Dios levantaba reyes que guiaran al pueblo al arrepentimiento y la restauración. En el reino del sur, Judá, levantó reyes justos como Josafat, Ezequías y Josías. Pero en el reino del norte, Israel, el único rey justo fue Jehú. El gobierno de un rey como él representaba una ventana de tiempo y gracia, una oportunidad para que la nación volviera a Dios. En el caso de Josías, fue la última ventana, la última oportunidad para evitar el juicio. Poco después de terminar su reinado, la nación entró en juicio y fue destruida.[1] Así también, el ascenso de Jehú al trono fue una señal. Dios estaba dándole a una nación caída y apóstata la oportunidad de modificar su curso, evitar el juicio y volverse a él.

REDENCIÓN O JUICIO

De igual manera, al Jehú moderno le corresponde una dualidad: por un lado, ser un vaso de alivio y liberación, y por otro, un vaso de juicio. Para el momento de su ascenso, la apostasía y la decadencia de Estados Unidos se habían arraigado en las más altas casas de poder y solo ganaban velocidad y fuerza. Que una nación haya conocido tanto a Dios y luego se haya apartado tanto es algo sumamente peligroso. Está al borde de una oscuridad total, de la cual no hay retorno, o de entrar en juicio o ambas cosas. Fue en medio de todo eso que Trump ascendió al poder. Con todas sus idiosincrasias, contradicciones y controversias, se necesitaba a alguien de naturaleza tan impactante como para estremecer y perturbar la caída de la nación. El ascenso y el retorno del Jehú estadounidense constituye una ventana.

En cuanto a la ventana, representa dos cosas al mismo tiempo: por un lado, la oportunidad de retorno y restauración; por otro, la advertencia de que el tiempo es corto y del peligro que acecha si se pierde la ocasión. La apostasía estadounidense no desapareció tras la elección de Trump. Que hubiera progresado tanto y tan profundamente hasta ese momento significaba que se necesitaría algo de igual o mayor magnitud para revertirla. ¿Sucederá eso?

EL BIEN

Jehú fue elogiado por el Señor. En 2 Reyes 10 está escrito:

> Has actuado bien. Has hecho lo que me agrada.[2]

En esto, Jehú fue excepcional, el único gobernante del reino del norte en recibir tal palabra de Dios. Había acabado con la casa de Acab, eliminado la adoración a Baal, levantado el nombre de Dios y dado un respiro a la nación. Y, sin embargo, había otro lado.

EL OTRO LADO

La Escritura también registra sobre Jehú:

> De esta forma Jehú erradicó de Israel el culto a Baal. Sin embargo, no se apartó del pecado que Jeroboán, hijo de Nabat, hizo cometer a los israelitas, es decir, el de rendir culto a los becerros de oro en Betel y en Dan.[3]

De forma que, aun cuando Jehú cumplió la voluntad de Dios de manera dramática y en áreas críticas, no lo hizo en todos los ámbitos. No logró apartar a la nación de la adoración a los becerros de oro que su primer rey, Jeroboam, había erigido. Además, la Escritura registra que

> Sin embargo, Jehú no cumplió con todo el corazón la Ley del Señor, Dios de Israel.[4]

LA ESPERANZA

Jehú era una mezcla. Así también, en muchos sentidos, lo es el Jehú estadounidense. Jehú fue un vaso imperfecto, que podía ser descuidado con los caminos de Dios e imprudente en sus actos. Por un lado, cumplió la voluntad de Dios. Por otro, tanto la excedió como le faltó. Las mismas cualidades que resultaban fuerza cuando se usaban para los propósitos de Dios, podían ser debilidad cuando no. Así, la Biblia registra sobre Jehú que la nación de Israel fue disminuida en su época.[5]

Todo esto también es una advertencia para nuestro tiempo. Mientras tengamos esta ventana, debemos orar para que el Jehú estadounidense y los de su casa sean mejores que su prototipo antiguo; y busquen, sobre todas las cosas, servir a la voluntad y propósitos de aquel que los llamó.

Dios levantará a quienes él quiera como vasos para sus propósitos. Pero nuestra esperanza nunca debe descansar en ningún vaso, ni siquiera en los de Dios, sino solamente en Dios mismo.

¿Cuál, entonces, es la respuesta? ¿Y podría haberse dado ya una señal al respecto?

Capítulo 79

LA UNCIÓN DEL SACERDOTE

CUANDO ESO OCURRIÓ, provocó ondas de choque en toda la nación. Y, sin embargo, detrás de ello se hallaba un misterio que se remontaba a un sacerdocio antiguo.

EL FRASCO DE ACEITE

La misión que el profeta le dio a Jehú no podía cumplirse sin derramar aceite, es decir, sin unción:

> Toma entonces el frasco, derrama el aceite sobre su cabeza y declárale: "Así dice el Señor: 'Ahora te unjo como rey de Israel'".[1]

La Escritura registra la entrega de la unción de Dios, particularmente en momentos clave del plan divino: el comienzo del reinado de un rey, el inicio de una misión o ministerio. La unción significaba que el ungido había sido escogido y llamado para servir a los propósitos de Dios.

LA UNCIÓN DE JEHÚ

En la historia de Jehú, la unción es crucial. De todos los gobernantes del reino del norte, él es el único reconocido como ungido con aceite. La orden de ungirlo se le dio inicialmente a Elías, como respuesta a los lamentos del profeta por la apostasía de su nación. La unción de Jehú fue única, ya que no solo estaba ligada al cargo de rey, sino a un llamado y una misión muy específicos de juicio y limpieza. ¿Podría haber, entonces, una conexión entre el Jehú americano, Donald Trump, y la unción de Dios?

LA CONSAGRACIÓN DE LOS SACERDOTES

Los primeros del pueblo de Dios en recibir la unción, según la Escritura, fueron Aarón y sus hijos, los sacerdotes de Israel.[2] Para comenzar su ministerio, debían ser ungidos. La unción de los sacerdotes no era solo con aceite, sino también con sangre. Dios le ordenó a Moisés que ungiera a Aarón y a sus hijos con la sangre del sacrificio, colocándola en tres partes determinadas de sus cuerpos. Solo después podían iniciar su ministerio y cumplir su llamado.

EL INSTANTE DIVINO

El 13 de julio de 2024, Donald Trump hablaba en un mitin en Butler, Pennsylvania, cuando se escucharon unos disparos.[3] Era un asesino que apuntaba a la cabeza de Trump. Antes de que las balas lo alcanzaran, Trump giró la cabeza hacia la derecha. Una de las balas rozó su oído, dejándolo sangrante pero vivo.[4] Si no hubiera girado la cabeza en ese momento puntual y en ese grado exacto, habría muerto. Su vida fue salvada por dos fracciones: una fracción de pulgada y una fracción de segundo.

UNA MARCA DURADERA

Lo que sucedió ese día en Butler dejó una marca permanente en los pensamientos y perspectivas de Trump. Tras el incidente, hablaría de Dios en términos más personales que nunca. Jehú sabía que había sido ungido por Dios y recibido una misión. Después de Butler, el Jehú americano tendría la misma convicción y la expresaría públicamente: que estaba ungido para una misión y propósito divino.[5] Pero, ¿podría haber habido algo más en lo sucedido en ese escenario ese día?

LA CONSAGRACIÓN DEL OÍDO

En la unción sacerdotal, Dios le dijo a Moisés que tomara la sangre del sacrificio y la pusiera

> en el lóbulo de la oreja derecha de Aarón y de sus hijos.[6]

Eso era simbólico. Para cumplir los propósitos de Dios, el oído del sacerdote debía estar abierto para escuchar la voz de Dios, su palabra, su voluntad y su consejo. El oído del sacerdote debía ser consagrado a Dios y por eso se ungía con sangre. La bala destinada a matar a Donald Trump, en cambio, hizo sangrar su oído, por lo que la sangre comenzó a correr por su rostro. En la antigua unción, la sangre debía tocar el oído del candidato al sacerdocio. En el escenario de

Butler, Pennsylvania, la sangre tocó el oído del candidato a la presidencia. Más concretamente, debía tocar la punta del *oído derecho* de Trump, y así lo hizo.[7]

Por supuesto, era su propia sangre, y se trataba de un intento de asesinato. No obstante, seguiría el patrón de la unción sacerdotal.

LA CONSAGRACIÓN DEL PULGAR

Luego Dios le dijo a Moisés que colocara la sangre:

> en el pulgar de la mano derecha.[8]

La mano y el pulgar del sacerdote simbolizaban los actos y las obras para los que estaban siendo ungidos. El ministro de Dios no solo debía escuchar la voz de Dios, sino obedecer lo que escuchaba y ejecutar las obras de Dios. Así que la antigua unción procedía del oído a la mano. Tras ser rozado por la bala, Trump levantó la mano para tocar su oído sangrante. En la unción sacerdotal, la mano del candidato debía entrar en contacto con la sangre; así que la mano del candidato presidencial tocó la sangre, específicamente la mano derecha. Además, la unción involucraba el pulgar de la mano derecha, el que Trump levantó para tocar la sangre de su oído derecho.[9]

LA CONSAGRACIÓN DEL DEDO GORDO DEL PIE

Quedaba una última parte del cuerpo del sacerdote que debía ser tocada por la sangre de la unción. Moisés debía poner la sangre sobre el

> dedo gordo del pie derecho.[10]

Para ministrar al Señor, el sacerdote tenía que andar en los caminos de Dios, buscar su guía y seguir su senda. Por eso, también su pie debía ser ungido con sangre. La sangre de la oreja de Trump caería en abundancia hacia el piso del escenario. Luego él mismo sería forzado a descender hasta ese piso. Aunque nadie puede afirmar con certeza lo que ocurrió después, la sangre solo podría haber tocado sus pies si se le hubieran quitado los zapatos.

En su caída al suelo, de alguna manera, los zapatos de Trump se salieron de sus pies. Al principio quedó agachado sobre el piso del escenario, con la sangre corriendo por su rostro. Luego, cuando pudo, se levantó, se puso de pie sobre el mismo lugar donde había sido derribado.

La última parte de la unción con sangre se enfocaba en el pie del sacerdote. Así también con Trump, que entonces pidió que le trajeran sus zapatos.[11] Se cree que los sacerdotes eran consagrados sin zapatos y que ministraban a Dios descalzos. Así que, aquel día, sobre ese escenario, le fueron quitados los zapatos a Trump; quedando completamente descalzo.

LA UNCIÓN Y EL CARGO

Como en la antigua unción, así también en Butler, Pensilvania: comenzó con la sangre en la punta de la oreja derecha, descendió al pulgar de la mano derecha y, finalmente, a los pies descalzos de quien iba a ser consagrado. En los días posteriores, muchos llegarían a convencerse de que Kamala Harris ganaría las elecciones presidenciales. Pero, en el misterio de la unción, todo quedó sellado ese día en Butler. Pues la unción era para el cargo. Y estaba ordenado que quien recibiera la unción sería también quien recibiría la posición, en este caso, la presidencia.

Pero había más en la unción, tanto en la de los sacerdotes como en la de Donald Trump.

Capítulo 80

LA INVESTIDURA

La segunda parte de la unción de Trump tendría lugar ante los ojos de la nación y del mundo.

MASHKEH: EL COPERO

La Biblia habla de uno llamado *mashkeh*, el *copero*; término que se encuentra desde la historia de José en Egipto hasta Nehemías, copero del emperador persa.[1] El copero jugaba un papel crucial en la corte real: su misión era proteger al rey de cualquier intento de asesinato. Él llevaba la copa para asegurarse de que no estuviera envenenada.[2]

La palabra "copero" pasaría al francés como *boutellier*, portador de la copa o de la botella. De boutellier pasó al inglés y se convirtió en la palabra *butler*, como en *Butler*, Pensilvania. El intento de asesinato contra Trump ocurrió en un lugar llamado Butler, palabra asociada con la protección de un gobernante frente a un atentado. Más aún, el término aludía al responsable de garantizar que tal intento se frustrara y que la vida del gobernante se salvara. En el caso de Butler, eso ocurrió por una fracción de pulgada y una fracción de segundo. Se puede entender entonces que el "mayordomo" (butler), el que salvó la vida del gobernante, no era de carne y hueso.

LA INSTALACIÓN

La unción con sangre debía conducir a la instalación del sacerdote en su cargo y ministerio. De forma que la unción con sangre en Butler tenía que llevar a otra cosa. No fue coincidencia que lo ocurrido en ese lugar condujera directamente a la Convención Nacional Republicana.

Solo dos días después del acontecimiento en Butler, comenzó la Convención Nacional Republicana. El objetivo de esa convención era nominar a Donald Trump para instalarlo en el cargo de presidente. La convención representaría la continuación y segunda parte de la unción de sangre de Butler.

La conexión entre ambos acontecimientos sería inevitable, pues Trump aparecería en el escenario de la convención con una venda marcando el lugar de donde había brotado la sangre.[3] Y así como la consagración de los sacerdotes se oficiaba públicamente, tanto el intento de asesinato como la nominación de Trump se desarrollaron en público: esto último, ante la nación y el mundo.

DELANTE DE LA CASA DEL MINISTERIO

> Luego traerás a Aarón y a sus hijos a la entrada del tabernáculo.[4]

La consagración del sacerdote debía ocurrir en un lugar específico: delante del tabernáculo o templo de Dios; es decir, frente al lugar en el que serviría en su oficio sacerdotal. ¿Podrían haberse reflejado las dinámicas de la instalación sacerdotal en la nominación de Trump como candidato presidencial republicano en 2024?

Cuando Trump expuso su discurso de aceptación en la Convención Nacional Republicana de 2024, lo hizo con una venda en su oreja derecha y con un enorme telón de fondo: la imagen de la Casa Blanca.[5] Así, como en la antigua ordenación, su instalación tuvo lugar delante de la "casa" en la que serviría al recibir el cargo.

DELANTE DE LA PUERTA

La ordenanza, sin embargo, era aún más específica: la consagración debía realizarse *frente a la puerta* del tabernáculo. La palabra hebrea usada es *petaj*, que puede significar entrada, acceso, puerta o portón. ¿Podría entonces este patrón haberse repetido en la nominación de Trump? ¿Pudo haber sucedido delante de un *petaj*, una puerta o un umbral?

La respuesta es sí. Cuando Trump aceptó la nominación a la presidencia, lo hizo *delante de una puerta*.[6] Así como el sacerdote debía ser ordenado frente a la puerta de la casa donde serviría, Trump fue instalado delante de la puerta de la "casa" en la que serviría: la Casa Blanca. En su nominación anterior, en 2020, también estuvo frente a una imagen de la Casa Blanca, pero del Pórtico Sur.[7] Esta vez, el telón de fondo era el Pórtico Norte, con la puerta al centro, enmarcando perfectamente su figura mientras recibía la nominación.[8]

LA IMAGEN DEL TEMPLO

Durante la mayor parte de la historia bíblica, los sacerdotes eran ordenados frente a la puerta del templo de Jerusalén. Curiosamente, la sección de la Casa Blanca elegida para el discurso de Trump en 2024 imitaba la fachada y la puerta del templo de Jerusalén.

Era una fachada rectangular vertical de piedra clara flanqueada con columnas, como la del templo de Jerusalén. La puerta estaba enmarcada con cuadrados concéntricos, igual que en las recreaciones del templo. Las dos puertas estaban flanqueadas por cuatro columnas de piedra, igual que en el templo.[9]

Así que Trump recibió la nominación y pronunció su discurso de aceptación delante de una fachada que reproducía el marco de la ordenación sacerdotal. Como el ungido antiguo que estuvo con sangre en su oreja derecha frente a la casa de Dios, así Trump, con su oreja marcada por la sangre, estuvo frente a la "puerta" de la casa en la que serviría.

EL SÉPTIMO DÍA

> Por siete días los consagrarás.[10]

La unción y consagración sacerdotal se desarrollaba a lo largo de siete días, confirmándose en el séptimo. En el caso de Trump, todo comenzó cuando la sangre tocó la punta de su oreja derecha en Butler, Pensilvania. Era sábado, 13 de julio de 2024. El día hebreo comienza al atardecer y termina al siguiente atardecer. Los disparos ocurrieron a las 6:11 de la tarde, unas dos horas y media antes de la puesta del sol.[11] Al caer el sol, comenzó el segundo día. El domingo al atardecer, empezó el tercero; el lunes al atardecer, el cuarto; el martes al atardecer, el quinto; y el miércoles al atardecer, el sexto.

El séptimo día, después de Butler y la unción con sangre, comenzó al atardecer del jueves 18 de julio. Y fue en ese séptimo día que la consagración debía confirmarse. Trump recibió la nominación presidencial el jueves 18, poco después de la puesta del sol.

Siete días hebreos después de que la sangre tocó su oreja derecha, en la última noche de la Convención Nacional Republicana, la consagración se completó, en el séptimo día.

EL SIGNIFICADO DE LA CONSAGRACIÓN

En el relato antiguo, solo después de su unción y consagración, y a causa de ello, Jehú comprendió su llamado y su misión de parte de Dios. Así sería para el "Jehú" americano según el patrón antiguo. Solo tras su unción y consagración en Butler, y debido a ello, Trump se daría cuenta de que había recibido un llamado y una misión de parte de Dios.

¿Qué significa entonces que la nominación de un presidente estadounidense haya seguido el patrón de la antigua unción y consagración sacerdotal? Ambas cosas se otorgan a quien ha sido llamado para un propósito específico. Ese propósito no es de origen humano y está por encima de cualquier plan del propio ungido. Que haya seguido el patrón sacerdotal significaría que el llamado no era únicamente político, sino también espiritual: servir a Dios. El sacerdote ministraba como representante de su nación. ¿Podría ser que la estrecha escapatoria de Trump fuera una señal profética de que la nación también escaparía por poco de otro tipo de calamidad, de ser sellada en tinieblas y finalmente en juicio? Y, dado que el llamado del sacerdote era reconciliar a su nación con Dios, ¿podría ser que la razón definitiva por la que Trump alcanzara el poder fuera que jugara un papel en cuanto a volver a encaminar a Estados Unidos hacia Dios?

A estas últimas preguntas responderá el último misterio.

Capítulo 81

EL OBELISCO

MIDE POCO MENOS de cuarenta y cinco centímetros de ancho y menos de un metro noventa de alto. Está hecho de piedra caliza negra. No existe otro objeto como este en el mundo.

EL OBELISCO NEGRO

De todas las figuras que aparecen en la Biblia, no existe dibujo, pintura, relieve tallado, escultura ni imagen creada en la época de su existencia —o en tiempos bíblicos— que nos dé una idea de cómo pudieron haber lucido… *excepto una*. Se llama el *Obelisco Negro*. El Obelisco Negro es un monumento de piedra neoasirio que conmemora las victorias y los hechos del rey asirio Salmanasar III.[1] Tallada en el Obelisco Negro se encuentra la única representación conocida, hecha en la antigüedad, de un rey israelita o de cualquier figura bíblica. Es la imagen de *Jehú*.[2]

LA IMAGEN DEL JEHÚ AMERICANO

Una de las fotografías más impactantes del Jehú americano fue tomada en el escenario de Butler, Pensilvania. Después de que sonaron los disparos y una bala le rozó la oreja, Trump fue rodeado por agentes del Servicio Secreto que lo forzaron a lanzarse al suelo del escenario. En ese instante se tomó una fotografía. La imagen resultante fue sin precedentes. Mostraba a Trump de rodillas, con la sangre corriendo por su rostro, inclinado hacia el piso del escenario.

LA IMAGEN DEL JEHÚ ANTIGUO

La imagen en piedra del rey Jehú tenía casi tres mil años de antigüedad. ¿Qué mostraba? Mostraba a Jehú de rodillas e *inclinado hacia el suelo*… exactamente igual que en la imagen del Jehú moderno. Aunque la causa que llevó al antiguo Jehú a inclinarse fue diferente de la que llevó al Jehú americano, el efecto fue el mismo. En la imagen en piedra, el rostro de Jehú aparece de perfil. En la imagen fotográfica moderna, el rostro del Jehú americano también aparece de perfil. Los dos Jehú fueron captados en su momento de postración.

LA POSTRACIÓN DE UN REY

En la imagen antigua en piedra, el rey Jehú se inclina hacia adelante hasta un punto en que su rostro casi toca el suelo. En la fotografía del Jehú moderno, él también se inclina hacia adelante hasta que su rostro casi roza el suelo. En la imagen tomada en Butler, Pensilvania, Trump coloca su mano entre su rostro y el piso. En la imagen tallada del Obelisco Negro, Jehú coloca sus manos entre su rostro y el suelo. El antiquísimo grabado de Jehú arrodillado había esperado miles de años antes de que otro Jehú se conformara a la misma imagen.

LA POSTRACIÓN DE UNA NACIÓN

En el caso de Trump, la imagen estaba vinculada al acontecimiento que correspondía con su unción. ¿Qué significaba eso? En la Biblia, postrarse representa un acto de humildad, de adoración. El sacerdote debía consagrarse a Dios y al rey, humillarse ante la realeza de Dios. Cada uno era un representante de su nación. ¿Podría entonces la postración del Jehú americano ser una señal no solo para Trump sino también para la nación? ¿Podría ser que Dios esté llamando a Estados Unidos a humillarse ante él en adoración y reverencia, a rededicarse y reconsagrarse a sus propósitos? Y, como sucedió con Trump aquel día en Pensilvania, ¿podría ser que solo cayendo de rodillas pueda Estados Unidos ser salvo?

Ahora llegamos a las preguntas finales, al asunto definitivo y a la respuesta final.

Capítulo 82

JUICIO, REDENCIÓN Y ETERNIDAD

¿QUÉ TAN AVANZADA está la hora? ¿Qué traerá el futuro? ¿Y qué debemos hacer?

UNA GUERRA DE REINOS

Hemos sido testigos de una guerra de reinos. Este conflicto bélico afecta las esferas del gobierno, la política, los gobernantes, la sociedad y la cultura… y, sin embargo, las trasciende todas. Es, en última instancia, una guerra espiritual y una guerra de espíritus. Por un lado, están Dios y los fundamentos sobre los cuales surgieron Estados Unidos y Occidente. Por el otro, los dioses, los espíritus y todo lo que llega con ellos. En la guerra hay muchas batallas. En la más reciente, el reino de los dioses y los espíritus sufrió una derrota, y se evitó la confirmación de su reinado. Pero la guerra no ha terminado.

EL PROPÓSITO DE LA VENTANA

Lo que se ha gestado durante décadas y se ha arraigado tan profundamente en la cultura de una nación no se deshace en una sola elección política. Aunque Jehú fue un instrumento de Dios, no era en sí mismo la respuesta absoluta. De igual manera, el Jehú estadounidense, Trump, es un instrumento de Dios, pero no es en sí mismo la respuesta. Incluso la ventana de oportunidad que ahora se nos ha dado no es tampoco la respuesta que necesitamos, sino un medio y una apertura para alcanzarla. La raíz del problema de Estados Unidos de América, y de Occidente, no es en definitiva política, económica, social, ni siquiera cultural… sino espiritual.

LA OMISIÓN DE JEHÚ

Jehú puso fin a la persecución del pueblo de Dios, desmanteló las instituciones nacionales de impiedad y maldad, y expulsó el culto a Baal, con su inmoralidad sexual, sus perversidades y sus sacrificios de los hijos de la nación. Apartó a los dioses extranjeros, pero nunca logró que la nación volviera a Dios. Expulsó el espíritu de Baal, pero nunca abrió las puertas al Espíritu de Dios. Y al hacer todo lo demás, pero no hacer esa única cosa, todo ello —al final— sería deshecho. Después de su reinado, la nación reanudaría su descenso lejos de Dios, hasta el día de su juicio, cuando sería borrada de la faz de la tierra.

LA ADVERTENCIA

Y aquí está la advertencia: si nos ocupamos del fruto, las hojas, las ramas y el tallo, pero no tratamos la raíz, entonces todo volverá a crecer. Si la raíz del problema queda intacta, cualquier otro esfuerzo será en vano. Si cambiamos el gobierno pero no al pueblo, entonces ese pueblo inmutable volverá a cambiar el gobierno. Si transformamos las leyes pero no los corazones, los corazones inmutables volverán a torcer las leyes. Y si expulsamos a los dioses pero no llenamos su ausencia con la presencia de Dios, quedaremos con una casa desocupada, y la casa no permanecerá así… vacía.

Porque los dioses son espíritu; no mueren. Ellos esperan. Si pudieron esperar dos mil años para regresar y volver a habitar la civilización occidental, pueden esperar mucho menos. Si no llenamos la casa, los dioses volverán, pero entonces con venganza. Por tanto, sus templos serán reconstruidos, sus altares, reedificados y la casa, tomada de nuevo.

LA RESPUESTA

El fruto, las hojas, las ramas y el tallo abarcan cada esfera de la cultura. Sin embargo, la raíz es espiritual. Un problema espiritual no se resuelve con una respuesta política, económica, social ni cultural. Solo puede resolverse con una respuesta espiritual. El problema comenzó cuando Estados Unidos de América se apartó del Dios de su fundación y se despojó de su presencia. Así que eso solo puede revertirse, y la respuesta solo puede llegar, si Estados Unidos regresa al Dios del que se apartó y recibe nuevamente su presencia en cada vacío y hueco de su ausencia. Eso fue una partida masiva, así que debe ser respondido con un retorno masivo. Solo puede responderse con un regreso, un despertar y un avivamiento a nivel social, cultural y civilizacional.

EL "SI" DEL AVIVAMIENTO

Así como en el grabado en piedra de Jehú y en la imagen fotográfica de Trump, en Pensilvania, ambos arrodillados e inclinados hacia el suelo, también nosotros debemos humillarnos ante Dios, apartarnos de nuestra oscuridad y buscar tanto su presencia como su misericordia, tal cual está escrito:

> Si se humillare mi pueblo, sobre el cual mi nombre es invocado, y oraren, y buscaren mi rostro, y se convirtieren de sus malos caminos; entonces yo oiré desde los cielos, y perdonaré sus pecados, y sanaré su tierra.[1]

El avivamiento no es opcional; es el único recurso. Sin avivamiento, Estados Unidos de América, tal como lo hemos conocido, se habrá perdido. Sin avivamiento, Estados Unidos terminará —al final— en juicio o, peor aún, en un estado irreversible de oscuridad y poseído por los dioses.

LA REDENCIÓN

Sin Dios, no solo las naciones se pierden y son juzgadas, sino también cada uno de nosotros. Y sin Dios, cada uno de nosotros se convierte en una casa vacía. Por eso pasamos la vida tratando de llenar el vacío, pero no podemos. Y, como las naciones, todos procedemos al juicio. Sin embargo, las naciones son temporales; nuestras almas son eternas. Así que el juicio o la redención de nuestras almas es eterno.

Está escrito que solo hay un nombre dado bajo el cielo por el cual debemos ser salvos: Jesús. El nombre *Jesús* es una traducción de su verdadero nombre, Yeshúa. *Yeshúa* significa "Dios salva".[2] Yeshúa, Jesús, es, ha sido y siempre será nuestro único camino a la salvación.

Jesús, Yeshúa, dijo prácticamente nada acerca de religión. Porque la salvación no se trata de nacer católico, protestante, judío, musulmán, hindú o con cualquier otra etiqueta. Se trata de *nacer de nuevo.* Fue él quien dijo que la única manera de ser salvo es *nacer de nuevo.*[3]

¿Qué significa eso? Significa apartarse de lo viejo, de la oscuridad, del pecado, para entonces buscar y recibir su perdón y su limpieza. Significa recibir su amor y su presencia en el corazón, para llenar todo vacío y toda ausencia. Y significa seguirle todos los días de la vida. Eso puede suceder en cualquier lugar y momento... incluso al leer estas palabras.

¿POR QUIÉN SONARÁ LA TROMPETA?

En cuanto a Estados Unidos de América, ahora pende entre Dios y los dioses, entre la luz y la oscuridad, entre el avivamiento y el juicio o algo peor. Aunque su caída fue, por un tiempo, evitada, su apostasía está en un estado profundo y avanzado.

Así que la línea que separa la redención del juicio es, para esta nación, especialmente delgada. Y así como en la antigüedad, que la trompeta de Dios sonó tanto para la redención como para la advertencia, los días de Trump pueden sonar para lo uno o para lo otro. Lo que suceda en Estados Unidos en cuanto a su regreso o su alejamiento de Dios determinará para cuál sonará.

¿QUÉ DEBEMOS HACER?

Por tanto, ¿qué debemos hacer? Debemos orar por el avivamiento como nunca antes, con fervor, con todo el corazón y sin cesar. Debemos trabajar como nunca, actuar y ministrar para que venga el avivamiento. Debemos proclamar con valentía el mensaje de salvación, las buenas nuevas del Mesías, a todos los que quieran escucharlas, para que el avivamiento venga. Sin embargo, no solo debemos orar y trabajar por el avivamiento, sino elegir el avivamiento, para que este ocurra. Porque no basta con buscar que llegue a otros, sino que debemos comenzar a vivir en avivamiento sin reservas, sin compromisos y sin retroceder— totalmente, entregados y encendidos por Dios. Si hacemos eso, entonces el avivamiento ha de comenzar aquí y ahora. Así que comprometámonos a hacer eso.

AL FINAL

Al final, los dioses se desvanecerán, pero Dios permanecerá. Y aquellos que hayan permanecido por él, que hayan sostenido sus caminos, que hayan seguido sus pisadas, que hayan confiado en su Palabra y que hayan obedecido su voluntad, ellos —como está escrito— resplandecerán tal cual las estrellas del cielo. Que así se diga de quien ahora lee estas palabras.

Hasta ese día, mantente firme por Dios y contra los dioses, constante, sin titubear e inconmovible. Y, sin importar lo que traiga el futuro, vive de tal manera que, sea en gloria o en afrenta, en alabanza o persecución, a la luz del día o en la oscuridad de la noche, proclames con valentía que solo Dios es Dios.

NOTAS

CAPÍTULO 4

1. Paul Zacharia, "The Surprisingly Early History of Christianity in India," *Smithsonian*, February 19, 2016, www.smithsonianmag.com/travel/how-christianity-came-to-india-kerala-180958117/.
2. Zacharia, "The Surprisingly Early History."
3. Andrea Malji, "The Rise of Hindu Nationalism and Its Regional and Global Ramifications," *Education About Asia* 23, no. 1 (2018), www.asianstudies.org/publications/eaa/archives/the-rise-of-hindu-nationalism-and-its-regional-and-global-ramifications/.
4. "Anti-Christian Violence on the Rise in India," Human Rights Watch, September 30, 1999, www.hrw.org/news/1999/09/30/anti-christian-violence-rise-india.
5. "Politics by Other Means," Human Rights Watch, September 1, 1999, www.refworld.org/reference/countryrep/hrw/1999/en/22306.

CAPÍTULO 5

1. A. D. N., "Saint Thomas, the Apostle to Us Indians," *Times of India*, September 26, 2020, https://timesofindia.indiatimes.com/blogs/weltanschauung/saint-thomas-the-apostle-to-us-indians/.
2. Human Rights Watch, "Politics by Other Means."
3. Salmo 91:2–3, 5.
4. "V. Attacks Across the Country," Human Rights Watch, accessed April 25, 2025, www.hrw.org/reports/1999/indiachr/christians8-05.htm.

CAPÍTULO 6

1. "Taj Mahal," Digital India, accessed April 25, 2025, https://agra.nic.in/tourist-place/the-taj-mahal/.
2. "Krishna," University of North Carolina Wilmington, accessed April 25, 2025, https://people.uncw.edu/deagona/tricksters/Blank%20Page%2011.htm.
3. "The Sakatasura Demon," Hare Krsnas, accessed April 25, 2025, www.harekrsna.com/philosophy/associates/demons/vrindaban/sakatasura.htm.

CAPÍTULO 7

1. Números 10:9.

CAPÍTULO 8

1. Omar Rodriguez, "AfroCuban Religion and Syncretism with the Catholic Religion," Miami University, April 25, 2025, https://scholar.library.miami.edu/emancipation.htm.
2. "'Santeria': La Regla de Ocha-Ifa and Lukumi," Pluralism, accessed April 25, 2025, https://pluralism.org/%E2%80%9Csanter%C3%ADa%E2%80%9D-the-lucumi-way.
3. "The Orishas," Indiana University, accessed April 28, 2025, https://legacy.cs.indiana.edu/~port/teach/205/santeria2.html.
4. Mercedes Cros Sandoval, *Worldview, the Orichas, and Santería: Africa to Cuba and Beyond* (University Press of Florida, 2006).
5. Rodriguez, "AfroCuban Religion."
6. Lily Gardner, "Cult of the Saints: An Introduction to Santeria," *Llewellyn*, September 29, 2009, www.llewellyn.com/journal/article/2048?srsltid=AfmBOoqNcSrZ6WeJG7gvMDQFfNWM1uSpY0Hypmy9ZZxm8X0tSTx0QdZ_.
7. Catherine Beyer, "The Orishas," Learn Religions, January 23, 2018, www.learnreligions.com/orunla-osain-oshun-oya-and-yemaya-95923.
8. Gardner, "Cult."

9. "Priesthood," BBC, accessed April 25, 2025, www.bbc.com/religion/religions/santeria/structure/priesthood.shtml.
10. "Salmo 106:37," Bible Hub, May 30, 2025, https://biblehub.com/text/psalms/106-37.htm.
11. Ikechukwu Anthony et al., "The Concept of Sacrifice in Yoruba Religion and Culture," in *Formation of the Human Person in the 21st Century*, eds. Gregory Ogbenika and Francis Ikhianosime (The Seminary of All Saints, Uhiele-Ekpoma, 2021), 383–90.
12. Andrew Walker, "Marketing 'Killing Nigerian Festival,'" BBC News, September 8, 2008, http://news.bbc.co.uk/2/hi/africa/7593852.stm.
13. Katherine Hagedorn, *Divine Utterances: The Performance of Afro-Cuban Santería* (Smithsonian Books, 2001), 126–27.
14. Margarite Fernández Olmos and Lizabeth Paravisini-Gebert, *Creole Religions of the Caribbean: An Introduction from Vodou and Santería to Obeah and Espiritismo* (New York University Press, 2003), 73.
15. Joseph Holbrook, "The Catholic Church in Cuba, 1959–62: The Clash of Ideologies," *International Journal of Cuban Studies* 2, no. 3/4 (2010): 264–75, www.scienceopen.com/hosted-document?doi=10.2307/41945906.
16. "Religion in Cuba," Global Security, accessed April 29, 2025, www.globalsecurity.org/military/world/cuba/religion.htm.
17. Holbrook, "The Catholic Church," 271.
18. Peter Lemass, "Fidel Castro's Cuba," *The Furrow* 36, no. 6 (1985): 365–75, www.jstor.org/stable/27678080.
19. Marilyn Stewart, "Imprisoned Under Castro, Cuban Pastor Obed Millan Shares Message of Hope," New Orleans Baptist Theological Seminary, September 17, 2018, www.nobts.edu/news/articles/2018/PrisonertoPrisonChaplain.html.
20. Kirsten Lavery, "The Santería Tradition in Cuba," fact sheet from United States Commission on International Religious Freedom, February 2021, www.uscirf.gov/sites/default/files/2021%20Factsheet%20-%20Santeria%20in%20Cuba.pdf.
21. Associated Press, "Cubans Seek Solutions and Solace in Santería Amid Crises," *El País*, April 10, 2023, https://english.elpais.com/international/2023-04-09/cubans-seek-solutions-and-solace-in-santeria-amid-crises.html.
22. Lavery, "The Santería Tradition."
23. Associated Press, "Cubans."
24. Christine Ayorinde, *Afro-Cuban Religiosity, Revolution, and National Identity* (University Press of Florida, 2004).
25. Angela N. Castañeda, "The African Diaspora in Mexico: Santería, Tourism, and Representations of the State," in *The African Diaspora and the Study of Religion*, ed. Theodore Louis Trost (Palgrave Macmillan, 2007), 131–50.
26. Lavery, "The Santería Tradition."
27. Bret Sigler, "Saving the Cuban Soul," UC Berkeley Graduate School of Journalism, updated April 5, 2002, https://projects.journalism.berkeley.edu/cubans2001/story-religion.html.
28. "Cuba: Year of the Firing Squad," *Time*, February 3, 1961, https://content.time.com/time/subscriber/article/0,33009,872043,00.html.

CAPÍTULO 9

1. "18. Despatch from the Consulate at Santiago de Cuba to the Department of State," Office of the Historian, US State Department, February 21, 1958, https://history.state.gov/historicaldocuments/frus1958-60v06/d18.
2. *Britannica*, "The Rise of Castro and the Outbreak of Revolution," in "Cuban Revolution," accessed May 30, 2025, www.britannica.com/event/Cuban-Revolution/The-rise-of-Castro-and-the-outbreak-of-revolution.
3. *Britannica*, "The Rise."
4. "El Cobre & San Lázaro," *World Pilgrimage Guide*, accessed April 25, 2025, https://sacredsites.com/americas/cuba/el_cobre_san_lazaro.html.
5. *World Pilgrimage Guide*, "El Cobre."
6. "El Cobre, Cuba," Sacred Destinations, accessed April 29, 2025, www.sacred-destinations.com/cuba/el-cobre.

7. "Cubans Speculate About Santeria Rites at Castro's Funeral," *Martinoticias*, November 29, 2016, www.martinoticias.com/a/fidel-castro-ritos-santeria-funerales-especulaciones/134467.html.
8. Fidel Castro, "Address on Arrival in Havana on 8 January 1959," Fidel Castro Internet Archive, accessed April 25, 2025, www.marxists.org/history/cuba/archive/castro/1959/04/14-apr-1959.htm.
9. Olmos and Paravisini-Gebert, *Creole Religions*, 44.
10. Suzanne Preston Blier, "Kings, Crowns, and Rights of Succession: Obalufon Arts at Ife and Other Yoruba Center," *Art Bulletin* 67, no. 3 (1985): 383–401, www.collegeart.org/pdf/artbulletin/Art%20Bulletin%20Vol%2067%20No%203%20Blier.pdf.
11. "Obatala: The Orisha Who Created the Sky and Mankind," Original Botanica, June 8, 2023, https://originalbotanica.com/blog/orisha-obatala-prayers-rituals.
12. "Fidel Castro Speech, Havana, Cuba," film recorded January 8, 1959, *Getty Images*, accessed April 25, 2025, 13 sec., www.gettyimages.com/detail/video/havana-cuba-january-8-1959-historic-footage-of-the-first-news-footage/1218249436.
13. Ivor L. Miller, "Religious Symbolism in Cuban Political Performance," *TDR* 44, no. 2 (2000): 38, www.jstor.org/stable/1146846.
14. Yoe Suárez, "The Cuban Revolution as a Religious Faith," *Evangelical Focus*, April 10, 2024, https://evangelicalfocus.com/features/the-cuban-revolution-as-a-religious-faith.
15. Lillian Guerra, *Visions of Power in Cuba: Revolution, Redemption, and Resistance, 1959–1971*, ed. Louis A. Pérez Jr. (University of North Carolina Press, 2012), 152.

CAPÍTULO 10

1. Olmos and Paravisini-Gebert, *Creole Religions*, 42.
2. Indiana University, "The Orishas."
3. Christopher Smith, "Indict Castro for Murder," *Wall Street Journal*, February 26, 2001, www.wsj.com/articles/SB983143798683748150.
4. "Chango, Lord of Fire and Lightning," About Santería, accessed April 29, 2025, http://www.aboutsanteria.com/changoacute.html.
5. Laura Betzig, "Fidel: An American Comandante," *Psychology Today*, December 4, 2016, www.psychologytoday.com/us/blog/the-political-animal/201612/fidel.
6. Juan Reinaldo Sanchez, "Hidden Wives, Mistresses and Kids: Fidel Castro's Secret Life," *New York Post*, March 20, 2016, https://nypost.com/2016/03/20/hidden-wives-mistresses-and-kids-fidel-castros-secret-life/.
7. Robert Smith, *Kingdoms of the Yoruba* (Methuen & Co., London, 1969), 33–34.
8. Imisioluwa Ogunsunlade, "Sàngó and His Wives," Oriire, January 7, 2023, www.oriire.com/article/sango-and-his-wives.
9. "Shango: Orisha of Justice and Protection," Trailblazer Travelz, accessed May 30, 2025, www.trailblazertravelz.com/shango-orisha-of-justice-and-protection/.
10. "Fidel Castro's Human Rights Legacy: A Tale of Two Worlds," Amnesty International, November 26, 2016, www.amnesty.org/en/latest/news/2016/11/fidel-castro-s-human-rights-legacy-a-tale-of-two-worlds/.
11. *Britannica*, "Fidel Castro," accessed April 25, 2025, www.britannica.com/biography/Fidel-Castro; Erika de la Garza, "Fidel Castro, Hero or Tyrant?," Baker Institute, November 28, 2016, www.bakerinstitute.org/research/fidel-castro-hero-or-tyrant.
12. "Shango: Orisha of Justice and Protection," Original Botanica, February 23, 2023, https://originalbotanica.com/blog/chango-shango-orisha-santeria.
13. Will Worley, "Fidel Castro Dies: From Exploding Cigars to Poison, Assassination Attempts the Cuban Leader Is Said to Have Survived," *Independent*, November 26, 2016, www.the-independent.com/news/people/fidel-castro-dies-dead-exploding-scigar-poison-assassination-cia-survived-cuba-a7440546.html.
14. "Shango: The Orisha King of Fire and Lightning," Oshaeifa, accessed April 28, 2025, https://en.oshaeifa.com/orisha/shango/.
15. Ogunsunlade, "Sàngó."
16. Catherine Beyer, "The Orishas: Aganyu, Babalu-Aye, Chango, and Eleggua," Learn Religions, February 3, 2019, www.learnreligions.com/orishas-gods-of-santeria.
17. Beyer, "The Orishas: Aganyu."

18. "Orisha Shango: Yoruba God of Thunder and Justice," Wars and History, September 12, 2024, https://warsandhistory.com/orisha-shango/; R. E. Dennett, *Nigerian Studies: Or the Religious and Political System of the Yoruba* (MacMillan and Co., 1910), excerpted in "Shango," TOTA, accessed May 30, 2025, www.tota.world/article/3267/.
19. "The Cuban Missile Crisis, October 1962," Office of the Historian, US State Department, accessed April 25, 2025, https://history.state.gov/milestones/1961-1968/cuban-missile-crisis.
20. "Letter from Castro to Khrushchev, 10/26/62," PBS, accessed April 25, 2025, www.pbs.org/wgbh/americanexperience/features/jfk-attack/.
21. Alexander Martinez, "Cubans and Saint Barbara's Day: A Celebration Full of Tradition and Devotion," *Cuba en Miami*, December 4, 2023, www.cubaenmiami.com/en/los-cubanos-y-el-dia-de-santa-barbara-una-celebracion-llena-de-tradicion-y-devocion/; Claudia Rodriguez, "Santa Barbara Day, Venerating the Owner of the Ray," *Ashé*, accessed April 29, 2025, https://ashepamicuba.com/en/dia-de-santa-barbara-venerando--la-duena-del-rayo/.
22. Nathaniel Samuel Murrell, *Afro-Caribbean Religions: An Introduction to Their Historical, Cultural, and Sacred Traditions* (Temple University Press, 2010), 109, 133.
23. Yare Grau, "This Is How Famous Cubans Celebrated the Day of Santa Bárbara and Changó," CiberCuba, December 5, 2024, https://en.cibercuba.com/noticias/2024-12-05-e65722-s27065-nid293262-asi-celebraron-famosos-cubanos-dia-santa-barbara.
24. Fabiola Santiago, "A Threatening Trump Wants 'a Better Deal,' but Knee-Jerk Moves Won't Transform a Post-Fidel Cuba," *Miami Herald*, November 30, 2016, www.miamiherald.com/news/local/news-columns-blogs/fabiola-santiago/article117824148.
25. Daniela Reyes, "Religious Leaders Link Fidel's Death to the Yoruba Religion," *Cuba en Miami*, November 29, 2016, www.cubaenmiami.com/en/religiosos-vinculan-la-muerte-de-fidel-con-la-religion-yoruba/.
26. Alan Gomez, "Cubans Line Streets as Fidel Castro's Ashes Begin Journey Across Island," *USA Today*, November 30, 2016, www.usatoday.com/story/news/world/2016/11/30/cubans-fidel-castro-ashes/94668100/.
27. "Fidel Castro's Ashes Buried in Santiago de Cuba," BBC, December 14, 2016, www.bbc.com/news/world-latin-america-38201169.

CAPÍTULO 11

1. "Evangelicals Come Up for Air," *Christianity Today*, June 14, 1999, www.christianitytoday.com/1999/06/evangelicals-come-up-for-air/.
2. 1 Samuel 5:3–4, ESV.

CAPÍTULO 12

1. Rachel Beauvoir-Dominique, "Underground Realms of Being: Vodoun Magic," in *Sacred Arts of Haitian Vodou*, ed. Donald J. Cosentino (UCLA Fowler Museum of Cultural History, 1995), 153–77.
2. Paul Christopher Johnson, *Secrets, Gossip, and Gods: The Transformation of Brazilian Candomblé* (Oxford University Press, 2002), 14.
3. Elizabeth A. McAlister, "Vodou," *Britannica*, accessed April 25, 2025, www.britannica.com/topic/Vodou.
4. "Candomblé at a Glance," *BBC*, September 15, 2009, www.bbc.co.uk/religion/religions/candomble/ataglance/glance.shtml.
5. Rodriguez, "AfroCuban Religion"; "History of Candomblé," *BBC*, accessed April 25, 2025, www.bbc.co.uk/religion/religions/candomble/history/history.shtml.
6. Fernand Leroy et al., "Yoruba Customs and Beliefs Pertaining to Twins," *Twin Research* 5, no. 2 (2002): 132–36, www.scribd.com/document/36035892/Yoruba-Beliefs.
7. Stephen Goddard, "Ago That Became Oyo," *The Geographical Journal* 137, no. 2 (1971): 207–11, www.jstor.org/stable/1796741.
8. Norma H. Wolff and D. Michael Warren, "The Agbeni Shango Shrine in Ibadan: A Century of Continuity," *African Arts* 31, no. 3 (1998): 36, www.proquest.com/docview/220957086?sourcetype=Scholarly%20Journals.

CAPÍTULO 13

1. "Ooni of Ife: Unraveling the Reign of Nigeria's Most Respected Monarch," FasterCapital, March 31, 2025, https://fastercapital.com/content/Ooni-of-Ife--Unraveling-the-Reign-of-Nigeria-s-Most-Respected-Monarch.html#Introduction-to-the-Ooni-of-Ife.
2. FasterCapital, "Ooni."
3. Murrell, *Afro-Caribbean Religions*, 15.
4. "Nigeria: Ooni and Globalisation, This Day," *All Africa*, November 9, 2001, https://allafrica.com/stories/200111090064.html.
5. Olufunke Adeboye, "The 'Born-Again' Oba: Pentecostalism and Traditional Chieftaincy in Yorubaland," *Lagos Historical Review* 7 (2007), www.socialtheology.com/docs/THE_BORN_AGAIN_OBA_PENTECOSTALISM_AND_TR.pdf.
6. *All Africa*, "Nigeria: Ooni."

CAPÍTULO 14

1. Joshua J. Mark, "Oshun," *World History Encyclopedia*, October 1, 2021, www.worldhistory.org/Oshun/.
2. Mark, "Oshun."
3. Isaías 9:2.

CAPÍTULO 15

1. "Millions Celebrate Opening of Hindu Temple Built on Mosque Ruins in India," PBS, January 22, 2024, www.pbs.org/newshour/world/millions-celebrate-opening-of-hindu-temple-built-on-mosque-ruins-in-india.
2. Maha Marouan, "Santería in Cuba: Contested Issues at a Time of Transition," *Transition* 125 (2018): 57–70, https://doi.org/10.2979/transition.125.1.09.

CAPÍTULO 16

1. Stefan Lovgren and Ted Chamberlain, "Ancient Olympics Had 'Spectacular' Opening Ceremony, Pagan Partying," *National Geographic*, July 27, 2012, www.nationalgeographic.com/travel/article/120727-2012-olympics-opening-ceremony-ancient-london-world-summer-games.
2. Lovgren and Chamberlain, "Ancient Olympics."
3. "Factsheet: The Olympic Games of Antiquity," Olympic Committee, September 26, 2022, https://stillmed.olympics.com/media/Documents/Olympic-Games/Factsheets/The-Olympic-Games-of-the-Antiquity.pdf.
4. "The Olympics and Ancient Greece: Religion and Ritual," Michael C. Carlos Museum at Emory University, accessed May 16, 2025, https://carlos.emory.edu/sites/default/files/2021-08/RA%20Religion%20and%20Ritual.pdf.
5. "Olympic Anthem," International Olympic Committee, accessed May 30, 2025, www.olympics.com/ioc/olympic-anthem.
6. "Olympic Flame Lighting Ceremony—Ancient Olympia," Why Athens, accessed May 30, 2025, https://whyathens.com/events/olympic-flame-ancient-olympia/.
7. Matthew 12:43–45, ESV.
8. Edward Togo Salmon and Ramsay MacMullen, "The Reign of Valentinian and Valens," *Britannica*, accessed May 16, 2025, www.britannica.com/place/ancient-Rome/The-reign-of-Valentinian-and-Valens.

CAPÍTULO 17

1. Jerome Pugmire, "Paris Olympics Organizers Say They Meant No Disrespect with 'Last Supper' Tableau," Associated Press, July 28, 2024, https://apnews.com/article/olympics-2024-opening-ceremony-last-supper-criticism-9dd5fc5f1849ce9b0720fa997.
2. "Why Were the Early Christians Accused of Cannibalism?," Clarifying Catholicism, accessed May 16, 2025, https://clarifyingcatholicism.org/articles/why-were-the-early-christians-accused-of-cannibalism/#.
3. Anisia Iacob, "Paris Olympics Opening Ceremony: A New Twist on Old Traditions," The Collector, August 10, 2024, www.thecollector.com/paris-opening-ceremony-new-twist-traditions/.

4. "The Cult of Bacchus," Virtual Museum of Archaeological Science, accessed May 16, 2025, http://avirtualmuseum.org/exhibits/roman_wineii/bacchic/bacchus_4.html.
5. *World History Encyclopedia*, "Zagreus," last modified October 22, 2023, www.worldhistory.org/Zagreus/.
6. Virtual Museum of Archaeological Science, "The Cult of Bacchus."

CAPÍTULO 18

1. Walter Friedrich Otto, *Dionysus, Myth and Cult*, trans. Robert B. Palmer (Indiana University Press, 1965), 65, 76.
2. Friedrich Nietzsche, *The Gay Science*, ed. Bernard Williams, trans. Josefine Nauckhoff (Cambridge University Press, 2001), 120.
3. Max Whyte, "The Uses and Abuses of Nietzsche in the Third Reich: Alfred Baeumler's 'Heroic Realism,'" *Journal of Contemporary History* 43, no. 2 (April 2008): 171–94, www.jstor.org/stable/30036502.
4. "Nietzsche's Letter 1 1889," The Nietzsche Channel, accessed May 31, 2025, http://www.thenietzschechannel.com/correspondence/eng/nlett-1889.htm.

CAPÍTULO 20

1. "Religion, England and Wales: Census 2021," Office for National Statistics, November 29, 2022, www.ons.gov.uk/peoplepopulationandcommunity/culturalidentity/religion/bulletins/religionenglandandwales/census2021#.
2. "Roll Call Vote 119th Congress—1st Session Vote Summary: Question: On Cloture on the Motion to Proceed (Motion to Invoke Cloture: Motion to Proceed to S.6 (A Bill to Amend Title 18, United States Code, to Prohibit a Health Care Practitioner from Failing to Exercise the Proper Degree of Care in the Case of a Child Who Survives an Abortion or Attempted Abortion.))," US Senate, accessed May 30, 2025, www.senate.gov/legislative/LIS/roll_call_votes/vote1191/vote_119_1_00011.htm.
3. Nadine Yousif, "Assisted Dying Now Accounts for One in Twenty Canada Deaths," BBC News, December 12, 2024, www.bbc.com/news/articles/c0j1z14p57po.
4. Wendy Wang, Brad Wilcox, and Lyman Stone, "New Census Data: Key Takeaways on Divorce, Marriage, and Fertility in the US," Institute for Family Studies, September 22, 2022, https://ifstudies.org/blog/new-census-data-key-takeaways-on-divorce-marriage-and-fertility-in-the-us.
5. "AMA Announced Policies Adopted on Final Day of Special Meeting," American Medical Association, June 16, 2021, www.ama-assn.org/press-center/press-releases/ama-announced-policies-adopted-final-day-special-meeting.
6. Christopher Kane, "Biden Hosts Biggest-Ever Pride Month Event at the White House," *Washington Blade*, June 10, 2023, www.washingtonblade.com/2023/06/10/biden-hosts-biggest-ever-pride-month-event-at-the-white-house/.
7. Aamer Madhani and Associated Press, "Biden Hosts Pride Month Celebration at White House, Voices LGBTQ+ Support," PBS, June 11, 2023, www.pbs.org/newshour/politics/biden-hosts-pride-month-celebration-at-white-house-voices-lgbtq-support.
8. President Biden (@POTUS46Archive), "Today, the People's House—your house—sends a clear message to the country and to the world. America is a nation of pride," X, June 10, 2023, https://x.com/POTUS46Archive/status/1667715777145847808.
9. "White House Lit Up with Rainbow Colors in 2015," National Park Service, accessed April 30, 2015, www.nps.gov/places/white-house-lit-up-with-rainbow-colors.htm; Kristopher Fraser, "Inside the White House Respect for Marriage Act Signing: Rainbow Lights, Sparkling Drag Queens, Cyndi Lauper Singing and More," Women's Wear Daily, December 14, 2022, https://wwd.com/eye/scoops/respect-for-marriage-act-white-house-rainbow-colors-1235449747/.

CAPÍTULO 21

1. R. Albert Mohler Jr., "President Clinton's Spiritual Enablers," *SBC Life*, January 1, 1999, www.baptistpress.com/resource-library/sbc-life-articles/president-clintons-spiritual-enablers/.

2. Dan Carson, "How the 1992 RNC in Houston Started the 'Culture War' Politics We Know Now," *Chron*, December 25, 2022, www.chron.com/politics/article/1992-rnc-houston-culture-war-17487677.php.
3. Carson, "How the 1992 RNC."
4. Mark Hensch, "Clinton: 'Deep-Seated' Beliefs Block Abortion Access," *The Hill*, April 24, 2015, https://thehill.com/blogs/ballot-box/239974-clinton-deep-seated-beliefs-block-abortion-access/.
5. "Planned Parenthood Commemorates One Hundred Years of Care, Education, and Activism with the Celebration of a Century," Planned Parenthood, April 6, 2017, www.plannedparenthood.org/about-us/newsroom/press-releases/planned-parenthood-commemorates-100-years-of-care-and-activism-with-the-celebration-of-a-century.
6. Helen Kennedy, "President Clinton Admits He Lied Under Oath About His Affair with Monica Lewinsky in 2001," Daily News, updated January 11, 2019, http://www.nydailynews.com/news/politics/bill-feds-cut-dealsurrenders-law-license-escape-ind-article-1.904790; "A Chronology: Key Moments in the Clinton–Lewinsky Saga," CNN, April 11, 2025, www.cnn.com/ALLPOLITICS/1998/resources/lewinsky/timeline/.
7. "President Bill Clinton: I Have Sinned," The History Place, accessed July 3, 2017, http://www.historyplace.com/speeches/clinton-sin.htm.
8. "1 Reyes 21—the Murder of Naboth," Enduring Word, accessed April 30, 2025, https://enduringword.com/bible-commentary/1-kings-21/.
9. International Standard Bible Encyclopedia Online, "Jehoram; Joram," accessed April 30, 2025, www.internationalstandardbible.com/J/jehoram-joram.html.
10. "'Alter Egos' Dissects Hillary Clinton's Tenure as Obama's Secretary of State," *Fresh Air*, hosted by Terry Gross, NPR, April 25, 2016, www.npr.org/2016/04/25/475584003/alter-egos-dissects-hillary-clintons-tenure-as-obamas-secretary-of-state.
11. David Bernstein, "The Speech," *Chicago*, May 29, 2007, www.chicagomag.com/chicago-magazine/june-2007/the-speech/.
12. 2 Reyes 3:1, LEB.
13. 2 Reyes 9:14–24; 2 Reyes 9:33.
14. 1 Reyes 16:29.

CAPÍTULO 23

1. 2 Reyes 9:5.
2. 2 Reyes 9:12.
3. 2 Reyes 9:13, author's translation.
4. 2 Reyes 9:13.
5. 2 Reyes 9:16.
6. "Watch Donald Trump's Grand Escalator Entrance to His Presidential Announcement," ABC News, June 16, 2015, https://abcnews.go.com/Politics/video/watch-donald-trumps-grand-escalator-entrance-presidential-announcement-31802261.
7. 2 Reyes 10:15.
8. "Trump's VP Pick Mike Pence Introduces Himself to America as 'a Christian, a Conservative and a Republican,'" ABC News, July 20, 2016, https://abcnews.go.com/Politics/trumps-vp-pick-mike-pence-introduces-america-christian/story?id.
9. 2 Reyes 9:24, NASB.
10. 2 Reyes 9:33.
11. 2 Reyes 9:6–7.
12. 2 Reyes 9:7–8.
13. "2 Reyes 10: International Standard Version," Bible Gateway, accessed April 11, 2025, www.biblegateway.com/passage/?search=2%20Kings%2010&version=ISV;ESV.
14. Anita Kumar, "The Clinton Dynasty Has Come to an End," McClatchy DC, November 10, 2016, www.mcclatchydc.com/news/politics-government/article113778808.html.
15. "2 Reyes 10," Bible Project, April 11, 2025, https://bibleproject.com/bible/nirv.
16. Paul Bois, "Donald Trump, Dynasty Killer: 2023 Will Mean No More Bush, Cheney, McCain, or Clinton in Office," Breitbart, August 17, 2022, www.breitbart.com/politics/2022/08/17/donald-trump-dynasty-killer-2023-will-mean-no-more-bush-cheney-mccain-or-clinton-in-office/.

CAPÍTULO 24

1. Ben Kamisar, "The Final Price Tag on 2024 Political Advertising: Almost $11 Billion," NBC News, November 8, 2024, www.nbcnews.com/politics/2024-election/final-price-tag-2024-political-advertising-almost-11-billion-rcna179341.
2. Paul Bedard, "TV News 'Most Lopsided' Ever: Trump 85 Percent Negative, Harris 78 Percent Positive," *Washington Examiner*, October 28, 2024, www.washingtonexaminer.com/news/washington-secrets/3205606/tv-news-lopsided-trump-85-negative-harris-78-positive/.
3. Lazaro Gamio et al., "Tracking Efforts to Remove Trump from the 2024 Ballot," *New York Times*, March 4, 2024, www.nytimes.com/interactive/2024/01/02/us/politics/trump-ballot-removal-map.html.
4. Freddy Gray, "The Lawfare Against Donald Trump Is Increasingly Farcical," *Spectator*, December 20, 2023, www.spectator.co.uk/article/the-lawfare-against-trump-may-end-up-backfiring/.
5. Helen Johnson, "Fact Check: How Many Criminal Charges Is Donald Trump Facing and Could He Go to Jail?," Channel 4 News, February 19, 2024, www.channel4.com/news/factcheck/factcheck-how-many-criminal-charges-is-donald-trump-facing-and-could-he-go-to-jail.
6. Michael R. Sisak et al., "Guilty: Trump Becomes First Former US President Convicted of Felony Crimes," Associated Press, May 31, 2024, https://apnews.com/article/trump-trial-deliberations-jury-testimony-verdict-85558c6d08efb434d05b694364470aa0.
7. Justin Sweitzer, "Three Key Findings on the Trump Assassination Attempt in Butler," *City and State*, December 12, 2024, www.cityandstatepa.com/politics/2024/12/3-key-findings-trump-assassination-attempt-butler/401632/.
8. Gustaf Kilander, "What Trump Said When He Saw His Raised-Fist Assassination Photo for the First Time," *Independent*, March 7, 2025, www.independent.co.uk/news/world/americas/us-politics/donald-trump-assassination-photo-butler-b2711010.html.
9. "Dana Perino: This Was Like Watching a 'Warrior President,'" video, Fox News, July 14, 2024, 4 min., 59 sec., www.centralcharts.com/en/news/4753202-dana-perino-this-was-like-watching-a-warrior-president.
10. Michael Goodwin, "Trump Just Proved That He's a Pure Warrior After His Heinous Assassination Attempt," *New York Post*, July 13, 2024, https://nypost.com/2024/07/13/opinion/trump-just-proved-that-hes-a-pure-warrior-after-his-heinous-assassination-attempt/.
11. Robert Downen and William Melhado, "Trump Vows Retribution at Waco Rally: 'I Am Your Warrior, I Am Your Justice,'" Texas Tribune, March 25, 2023, www.texastribune.org/2023/03/25/donald-trump-waco-rally-retribution-justice/.

CAPÍTULO 25

1. 2 Reyes 9:2, author's translation.
2. Brandon Showalter, "Witches Outnumber Presbyterians in the US; Wicca, Paganism Growing 'Astronomically,'" *Christian Post*, October 10, 2018, www.christianpost.com/news/witches-outnumber-presbyterians-in-the-us-wicca-paganism-growing-astronomically.html.
3. Rachel Elizabeth Jones, "A 'Witch-In' Targets Trump," Seven Days, October 26, 2016, www.sevendaysvt.com/arts-culture/a-witch-in-targets-trump-3774747.
4. Meera Raman, "Can Witches Defeat Donald Trump? They're Trying," *Toronto Star*, October 24, 2024, www.thestar.com/news/insight/these-witches-are-trying-to-use-their-power-to-defeat-donald-trump/article_aabeec6a-8b27-11ef-a73c-831e92a6fb58.html.
5. Raman, "Can Witches Defeat Donald Trump?"
6. Jonita Davis, "'Witches for Harris 2024' Activated Colorado Women Under the Harvest Supermoon," Black CAPE, September 20, 2024, https://theblackcapemag.com/witches-for-harris-2024-activated-colorado-women-under-the-harvest-supermoon-4fe02fbb42ea.
7. Jason Mankey, "Hillary Clinton as a Witch," Patheos, November 1, 2016, www.patheos.com/blogs/panmankey/2016/11/hillary-clinton-as-a-witch/.

8. Francis X. Clines, "White House Plays Down a New Age Visitor," *New York Times*, June 24, 1996, www.nytimes.com/1996/06/24/us/white-house-plays-down-a-new-age-visitor.html.
9. Hillary Clinton, "Witches Get Stuff Done. Happy Halloween!," October 31, 2023, www.facebook.com/hillaryclinton/posts/witches-get-stuff-done-happy-halloween.
10. Rebecca Schneid and Koh Ewe, "Here's Who Has Endorsed Kamala Harris for President So Far," *Time*, July 26, 2024, https://time.com/7001125/kamala-harris-endorsements-biden-bill-hillary-clinton/.
11. Hillary Rodham Clinton, "Hillary Clinton: How Kamala Harris Can Win and Make History," *New York Times*, July 23, 2024, www.nytimes.com/2024/07/23/opinion/kamala-harris-donald-trump.html.
12. Benjamin Gill, "Witches Report Their Spells Against Trump Aren't Working: 'He Has a Shield,'" CBN, October 28, 2024, https://cbn.com/news/us/witches-report-their-spells-against-trump-arent-working-he-has-shield.
13. Gill, "Witches Report Their Spells Against Trump Aren't Working."
14. Jessica Botelho, "Self-Proclaimed Witches Say Spells Won't Work Against Trump," ABC 33/40, October 24, 2024, https://abc3340.com/amp/news/beyond-the-podium/self-proclaimed-witches-say-spells-wont-work-on-trump-2024-presidential-election-politics-kamala-harris-tim-walz-jd-vance-magic-witchcraft-salem-halloween.

CAPÍTULO 26

1. 2 Reyes 9:20–24.
2. "Trump vs. Biden Debate: Five Disastrous Moments," Times News, YouTube, June 28, 2024, 2 min., 39 sec., www.youtube.com/watch?v=Vq0G1TMCw4Y.

CAPÍTULO 27

1. "Women Presidential and Vice Presidential Candidates: A Selected List," Center for American Women and Politics, accessed April 12, 2025, https://cawp.rutgers.edu/facts/levels-office/federal-executive/women-presidential-and-vice-presidential-candidates-selected.

CAPÍTULO 28

1. 2 Reyes 9:30–31.
2. 1 Reyes 16:15.
3. Andrew Mercer et al., "Why 2016 Election Polls Missed Their Mark," Pew Research Center, November 19, 2016, www.pewresearch.org/short-reads/2016/11/09/why-2016-election-polls-missed-their-mark/; "US Election Polls: Who Is Ahead—Harris or Trump?," BBC News, November 5, 2024, www.bbc.com/news/articles/cj4x71znwxdo.

CAPÍTULO 29

1. 1 Reyes 19:14–16.
2. Chris Cillizza, "Donald Trump's 'Chaos' Presidency Reaches Frightening New Levels," CNN, January 4, 2018, www.cnn.com/2018/01/04/politics/chaos-trump/index.html.
3. 2 Reyes 10:23–27.

CAPÍTULO 30

1. 2 Crónicas 22:7–9.
2. 2 Reyes 9:16.

CAPÍTULO 31

1. James B. Jordan, "Chronologies and Kings, Part Ten: Jehoram of Judah," Theopolis Institute, April 24, 1992, https://theopolisinstitute.com/chronologies-and-kings-part-10-jehoram-of-judah/.
2. "Jehosh'aphat," Bible Hub, accessed April 13, 2025, https://biblehub.com/topical/j/jehosh'aphat.htm.
3. 2 Crónicas 21:6.

4. Amy Wang and Blair Guild, "How Biden's Abortion Stance Has Shifted Over the Years," *Washington Post*, April 17, 2024, www.washingtonpost.com/politics/2024/04/17/biden-abortion-stances/.
5. Luisa Blanchfield, "Abortion and Family Planning-Related Provisions in US Foreign Assistance Law and Policy," Congressional Research Service, July 15, 2015, www.congress.gov/crs-product/R41360.
6. Jamie Joseph, "Biden DOJ Weaponized FACE Act to Imprison Pro-Life Activists, Attorney Tells House: 'Systematic Campaign,'" Fox News, February 26, 2025, www.foxnews.com/politics/biden-doj-weaponized-face-act-imprison-pro-life-activists-attorney-tells-house-systematic-campaign.
7. 2 Crónicas 21:6.

CAPÍTULO 32

1. 2 Samuel 8:13–14.
2. 2 Reyes 8:20.
3. 2 Reyes 8:21, NASB.
4. 2 Reyes 8:21, NASB.
5. "The Long Shadow of Biden's Afghan Withdrawal Debacle," *Wall Street Journal*, September 9, 2024, www.wsj.com/opinion/afghanistan-withdrawal-report-house-foreign-affairs-michael-mccaul-joe-biden-kamala-harris-donald-trump-taliban.
6. *Wall Street Journal*, "The Long Shadow."
7. Imtiaz Tyab, "Taliban Holding On to $7 Billion of US Military Equipment Left Behind After Withdrawal," CBS News, February 4, 2025, www.cbsnews.com/news/us-military-weapons-left-in-afghanistan-taliban/; Madeleine May, "Thousands of Afghans Who Helped the US Military Blocked from Reaching American Soil," CBS News, March 12, 2025, www.cbsnews.com/news/afghans-helped-the-u-s-military-blocked-from-america/?intcid=CNI-00-10aaa3a.
8. Daniel Kochis, "Biden's Afghanistan Debacle Will Cast a Long Shadow Over Transatlantic Security," Heritage Foundation, November 9, 2021, www.heritage.org/middle-east/commentary/bidens-afghanistan-debacle-will-cast-long-shadow-over-transatlantic-security.
9. "2 Reyes 8:21 Meaning," VideoBible, accessed April 13, 2025, www.videobible.com/meaning/2-kings-8-21.
10. Stephen Collinson, "Biden's Botched Afghan Exit Is a Disaster at Home and Abroad Long in the Making," CNN, August 16, 2021, www.cnn.com/2021/08/16/politics/afghanistan-joe-biden-donald-trump-kabul-politics/index.html. See Paul LeBlanc, "Chaos Is Unfolding in Afghanistan. Here's What You Need to Know," CNN, August 15, 2021, www.cnn.com/politics/taliban-kabul-afghanistan-explainer/index.html.
11. Albert Barnes, "2 Reyes 8:21," in "Notes on the Bible," Bible Hub, accessed April 13, 2025, https://biblehub.com/2_kings/8-21.htm.
12. Marc A. Thiessen, "Biden's Disastrous Pullout from Afghanistan Could Cost Him Reelection," *Washington Post*, August 28, 2023, www.washingtonpost.com/opinions/2023/08/28/afghanistan-withdrawal-anniversary-biden-impact/.
13. Jim Inhofe, "Afghanistan Was a Predictable, Preventable Disaster," Foreign Policy, August 15, 2022, https://foreignpolicy.com/2022/08/15/afghanistan-withdrawal-pullout-military-taliban-chaos-evacuation-biden-inhofe/.
14. Nick Schifrin and Dan Sagalyn, "House GOP Blames Biden for Chaotic Afghan Exit While Ignoring Trump Administration's Role," PBS, September 9, 2024, www.pbs.org/newshour/show/house-gop-blames-biden-for-chaotic-afghan-exit-while-ignoring-trump-administrations-role.
15. VideoBible, "2 Reyes."
16. Collinson, "Biden's Botched Afghan Exit."
17. 2 Crónicas 21:10.
18. *Wall Street Journal*, "The Long Shadow."
19. "Getting Answers on the Afghanistan Withdrawal," US House Foreign Affairs Committee, accessed April 13, 2025, https://foreignaffairs.house.gov/getting-answers-on-afghanistan-withdrawal/.

20. Haydon N. Parham, "It Started in Afghanistan: The Disastrous American Withdrawal from Kabul Triggered a Wave of Instability the World Over," *The National Interest*, February 3, 2024, accessed May 30, 2025, www.linkedin.com/in/haydon-n-parham/.
21. Parham, "It Started in Afghanistan."
22. Con Coughlin, "Four Years of Biden Have Left the World in Flames," *Telegraph*, September 25, 2024, www.telegraph.co.uk/news/2024/09/25/joe-biden-foreign-policy-israel-ukraine-afghanistan/.
23. Charles John Ellicott, "2 Crónicas 21, Verse 9," in *Ellicott's Commentary for English Readers*, StudyLight, accessed April 13, 2025, www.studylight.org/commentaries/eng/ebc/2-chronicles-21.html.
24. "Afghanistan Withdrawal Has Taiwan Pondering Its Alliance with the US and China Is Upping the Pressure," King's College London, accessed May 30, 2025, www.kcl.ac.uk/afghanistan-withdrawal-has-taiwan-pondering-its-alliance-with-the-us-and-china-is-upping-the-pressure.

CAPÍTULO 33

1. 2 Crónicas 21:16–20.
2. 2 Crónicas 21:16–17.
3. "Wrap Up: Biden Administration's Policies Have Fueled Worst Border Crisis in US History," US House Oversight Committee, January 17, 2024, https://oversight.house.gov/release/wrap-up-biden-administrations-policies-have-fueled-worst-border-crisis-in-u-s-history%EF%BF%BC/.
4. Selene Rodriguez, "How Porous Borders Fuel Human Trafficking in the United States," Texas Public Policy Foundation, January 11, 2022, www.texaspolicy.com/how-porous-borders-fuel-human-trafficking-in-the-united-states/.

CAPÍTULO 34

1. 2 Crónicas 21:17.
2. Richard Goldberg, "President Joe Biden's Got Blood on Hands After Appeasing Iran for Years," Foundation for Defense of Democracies, January 28, 2024, www.fdd.org/analysis/2024/01/28/president-joe-bidens-got-blood-on-hands-after-appeasing-iran-for-years/; Jonathan S. Tobin, "Can Biden's Cognitive Dissonance Let Israel Win the War?," *Jewish News Syndicate*, December 15, 2023, www.jns.org/can-bidens-cognitive-dissonance-let-israel-win-the-war/.
3. 2 Crónicas 21:16.
4. "Who Are the Palestinians?," Palestine Children's Relief Fund, accessed April 16, 2025, www.pcrf.net/information-you-should-know/who-are-the-palestinians.html.
5. Douglas J. Feith, "The Forgotten History of the Term 'Palestine,'" Mosaic Magazine, December 13, 2021, https://mosaicmagazine.com/observation/israel-zionism/2021/12/the-forgotten-history-of-the-term-palestine/.
6. *Britannica*, "Israel-Hamas War," accessed April 16, 2025, www.britannica.com/event/Israel-Hamas-War.

CAPÍTULO 35

1. 2 Crónicas 21:11.
2. 2 Reyes 11:18.
3. Wang and Guild, "How Biden's Abortion Stance Has Shifted Over the Years."
4. Jamie Joseph, "Biden DOJ Weaponized FACE Act to Imprison Pro-Life Activists, Attorney Tells House: 'Systematic Campaign,'" Fox News, February 26, 2025, www.foxnews.com/politics/biden-doj-weaponized-face-act-imprison-pro-life-activists-attorney-tells-house-systematic-campaign.
5. Michael Collins, "Joe Biden Helped a Movement When He Changed His Mind on LGBTQ Issues. Who Advises Him Now?," *USA Today*, August 19, 2023, www.usatoday.com/story/news/politics/2023/08/19/joe-biden-gay-friendly-president-lgbtq-issues/70233287007/.

6. Andrew Chung, "US Supreme Court Upholds Tennessee Law Banning Youth Transgender Care," Reuters, June 19, 2025, www.reuters.com/world/us/us-supreme-court-rules-against-challenge-youth-transgender-care-ban-2025-06-18/.
7. 2 Crónicas 21:11, author's translation.
8. Albert Barnes, "2 Crónicas 21:11," in "Notes on the Bible," Bible Hub, accessed April 16, 2025, https://biblehub.com/commentaries/barnes/2_chronicles/21.htm.
9. Carlos Jamieson, "Biden Administration Releases Proposed Rules for Transgender Athlete Participation," Education Commission of the States, May 4, 2023, www.ecs.org/biden-administration-releases-proposed-rules-for-transgender-athlete-participation/.
10. "United States of America v. State of Idaho," Alliance Defending Freedom, December 9, 2024, https://adfmedia.org/case/united-states-america-v-state-idaho/; Caroline Downey, "Federal Court Blocks Biden Admin from Forcing Doctors to Perform Gender Transitions," *National Review*, August 26, 2022, www.nationalreview.com/news/federal-court-blocks-biden-admin-from-forcing-doctors-to-perform-gender-transitions/.

CAPÍTULO 36

1. "2006 Clip of Joe Biden's Opposition to Gay Marriage Surfaces," WIBC, July 22, 2020, https://wibc.com/90041/2006-clip-of-joe-bidens-opposition-to-gay-marriage/.
2. Fraser, "Inside the White House."
3. Ben Johnson, "Senate Advances Bogus Religious Freedom 'Fix' to Radical Same-Sex Marriage Bill," The Washington Stand, November 28, 2022, https://washingtonstand.com/news/senate-passes-bogus-religious-freedom-fix-to-radical-samesex-marriage.
4. Ezra 10:9–10.
5. Fraser, "Inside the White House."

CAPÍTULO 37

1. 2 Crónicas 21:17.
2. "Joe Biden Loses First Wife and Daughter in Tragic Car Accident," History, accessed April 16, 2025, www.history.com/this-day-in-history/december-18/joe-biden-loses-first-wife-and-daughter-in-tragic-car-accident.
3. 2 Crónicas 21:17, NIV.
4. 2 Crónicas 21:17, NIV.
5. Kevin Liptak, "Beau Biden, Son of Vice President and Former Delaware AG, Dies at 46," CNN, May 31, 2015, www.cnn.com/2015/05/30/politics/obit-vice-president-son-beau-biden/index.html.
6. 2 Reyes 8:27.
7. Sam Cabral, "Hunter Biden: The Struggles and Scandals of the US President's Son," *BBC News*, June 11, 2024, www.bbc.com/news/world-us-canada-55805698.
8. 2 Crónicas 22:4.

CAPÍTULO 38

1. 2 Crónicas 21:12–15, ESV.
2. Annie Linskey et al., "How the White House Functioned with a Diminished Biden in Charge," *Wall Street Journal*, December 19, 2024, www.wsj.com/politics/biden-white-house-age-function-diminished-3906a839.
3. Warren Wiersbe, *Be Distinct* (David C. Cook Publishing, 2002), 62.
4. Frederick Mabie, "1 and 2 Crónicas," in *The Expositor's Bible Commentary*, PreceptAustin, accessed April 16, 2025, www.preceptaustin.org/2-chronicles-21-commentary.
5. House Foreign Affairs Committee, "Willful Blindness: An Assessment of the Biden-Harris Administration's Withdrawal from Afghanistan and the Chaos That Followed," press release, September 9, 2024, https://foreignaffairs.house.gov/press-release/chairman-mccaul-releases-historic-comprehensive-report-on-biden-harris-administrations-afghanistan-withdrawal/.

6. Alfred Edersheim, "Chapter 15: Old Testament History by Alfred Edersheim, Volume 6," Bible Study Tools, accessed May 30, 2025, www.biblestudytools.com/history/edersheim-old-testament/volume-6/chapter-15.html.
7. *Oxford Dictionaries*, "feeble," accessed May 31, 2025, www.google.com.
8. *Collins Dictionary*, "feeble," accessed May 31, 2025, www.collinsdictionary.com/us/dictionary/english/feeble.
9. *Merriam-Webster*, "feeble," accessed May 31, 2025, www.merriam-webster.com/dictionary/feeble.
10. Bret Stephens, "A Disgraceful Pardon," *New York Times*, December 2, 2024, www.nytimes.com/2024/12/02/opinion/biden-hunter-pardon-trump.html.
11. Zeke Miller et al., "Biden Drops Out of 2024 Race After Disastrous Debate Inflamed Age Concerns. VP Harris Gets His Nod," Associated Press, July 21, 2024, https://apnews.com/article/biden-drops-out-2024-election-ddffde72838370032bdcff946cfc2ce6; Michael D. Shear et al., "He Still Thought He Could Win: Inside Biden's Decision to Drop Out," *New York Times*, August 15, 2024, www.nytimes.com/2024/08/15/us/politics/biden-2024-election-dropped-out.html.
12. 2 Crónicas 21:19–20.
13. 2 Crónicas 21:20.

CAPÍTULO 39

1. *Britannica*, "Athaliah," accessed April 13, 2025, www.britannica.com/biography/Athaliah.
2. Joel Ryan, "Was Queen Athaliah Really as Bad as Her Mother Jezebel and Father Ahab?," Bible Study Tools, June 12, 2024, www.biblestudytools.com/bible-study/topical-studies/queen-athaliah-bad-as-mother-jezebel-father-ahab.html.
3. Shawn McCreesh, "Clintons Endorse Kamala Harris to Be Democrats' Nominee for President," *New York Times*, July 21, 2024, www.nytimes.com/2024/07/21/us/politics/clintons-kamala-harris-endorsement.html.
4. "Hillary Clinton Passes the Torch to Kamala Harris at DNC, Fortune," WPTL, accessed April 26, 2025, https://wptlradio.net/dnc-crowd-roars-lock-him-up-as-hillary-clinton-slams-felon-trump-the-daily-beast/.

CAPÍTULO 40

1. Matt Tracy, "A Look at Vice President Kamala Harris' LGBTQ Record," *Gay City*, July 22, 2024, https://gaycitynews.com/vice-president-kamala-harris-lgbtq-record/.
2. Tracy, "A Look at Vice President Kamala Harris' LGBTQ Record."
3. Paul Meara, "Political Siblings: Barack Obama and Kamala Harris Are More Alike Than Different," BET, August 19, 2020, www.bet.com/article/sj6bvq/obama-and-harris-cut-from-the-same-cloth.
4. Philip Sherwell and Laura Pullman, "Kamala Harris Has History to Rival Obama's," *Times*, January 20, 2021, www.thetimes.com/uk/politics/article/kamala-harris-mould-breaking-veep-hopeful-has-history-to-rival-obamas-v2lgmfr35.
5. Courtney Subramanian, "Key Moments When Harris and Obama's Political Paths Crossed," *BBC News*, August 20, 2024, www.bbc.com/news/articles/cj08mn24jplo; Katie Rogers, "Behind the Obama-Harris Friendship: A Key Endorsement and a Kindred Spirit," *New York Times*, August 20, 2024, www.nytimes.com/2024/08/20/us/politics/harris-obama-friendship.html?smtyp=cur&smid=tw-nytimes.
6. Sherwell and Pullman, "Kamala Harris"; R. Champakalakshmi and Sanat Pai Raikar, "India," *Britannica*, accessed April 26, 2025, www.britannica.com/place/India/The-Shunga-kingdom.
7. Kalyani Ganesan, "What Were Kamala Harris' Diwali Visits to India Like?," SheThePeople, July 23, 2024, www.shethepeople.tv/us/kamala-harris-vists-to-india.
8. Tanvi Misra, "What Does Caste Have to Do with Kamala Harris?," *Harpers Bazaar*, September 26, 2024, www.harpersbazaar.com/culture/features/a62372490/what-does-caste-have-to-do-with-kamala-harris/.

Capítulo 41

1. 2 Crónicas 21:5–6.
2. 2 Crónicas 21:6.
3. Kim Parker and Amanda Barroso, "In Vice President Kamala Harris, We Can See How America Has Changed," Pew Research Center, February 25, 2021, www.pewresearch.org/short-reads/2021/02/25/in-vice-president-kamala-harris-we-can-see-how-america-has-changed/.

Capítulo 42

1. Stephanie Armour et al., "Harris, Who Is Biden's Voice on Abortion Rights, Is Likely to Raise the Volume," NPR, July 22, 2024, www.npr.org/sections/shots-health-news/2024/07/22/nx-s1-5048045/harris-abortion-health-drug-prices-insulin-medicare.
2. A. S. Peake, "Elijah and Jezebel," reprinted from *Bulletin of the John Ryland Library* 11, no. 2 (1927), http://library.huc.edu/jer/39262.pdf.
3. Samantha Waldenberg et al., "Kamala Harris Becomes First VP to Visit Abortion Provider with Planned Parenthood Visit," CNN, March 14, 2024, www.cnn.com/2024/03/13/politics/kamala-harris-planned-parenthood-minnesota/index.html.
4. Kilian Melloy, "Kamala Harris Will Probably Be the Democratic Candidate—but Will She Defend LGBTQ+ Rights?," *Edge*, July 24, 2024, www.edgemedianetwork.com/story/334497#.
5. Kate Yandel, "Fact Check: Harris' Position on Health Care for Transgender Prisoners and Detainees," Factcheck.org and *Pittsburgh Post Gazette*, April 26, 2025, www.post-gazette.com/news/election-2024/2024/10/04/fact-check-harris-health-care-transgender-prisoners/stories/202410040110.
6. Glenn Garner, "Kamala Harris Becomes First Sitting Vice President to March in a Pride Event," *People*, June 12, 2021, https://people.com/politics/kamala-harris-first-sitting-vice-president-to-march-in-pride-parade/.
7. Cheryl Sullenger, "Planned Parenthood Donated $81,000 to Kamala Harris, Who Ransacked David Daleiden's Home," LifeNews, April 7, 2016, www.lifenews.com/2016/04/07/planned-parenthood-donated-81000-to-kamala-harris-who-ransacked-david-daleidens-home/.
8. Daniel Payne, "89-Year-Old Death Camp Survivor Convicted for Pro-Life Protest Faces Jail Time," Catholic News Agency, August 21, 2024, www.catholicnewsagency.com/news/258833/89-year-old-death-camp-survivor-convicted-for-pro-life-protest-faces-jail-time; Nancy Flanders, "Grandmother Pardoned After Pro-Life Activism: 'I Was Doing This in Obedience to His Word,'" Live Action, February 21, 2025, www.liveaction.org/news/grandmother-pardoned-pro-life-activism-obedience/.
9. Tyler Arnold, "Biden DOJ Sued for Allegedly Hiding Info on Attacks of Churches, Pro-Life Groups," Catholic News Agency, March 22, 2023, www.catholicnewsagency.com/news/253915/heritage-sues-doj-for-info-on-attacks-of-churches-pro-life-groups; Samantha Kamman, "Biden Admin Accused of Failure to Prosecute Church Attacks, 'One-Sided' FACE Act Enforcement," *Christian Post*, December 20, 2024, www.christianpost.com/news/biden-admin-failed-to-prosecute-church-attacks-under-face-act.html.

Capítulo 43

1. 2 Reyes 8:27.
2. 2 Crónicas 22:3.
3. 2 Crónicas 22:2–9.
4. 2 Reyes 11:1; 2 Crónicas 22:10–12.
5. Gene Maddaus, "Kamala Harris Launches Presidential Bid: 'My Intention Is to Earn and Win This Nomination,'" *Variety*, July 21, 2024, https://variety.com/2024/politics/news/kamala-harris-president-campaign-white-house-hollywood-favorite-1236079539/.
6. Jeffrey H. Tigay, "Ethbaal," University of Pennsylvania School of Arts and Sciences, accessed April 11, 2025, www.sas.upenn.edu/~jtigay/ethbaal.doc#; McClintock and

Strong Biblical Cyclopedia, "Ethbaal," accessed April 26, 2025, www.biblicalcyclopedia.com/E/ethbaal.html.

7. McClintock and Strong Biblical Cyclopedia, "Jehoram, 5," accessed April 26, 2025, www.biblicalcyclopedia.com/J/jehoram.html.
8. 2 Reyes 11:1; 2 Crónicas 22:10.
9. Sullenger, "Planned Parenthood."
10. Alan Blinder, "Harris and Usher Make Abortion Rights the Focus at Atlanta Rally," *New York Times*, October 19, 2024, www.nytimes.com/2024/10/19/us/politics/harris-atlanta-rally-abortion.html.
11. Chantelle Lee, "What a Kamala Harris Win Would Mean for Abortion," *Time*, November 5, 2024, https://time.com/7096543/kamala-harris-abortion-plan-2024/; "2024 Democratic Party Platform," American Presidency Project, August 19, 2024, www.presidency.ucsb.edu/documents/2024-democratic-party-platform.
12. Tyler Arnold, "Kamala Harris Rejects Religious Exemptions for Abortion Laws: 'That Cannot Be Negotiable,'" Catholic News Agency, October 23, 2024, www.catholicnewsagency.com/news/260035/kamala-harris-rejects-religious-exemptions-for-abortion-laws-that-cannot-be-negotiable.
13. Amanda Seitz, "In 60-Year-Old Tim Walz, Kamala Harris Found a Partner to Advocate for Reproductive Rights," Associated Press, August 23, 2024, https://apnews.com/article/walz-harris-ivf-abortion-reproductive-rights-55cb772464c99ba9c2b4c2043cb87560.
14. Steve Karnowski, "Minnesota Governor Signs Broad Abortion Rights Bill into Law," Associated Press, January 31, 2023, https://apnews.com/article/abortion-politics-minnesota-state-government-timothy-walz-11c3b1d5269c929e442b979ff1bac73b.
15. Alex Demas, "Claims About Children Born Alive After Abortion Attempts in Minnesota Are True," The Dispatch, August 13, 2024, https://thedispatch.com/article/claims-about-children-born-alive-after-abortion-attempts-in-minnesota-are-true/.
16. Mike DeBonis and Felicia Sonmez, "Senate Blocks Bill on Medical Care for Children Born Alive After Attempted Abortion," *Washington Post*, February 25, 2019, www.washingtonpost.com/politics/senate-blocks-bill-on-medical-care-for-children-born-alive-after-attempted-abortion/2019/02/25/e5d3d4d8-3924-11e9-a06c-3ec8ed509d15_story.html.

CAPÍTULO 44

1. Andi Ortiz and Ross A. Lincoln, "Planned Parenthood Mobile Clinic Provided 8 Medication Abortions, 9 Vasectomies Outside the DNC," The Wrap, August 21, 2024, www.thewrap.com/planned-parenthood-mobile-clinic-services-provided/.
2. 2 Crónicas 24:7.
3. Lauren Gambino, "Democrats Lose Senate Vote to Codify Abortion Rights into Federal Law," *The Guardian*, May 11, 2022, www.theguardian.com/us-news/2022/may/11/senate-abortion-rights-bill-vote.
4. American Presidency Project, "2024 Democratic Party Platform"; Kamala Harris (@VP46Archive), "Yesterday, the Equality Act was reintroduced in Congress. The House and Senate must pass this long overdue legislation to guarantee every LGBTQI+ American the right to live freely and openly," X, June 22, 2023, https://x.com/VP46Archive/status/1671903371765137412.
5. Jonathan Turley, "A Harris-Walz Administration Would Be a Nightmare for Free Speech," *The Hill*, August 10, 2024, https://thehill.com/opinion/civil-rights/4820490-harris-walz-administration-free-speech/.
6. 2 Reyes 11:1–3, author's translation.
7. 2 Crónicas 22:11.
8. 2 Reyes 11:3.
9. Mattie Quinn, "California Abortion Ruling Puts Other States' Laws in Doubt," *Governing*, June 26, 2018, www.governing.com.
10. Tyler Arnold, "How Kamala Harris Targeted Pro-Life Pregnancy Centers in California," Catholic News Agency, August 28, 2024, www.catholicnewsagency.com/news/258969/how-kamala-harris-targeted-pro-life-pregnancy-centers-in-california.

CAPÍTULO 45

1. "Breaking: Planned Parenthood Sells Baby Parts for 'Valuable Consideration' of Owning University 'Intellectual Property,' New Documents Reveal," Center for Medical Progress, March 5, 2024, www.centerformedicalprogress.org/2024/03/breaking-planned-parenthood-sells-baby-parts-for-valuable-consideration-of-owning-university-intellectual-property-new-documents-reveal/.
2. Kate Quiñones, "California Settles with David Daleiden, Pro-Life Activist Who Exposed Planned Parenthood," Catholic News Agency, January 30, 2025, www.catholicnewsagency.com/news/261917/california-settles-with-david-daleiden-pro-life-activist-who-exposed-planned-parenthood.
3. Center for Medical Progress, "Breaking."
4. Quiñones, "California Settles."
5. Mary Margaret Olohan, "Exclusive: Kamala Harris Sent Agents to Raid Pro-Life Journalist's Home After She Met with Planned Parenthood, Emails Show," Daily Signal, August 7, 2024, www.dailysignal.com/2024/08/07/exclusive-kamala-harris-sent-agents-raid-pro-life-journalists-home-met-planned-parenthood-emails-show/.
6. Megan Cassella, "California Officials Seize Computers, Footage from Anti-Abortion Activist," Reuters, April 6, 2016, www.reuters.com/article/world/us/california-officials-seize-computers-footage-from-anti-abortion-activist-idUSKCN0X32GT/.
7. Cassella, "California Officials."
8. Barbara Grzincic, "Abortion Foe David Daleiden Seeks Right to Share Covert Recordings," Reuters, August 4, 2022, www.reuters.com/legal/litigation/abortion-foe-david-daleiden-seeks-right-share-covert-recordings-2022-08-04/.
9. Mark P. Meuser, "Brief of Amici Curiae, the Center for Medical Progress, and David Daleiden in Support of Petitioners," Supreme Court of the United States, May 22, 2025, www.dhillonlaw.com/wp-content/uploads/2025/05/20250522_Amicus-Brief.pdf.
10. Alexandra DeSanctis, "Big Abortion v. David Daleiden," Human Life Review, Ethics & Public Policy, May 21, 2021, https://eppc.org/publication/big-abortion-v-david/.

CAPÍTULO 46

1. 2 Crónicas 23:9–11.
2. 2 Reyes 11:13–14.
3. 2 Reyes 9:23.
4. 2 Crónicas 23:14.
5. Amber Phillips, "'She Won't Stay Throwed!' Rep. Emanuel Cleaver Compares Hillary Clinton to Jesus, Brings the House Down," *Washington Post*, July 28, 2016, www.washingtonpost.com/news/the-fix/wp/2016/07/28/she-wont-stay-throwed-rep-emanuel-cleaver-compares-hillary-clinton-to-jesus-brings-the-house-down/.
6. Will Weissert et al., "Harris Introduces New Running Mate Minnesota Gov. Tim Walz as the 'Vice President America Deserves,'" Associated Press, August 6, 2024, https://apnews.com/article/harris-running-mate-philadelphia-rally-multistate-tour-02c7ebce765deef0161708b29fe0069e.
7. "Philadelphia Rally (First Rally with Gov. Tim Walz)—August 6, 2024," transcript, Iowa State University Archives of Women's Political Communication, August 6, 2024, https://awpc.cattcenter.iastate.edu/2024/08/08/philadelphia-rally-first-rally-with-gov-tim-walz-aug-6-2024/.

CAPÍTULO 47

1. Yaron Z. Eliav, "The Temple Mount in Jewish and Early Christian Traditions," in *Jerusalem, Idea and Reality*, ed. Tamar Mayer and Suleiman Ali Mourad (Routledge, 2008), 54.
2. 2 Crónicas 23:14–15.
3. *Encyclopedia of the Bible*, "Kidron," accessed April 17, 2025, www.biblegateway.com/resources/encyclopedia-of-the-bible/Kidron.
4. *Encyclopedia of the Bible*, "Kidron"; 2 Crónicas 29:16.
5. Sam Cabral et al., "Harris Revellers Leave Howard Campus Without Seeing Candidate Speak," BBC, November 5, 2024, www.bbc.com/news/articles/cx2n4g86dw9o.

6. Cabral et al., "Harris Revellers."
7. Anwar Ali (@hsafutureus and @horizoncolumbushs), "Howard University Campus Tour with HSA Columbus Class of 2024 Anwar Ali," Instagram reel, March 24, 2025, www.instagram.com/hsafutureus/reel/DHmYBsBPHqi/.
8. Ali, "Howard University Campus Tour."

CAPÍTULO 48

1. 2 Reyes 9:20.
2. 2 Reyes 9:20, The Voice.
3. Preacher's Homiletical, "Commentaries: 2 Reyes 9," StudyLight, accessed April 17, 2025, www.studylight.org/commentaries/eng/phc/2-kings-9.html.
4. Preacher's Homiletical, "Commentaries: 2 Reyes 9."
5. Nathaniel Rakich, "No, Trump Can't Cancel the 2028 Election. But He Could Still Weaken Democracy," ABC News, January 21, 2025, https://abcnews.go.com/538/trump-cancel-2028-election-weaken-democracy/story?id=117807079.
6. Laura Doan and Julia Ingram, "Trump Issues Record One-Hundredth Executive Order Within First One Hundred Days of Term. Here's a Breakdown," CBS News, March 26, 2025, www.cbsnews.com/news/trump-issues-record-100-executive-order-of-second-term-breakdown/.
7. Damali Ramirez, "Here's All the Executive Orders Trump Signed During His First Week," WBALTV, February 3, 2025, www.wbaltv.com/article/donald-trump-record-executive-orders-week-one/63576990.
8. E. Judson, "The Good and Evil in Jehu," Bible Hub, accessed April 17, 2025, https://biblehub.com/sermons/auth/judson/the_good_and_evil_in_jehu.htm.
9. Matt Tullos, "Jehu: A Character Study," matttullos.com, January 5, 2016, https://matttullos.com/jehu-a-character-study/.
10. Front page of the November 7, 2024, *New York Times*, PDF accessed April 17, 2025, https://static01.nyt.com/images/2024/11/07/nytfrontpage/scan.pdf.
11. Peter Baker, "'The Return of the King': Trump Embraces Trappings of the Throne," *New York Times*, January 22, 2025, www.nytimes.com/2025/01/22/us/politics/trump-president-king.html.

CAPÍTULO 49

1. 2 Reyes 9:7.
2. 2 Reyes 10:27–28.
3. Peter J. Leithart, "Jehu on a Donkey," *First Things*, April 7, 2017, https://firstthings.com/jehu-on-a-donkey/.
4. Deena Zaru and Will Steakin, "Trump Set to Dismantle DEI Within Federal Government in First Day Executive Action," ABC News, January 20, 2025, https://abcnews.go.com/Politics/trump-set-dismantle-dei-federal-government-day-executive/story?id=117884488.
5. Associated Press, "Trump Has Said the Education Department Should Be Dismantled—What Would That Mean?," *The Intelligencer*, November 21, 2024, www.theintelligencer.net/news/top-headlines/2024/11/trump-has-said-the-education-department-should-be-dismantled-what-would-that-mean/.
6. "Agenda47: President Trump's Plan to Dismantle the Deep State and Return Power to the American People," donaldjtrump.com, March 21, 2023, www.donaldjtrump.com/agenda47/agenda47-president-trumps-plan-to-dismantle-the-deep-state-and-return-power-to-the-american-people.
7. Jeannie Suk Gersen, "How Much of the Government Can Donald Trump Dismantle?," *The New Yorker*, January 16, 2025, www.newyorker.com/news/the-lede/how-much-of-the-government-can-donald-trump-dismantle.

CAPÍTULO 50

1. 2 Reyes 10:11.
2. Sean Lyngaas et al., "Trump Administration Fires Director of National Security Agency," CNN, April 4, 2025, www.cnn.com/2025/04/03/politics/trump-administration-

fires-director-national-security-agency/index.html; Michael Macagnone, "Appeals Court Allows Trump Removal of Hampton Dellinger," *Roll Call*, March 5, 2025, https://rollcall.com/2025/03/05/appeals-court-allows-trump-removal-of-hampton-dellinger/.

3. Eleanor Watson, "With Ousting of Admiral to NATO, Trump Administration Has Fired at Least Nine Senior Officers," CBS News, April 8, 2025, www.cbsnews.com/news/shoshana-chatfield-admiral-to-nato-fired-senior-military-officers-ousted/.
4. "2 Reyes 9:1–10:36—Jehu Purges Israel," Enter the Bible, accessed April 17, 2025, https://enterthebible.org/passage/2-kings-91-1036-jehu-purges-israel.
5. Michael S. Moore, "Jehu's Coronation and Purge of Israel," *Vetus Testamentum* 53, no. 1 (2003): 97–114, http://www.jstor.org/stable/1518809.
6. "2 Reyes 10, Lexham English Bible: Jehu Continues Purging the House of Ahab," Bible Gateway, accessed April 17, 2025, www.biblegateway.com/passage/?search=2%20Kings%2010&version=LEB.
7. Richard T. Ritenbaugh, "What the Bible Says About Jehu's Purge of Baal Worship in Israel," Forerunner Commentary, Bible Tools, accessed April 17, 2025, www.bibletools.org/index.cfm/fuseaction/Topical.show/RTD/cgg/ID/19728/Jehus-Purge-Baal-Worship-Israel.htm.
8. Caitlin Dewey, "Donald Trump Ramps Up His War on 'Woke' with Purge of Federal DEI Workers," *Vanity Fair*, January 22, 2025, www.vanityfair.com/news/story/with-purge-of-federal-dei-workers-trump-ramps-up-his-war-on-woke?srsltid=AfmBOormFilifoPKaeRKAoxxB5bHaGTjjJSaS_JHZpgSeAtGdqT1HFs5.
9. Andrew Curry, "Unprecedented Policy Purge: Trump's Single Order Attempts to Dismantle Biden's Legacy," *Los Angeles Magazine*, January 22, 2025, www.yahoo.com/news/unprecedented-policy-purge-trumps-single-030000278.html.
10. *USA Today*, "Trump Administration Purges Military Leadership," video, Facebook, February 22, 2025, www.facebook.com/share/v/1QKR2pc25p/.
11. Rebecca Beitsch, "Purges at FBI, DOJ Trigger 'Battle' for Career Staff," *The Hill*, February 4, 2025, https://thehill.com/homenews/administration/5124328-trump-administration-purge-fbi/.
12. "Trump's Unprecedented Purge at the Department of Justice Threatens Public Safety, National Security, and the Rule of Law," House Committee on the Judiciary, accessed May 31, 2025, https://democrats-judiciary.house.gov/uploadedfiles/2025.01.29_fact_sheet_on_doj_changes.pdf.
13. Pauline Grosjean, "'A Sweeping Purge Is Taking Place Throughout American Administrations,'" *Le Monde*, February 13, 2025, www.lemonde.fr/en/opinion/article/2025/02/13/a-sweeping-purge-is-taking-place-throughout-american-administrations_6738128_23.html.
14. Emily Crane, "Trump Announces Purge of Over 1,000 Biden Appointees: 'You're Fired!,'" *New York Post*, January 21, 2025, https://nypost.com/2025/01/21/us-news/trump-to-remove-over-1000-biden-appointees-youre-fired/.
15. Michael Kruse, "The Executive Mr. Trump," *Politico Magazine*, August 2016, www.politico.com/magazine/story/2016/07/2016-donald-trump-boss-employer-company-hired-fired-employees-workers-management-business-214020/.

CAPÍTULO 51

1. 1 Reyes 19:2–3.
2. 1 Reyes 19:16–17.
3. 1 Reyes 19:8, 16.
4. 2 Reyes 9:6–7.
5. Susan B. Glasser et al., "A Spirit of Vengeance in Trump's First Week," The Political Scene Podcast, *The New Yorker*, January 25, 2025, 45 min., 6 sec., www.newyorker.com/podcast/political-scene/a-spirit-of-vengeance-in-trumps-first-week.
6. Freddy Gray, "Trump II: Back with a Vengeance," *Spectator*, March 9, 2024, www.spectator.co.uk/article/trump-ii-back-with-a-vengeance/.
7. Rev. C. J. Ball, "2 Crónicas 22:8," in *Ellicott's Commentary for English Readers*, Bible Hub, accessed June 2, 2025, https://biblehub.com/2_chronicles/22-8.htm.

8. "2 Reyes 9:13 Meaning," The Bible Says, accessed June 2, 2025, https://thebiblesays.com/en/synopsis/2ki+9:13.
9. Alexandra Hutzler and Hannah Demissie, "Trump Has Moved Quickly to Exact 'Retribution.' More Revenge Could Come: Analysis," ABC News, January 29, 2025, https://abcnews.go.com/Politics/trump-moved-quickly-exact-retribution-revenge-analysis/story?id=118180327.
10. Michael Barbaro, host, featuring Maggie Haberman, Zolan Kanno-Youngs, and David E. Sanger, "Trump 2.0: Bans, Purges and Retribution," podcast, *New York Times*, January 24, 2025, www.nytimes.com/2025/01/24/podcasts/the-daily/trump-executive-orders-office.html.
11. "Former President Trump Speaks at CPAC," C-SPAN, March 4, 2023, www.c-span.org/program/campaign-2024/former-president-trump-speaks-at-cpac/624800.
12. "Donald Trump Dances with Sword After He and JD Vance Cut Cake at Commander in Chief Inaugural Ball," PalmBeachPost, YouTube, January 20, 2025, 4 min., 14 sec., www.youtube.com/watch?v=4i3mHK8ukM8.

CAPÍTULO 52

1. Abby Trivett, "President Trump Is 'On a Mission from God,'" Charisma News, May 30, 2025, https://charismanews.com/news/president-trump-is-on-a-mission-from-god/.
2. Trivett, "President Trump."
3. 1 Reyes 12:25–33.
4. *Britannica*, "Engel v. Vitale," accessed April 18, 2025, www.britannica.com/event/Engel-v-Vitale.

CAPÍTULO 53

1. Brian Dunignan, "Donald Trump," *Britannica*, accessed April 18, 2025, www.britannica.com/biography/Donald-Trump#ref332843.
2. Donald J. Trump, "America Needs a President Like Me," *Wall Street Journal*, September 30, 1999, www.wsj.com/articles/SB938645589464803190.
3. Steve Kornacki, "When Trump Ran Against Trump-ism: The 1990s and the Birth of Political Tribalism in America," NBC News, October 2, 2018, www.nbcnews.com/think/opinion/when-trump-ran-against-trump-ism-story-2000-election-ncna915651.
4. Edward Helmore, "How Trump's Political Playbook Evolved Since He First Ran for President in 2000," *The Guardian*, February 5, 2017, www.theguardian.com/us-news/2017/feb/05/donald-trump-reform-party-2000-president.
5. Staff and Wire Reports, "Trump to Stay Out of the 2000 Presidential Race," CNN, February 14, 2000, www.cnn.com/2000/ALLPOLITICS/stories/02/13/trump.quits/.
6. "2000 Presidential Primary Election Results," Federal Elections Commission, accessed April 18, 2025, www.fec.gov/resources/cms-content/documents/FederalElections2000_PresidentialPrimaryElectionResultsbyState.pdf.

CAPÍTULO 55

1. Claus Westermann, "The Divine or Semidivine King," *Britannica*, accessed April 18, 2025, www.britannica.com/topic/sacred-kingship/The-divine-or-semidivine-king; *Britannica*, "Hittite," accessed April 18, 2025, www.britannica.com/biography/Telipinus-Hittite-king.
2. Peter J. Brand, "A Family of God-Kings: Divine Kingship in the Early Nineteenth Dynasty," The Past, April 13, 2023, https://the-past.com/feature/a-family-of-god-kings-divine-kingship-in-the-early-nineteenth-dynasty/.
3. George Hart, *A Dictionary of Egyptian Gods and Goddesses* (Routledge, 1986), 170.
4. *Britannica*, "Horus," accessed April 25, 2025, www.britannica.com/topic/Horus.
5. Westermann, "The Divine."
6. "Tutankhamun (Tutankhaten)," Ancient Egypt Online, accessed April 18, 2025, https://ancientegyptonline.co.uk/tutankhamun/; "The Aten," Ancient Egypt Online, accessed April 18, 2025, https://ancientegyptonline.co.uk/amarnareligion/.
7. "Amun," Ancient Egypt Online, accessed April 18, 2025, https://ancientegyptonline.co.uk/amun/.

8. Westermann, "The Divine."
9. Beate Pongratz-Leisten, "Chapter 2—Sacred Marriage and the Transfer of Divine Knowledge: Alliances Between the Gods and the King in Ancient Mesopotamia," in *Sacred Marriages*, eds. Martti Nissinen and Risto Uro (Penn State University Press, 2008), 43–73.

CAPÍTULO 56

1. Matthew 12:43–45.

CAPÍTULO 57

1. Anuradha, "Vishnu Sustains the Universe," All About Hinduism, March 8, 2013, www.allabouthinduism.info/2013/03/08/vishnu-the-protector/.
2. Gaurav Balakrishnan, "Vamana Avatar of Vishnu: Tale of Lord Vishnu's Dwarf Incarnation," Svastika, July 3, 2023, https://svastika.in/blogs/blog/vamana-avatar-of.
3. *Britannica*, "Parashurama," accessed April 18, 2025, www.britannica.com/topic/Parashurama.
4. Roshen Dalal, *Hinduism: An Alphabetical Guide* (Penguin, 2010), 188.
5. *Britannica*, "Brahman," accessed April 18, 2025, www.britannica.com/topic/Brahman-social-class.
6. Misra, "What Does Caste."
7. *Britannica*, "Lakshmi," accessed April 18, 2025, www.britannica.com/topic/Lakshmi.

CAPÍTULO 58

1. Sheikh Saaliq, "A Tiny Village in India Where Kamala Harris Has Ancestral Roots Is Praying for Her Victory," Associated Press, November 6, 2024, https://apnews.com/article/india-kamala-harris-village-us-election-a2c1bf50db407b8e9503d763bc9fd572.
2. Saaliq, "A Tiny Village in India."
3. Saradha Venkatasubramanian, "The Tiny Indian Village Claiming Kamala Harris as Its Own," BBC, July 23, 2024, www.bbc.com/news/articles/c9037j47pyzo.
4. "Following the Lotus Around the World," Storytrails, April 22, 2023, https://storytrails.in/religions/following-the-lotus-around-the-world/.
5. Wisdom Library, "Significance of Lotus," accessed May 2, 2025, www.wisdomlib.org/concept/lotus-flower.
6. Génesis 17:5.
7. Judges 8:1–21.
8. Ruth 1:16.
9. Prarthna Saran, "Brahma Kamal, the Divine Lotus," *Sunday Guardian*, May 25, 2019, https://sundayguardianlive.com/opinion/brahma-kamal-divine-lotus-4.
10. Tracy Grant and Gregory Lewis McNamee, "Kamala Harris," *Britannica*, accessed April 18, 2025, www.britannica.com/biography/Kamala-Harris.

CAPÍTULO 59

1. *Britannica*, "Lakshmi."
2. *Britannica*, "Lakṣhmi."
3. *Britannica*, "Lakshmi."
4. *Britannica*, "Lakshmi."
5. "Kamalatmika: Another Name for Goddess Lakshmi," Ramana Maharshi, accessed April 18, 2025, www.ramana-maharshi.org/kamalatmika-another-name-for-goddess-lakshmi/.
6. Jit Majumdar and Krishna Maheshwari (contributor), "Devī," Hindupedia, accessed April 19, 2025, https://hindupedia.com/en/Dev%C4%AB.
7. "Lakshmi Sahasranama Stotram," trans. P. R. Ramachander, Hindupedia, accessed April 19, 2025, https://hindupedia.com/en/Lakshmi_Sahasranama_Stotram.

CAPÍTULO 60

1. *Britannica*, "Krishna," accessed June 2, 2025, www.britannica.com/topic/Krishna-Hindu-deity.

2. Sophia Tareen, "'One of Us': South Asians Celebrate Harris as VP Choice," Associated Press, August 13, 2020, https://apnews.com/article/election-2020-ap-top-news-race-and-ethnicity-ca-state-wire-chicago-0dc9ab1834475308435b7175bf0288d1.
3. *Britannica*, "Krishna."
4. Paul Steinberg, "Gopal," Jivamukti Yoga, August 2013, https://jivamuktiyoga.com/fotm/gopal/.
5. Venkatasubramanian, "The Tiny Indian."

CAPÍTULO 61

1. "Samudra Manthan: Churning the Ocean for the Elixir of Immortality," Glorious Hinduism, October 26, 2023, https://glorioushinduism.com/2023/10/26/samudra-manthan/.
2. Glorious Hinduism, "Samudra Manthan."
3. "Jaladhija Name Meaning," parenting.firstcry.com, accessed May 31, 2025, https://parenting.firstcry.com/baby-names/meaning-of-jaladhija/.
4. "Kamala Harris' Journey from Oakland to the White House," Visit Oakland, September 15, 2024, www.visitoakland.com/blog/post/kamala-harris-journey-from-oakland-to-the-white-house/.
5. Visit Oakland, "Kamala Harris' Journey."
6. Kitty Jackson, "Symbolism of the Sea Shell in Botticelli's 'The Birth of Venus,'" ArtDependence, September 30, 2021, www.artdependence.com/articles/symbolism-of-the-sea-shell-in-botticelli-s-the-birth-of-venus/.
7. "What Is Sea Foam?," National Ocean Service, accessed April 20, 2025, https://oceanservice.noaa.gov/facts/seafoam.html.
8. "Kamala D. Harris, 32nd Attorney General," California Attorney General Office, accessed April 20, 2025, https://oag.ca.gov/history/32harris.
9. "Harris, Kamala Devi," *Biographical Directory of the United States Congress*, accessed April 20, 2025, https://bioguide.congress.gov/search/bio/H001075.

CAPÍTULO 62

1. Jonathan Martin et al., "How Kamala Harris's Campaign Unraveled," *New York Times*, August 11, 2020, www.nytimes.com/2019/11/29/us/politics/kamala-harris-2020.html.
2. "Kamala Stotram," trans. P. R. Ramachander, Vedanta Shastras Library, accessed April 20, 2025, www.shastras.com/devi-stotras/kamala-stotram/.
3. Jayaram V., "Hindu God Vishnu, the Preserver," Hinduwebsite, accessed April 20, 2025, www.hinduwebsite.com/hinduism/vishnu.asp; James Lochtefeld, *The Illustrated Encyclopedia of Hinduism* (Rosen Publishing Group, 2002), 2:759.
4. Chutima Kuanamon, "Lord Vishnu Lady Lakshmi Lotus Flower Prosperity Hinduism Mythology Illustration," Alamy, accessed June 2, 2025, www.alamy.com/lord-vishnu-lady-lakshmi-lotus-flower-prosperity-hinduism-mythology-illustration-image345118671.html.
5. "Drew Barrymore Says America Needs 'Mamala' Harris Right Now," Breakfast Television, YouTube, May 1, 2024, 2 min., 46 sec., www.youtube.com/watch?v=Y3BwcOm13_E; Ariana Brockington, "Drew Barrymore Called Kamala Harris 'Momala.' The Internet Winced," Today, April 30, 2024, www.today.com/popculture/news/drew-barrymore-kamala-harris-momala-rcna150114.
6. Mark Cartwright, "Lakshmi," *World History Encyclopedia*, August 14, 2015, www.worldhistory.org/Lakshmi/.
7. "Lakshmi," Theosophy Trust, April 20, 2025, https://theosophytrust.org/614-lakshmi.
8. Tom Porter, "Trump's Campaign Is Struggling to Find a More Damaging Nickname for Biden than 'Sleepy Joe,' Report Says," Business Insider, June 29, 2020, www.businessinsider.com/trump-struggles-to-find-better-biden-nickname-than-sleepy-axios-2020-6.

CAPÍTULO 63

1. David R. Kinsley, *Hindu Goddesses: Visions of the Divine Feminine in the Hindu Religious Tradition* (University of California Press, 1986), 18, 132.

2. Jae-Eun Shin, *Change, Continuity and Complexity: The Mahāvidyās in East Indian Śākta Traditions* (Routledge, 2018).
3. Ankita Chand et al., "Shaktism in Hindu Religion: Concepts and Chronology," *International Journal of Development Research* 13, no. 6 (2023): 62885–93, www.journalijdr.com/sites/default/files/issue-pdf/26713.pdf.
4. David R. Kinsley, *Tantric Visions of the Divine Feminine: The Ten Mahavidyas* (Motilal Banarsidass, 1998), 62, 229.
5. Kinsley, *Tantric Visions*, 229.
6. Kinsley, *Tantric Visions*, 229.

CAPÍTULO 64

1. Kinsley, *Tantric Visions*, 70.
2. Kinsley, *Tantric Visions*, 230.
3. Kinsley, *Tantric Visions*, 230.
4. Kinsley, *Tantric Visions*, 230.
5. Kinsley, *Hindu Goddesses*, 148.
6. Kinsley, *Tantric Visions*, 68.
7. "Sri Kamala Ashtottara Satanamavali," Manblunder, accessed May 31, 2025, https://manblunder.com/articlesview/sri-kamala-ashtottara-sata-namavali; David Kinsley, "Kamalā: The Lotus Goddess," in *Tantric Visions of the Divine Feminine: The Ten Mahavidyas* (University of California Press, 2023), 223–32.

CAPÍTULO 65

1. "'Is That Funny to You?': Kamala Harris Blasted Over Dismissive Laughing on Key Issues," Sky News Australia, YouTube, September 12, 2024, 5 min., 2 sec., www.youtube.com/watch?v=20JTKuOCfZ0; Victor Nava, "Kamala Harris' Dismissive Laugh on Full Display in First Presidential Debate with Trump," *New York Post*, September 10, 2024, https://nypost.com/2024/09/10/us-news/2024-presidential-debate-harris-dismissive-laugh-on-display-in-first-presidential-debate-with-trump/.
2. Amit Chaturvedi, "'Utterly Inappropriate': Kamala Harris Roasted for Laughing When Asked About Ukrainian Refugees," *NDTV World*, March 11, 2022, www.ndtv.com/world-news/utterly-inappropriate-kamala-harris-roasted-for-laughing-when-asked-about-ukrainian-refugees-2817262.
3. Charlie Spiering, "Why Kamala Harris' Laugh Has Sparked Concerns from Democrats as They Rush to Turn Around Dire Approval Ratings…as AOC Praises Her and 'the Authority that Comes with Having a Uterus,'" *Daily Mail*, April 22, 2024, www.dailymail.co.uk/news/article-13336543/kamala-harris-laugh-democrats-approval-ratings-aoc.html.
4. Phillip Hamilton, "Kamala Harris Laughing Hyena Comparisons," knowyourmeme.com, accessed April 21, 2025, https://knowyourmeme.com/memes/kamala-harris-laughing-hyena-comparisons.
5. Sakshi Venkatraman, "Trump's Campaign Works to Convince Voters that Harris Is 'Crazy' Because of Her Laugh," NBC News, July 30, 2024, www.nbcnews.com/news/asian-america/kamala-harris-laugh-criticism-trump-women-color-emotions-rcna164069.
6. "Mahishasura Rushes Towards the Spot from Where He Heard Devi's Laughter," Vedadhara, accessed June 11, 2025, www.vedadhara.com/mahishasura-rushes-towards-the-spot-from-where-he-heard-the-laughter-of-devi.
7. Wisdom Library, "Kamala, Kamalā, Kāmalā, Kāmāla, Kama-la, Kama-ala: 56 Definitions," accessed June 11, 2025, www.wisdomlib.org/definition/kamala.
8. Swami Jagdishwarnanda, "The Chandi," Critical Collective, accessed June 1, 2025, https://criticalcollective.in/ArtHistoryDetail.aspx?Eid=648.
9. The Art of Dialogue (@ArtOfDialogue_), "Jamal Trulove on Kamala Harris laughing at him when he was wrongfully convicted and sentenced to 50 years in prison for murder," X, August 12, 2024, https://x.com/ArtOfDialogue_/status/1823094968170283479.

CAPÍTULO 66

1. "Sharad Purnima 2024: Why Observing It This Way Is Important?," Astro Yogi, www.astroyogi.com/blog/sharad-purnima-vrat-date-time.aspx.
2. "Getting to Know All About Sharad Purnima 2020," Astro Yogi, March 5, 2025, www.astroyogi.com/blog/sharad-purnima.aspx.
3. Mahima Sharma, "Sharad Purnima 2024: Date, Time, Rituals and Significance of Ashwin Purnima," *Times of India*, October 17, 2024, https://timesofindia.indiatimes.com/religion/rituals-puja/sharad-purnima-2024-date-time-puja-rituals-and-significance-of-ashwina-purnima/articleshow/114222412.cms.

CAPÍTULO 67

1. "Kojagari Vrat Story: The Legend of the Auspicious Night," Acharya Ganesh, January 11, 2024, https://acharyaganesh.com/spirituality.
2. Ganesh, "Kojagari Vrat"; Aadrika Sominder, "Sharad Purnima 2024: How East and Northeast India Celebrate the Auspicious Occasion of Kojagari Lakshmi Puja," *Hindustan Times*, October 16, 2024, www.hindustantimes.com/htcity/sharad-purnima-2024-how-east-and-northeast-india-celebrate-the-auspicious-occasion-of-kojagari-lakshmi-puja-101729059307880.html.
3. Sominder, "Sharad Purnima."
4. Ganesh, "Kojagari Vrat."
5. Sominder, "Sharad Purnima."
6. "Lakshmi Puja in India in 2025," Office Holidays, accessed June 2, 2025, www.officeholidays.com/holidays/india/lakshmi-puja.
7. "Sharad Purnima 2025: True Reasons of Worshipping Goddess Lakshmi," mypandit.com, www.mypandit.com/festivals/purnima/sharad-purnima/.
8. Ganesh, "Kojagari Vrat."
9. Tiyasa Das, "Kojagari Lakshmi Puja: A Unique Festivity in Bengali Households on Sharad Purnima," LocalSamosa, October 16, 2024, www.localsamosa.com/people-culture/kojagari-lakshmi-puja-2024-7315754.
10. Priya, "Sharad Purnima 2025: Significance and Reason to Keep Kheer in Moonlight!," Sanatana Journey, December 17, 2024, https://sanatanajourney.com/blogs/sharad-purnima-2025-significance-and-why-kheer-is-kept-in-moonlight/.
11. Yogic Encyclopedia, "Avatar," www.ananda.org/yogapedia/avatar/.

CAPÍTULO 68

1. "Maha Lakshmi Mantra—Goddess Lakshmi Mantra," Drik Panchang, accessed May 31, 2025, www.drikpanchang.com/vedic-mantra/goddesses/lakshmi/mahalakshmi-mantra.html; translated via ChatGPT, response to a question from the author, OpenAI, May 31, 2025, https://chatgpt.com/c/683aff1a-7c30-8008-9a59-3571869c16db.
2. "Sri Kamala Stotram," Hindu Gallery, accessed April 22, 2025, https://hindugallery.com/sri-kamala-stotram/.

CAPÍTULO 69

1. "Ancient Egyptian Gods and Goddesses," British Museum, accessed April 23, 2025, www.britishmuseum.org/learn/schools/ages-7-11/ancient-egypt/ancient-egyptian-gods-and-goddesses#.
2. Frances Mulraney, "Kamala Harris' Niece Angers American Hindu Groups for Sharing an Image of the Democrat Photoshopped as Goddess Killing a Demon with Trump's Face," *Daily Mail*, October 21, 2020, www.dailymail.co.uk/news/article-8863665/Kamala-Harris-niece-angers-Hindu-groups-sharing-image-Democrat-photoshopped-goddess.html; Emily Burack, "Meet Kamala Harris's Niece Meena Harris," *Town & Country*, November 4, 2024, www.townandcountrymag.com/society/politics/a61888915/who-is-meena-harris/.
3. Mulraney, "Kamala Harris' Niece"; Aditi Maheshwari, "Shankha: Conch of Power and Spirituality," *Times of India*, November 10, 2023, https://timesofindia.indiatimes.com/blogs/adi-bytes/shankha-conch-of-power-and-spirituality/.

4. Kinsley, *Tantric Visions*, 230; Wikipedia, "Kamalatmika," accessed June 9, 2025, https://en.wikipedia.org/wiki/Kamalatmika; "The Goddess of Royal Power and Grace—Kamala," Exotic India, accessed June 9, 2025, www.exoticindiaart.com/blog/the-goddess-of-royal-power-and-grace-kamala/; "Kamala Devi Jai Maaa!," Goddess Vidya, August 26, 2012, https://vedicgoddess.weebly.com/goddess-vidya-blog/kamala-devi-by-yogi-ananda-saraswathi-jai-maaa.
5. Mulraney, "Kamala Harris' Niece."
6. Mulraney, "Kamala Harris' Niece."

CAPÍTULO 70

1. *Britannica*, "Ishtar," accessed June 15, 2025, www.britannica.com/topic/Ishtar-Mesopotamian-goddess.
2. Mihindukalasūrya Ār. Pī. Susantā Pranāndu, *Rituals, Folk Beliefs, and Magical Arts of Sri Lanka* (S. Godage & Bros., 2000), 228.
3. "Mahalakshmi Riding Her Lion," Global Nepal Museum, accessed June 9, 2025, https://globalnepalimuseum.com/objects/mahalakshmi-riding-her-lion/; see also "Lakshmi: Everything You Need to Know," AstroVed, December 22, 2022, www.astroved.com/articles/lakshmi-everything-you-need-to-know.
4. "The Lion of Babylon," World Monuments Fund, accessed May 1, 2025, www.wmf.org/projects/lion-babylon.
5. "Anahita, Durga, Kali, Vajradakini, Ishtar," Okar Research, October 3, 2013, https://balkhandshambhala.blogspot.com/2013/10/anahita-durga-vajrayogini.html.
6. Jayesh Mathur and Supriya Lahoti, "Imagery of Goddess Lakshmi: From Primordial Depictions to Modern Calendar Art," *Sunday Guardian*, November 5, 2023, https://sundayguardianlive.com/news/imagery-of-goddess-lakshmi-from-primordial-depictions-to-modern-calendar-art.
7. Kashish Rai, "12 Auspicious Symbols of Goddess Lakshmi and Their Spiritual Meaning," English Jagran, May 23, 2024, https://english.jagran.com/spiritual/12-auspicious-symbols-of-goddess-lakshmi-and-their-spiritual-meaning-10162405.
8. Rivkah Harris, *Gender and Aging in Mesopotamia: The Gilgamesh Epic and Other Ancient Literature* (University of Oklahoma Press, 2000), 167.
9. Pandit Sri Rama Ramanuja Achari, *Hindu Iconology: The Study of the Symbolism and Meaning of Icons* (Simha Publications Australia, 2015), 34; Rai, "12 Auspicious Symbols"; Jackson, "Symbolism."
10. H. Rodrigues, "Kamala," Mahavidya, December 22, 2017, https://mahavidya.ca/2017/12/22/kamala/.
11. Miroslav Marcovich, "From Ishtar to Aphrodite," *Journal of Aesthetic Education* 30, no. 2, Special Issue: Distinguished Humanities Lectures II (Summer 1996): 45, www.jstor.org/stable/3333191?read-now=1&seq=3#page_scan_tab_contents.
12. "Aphrodite Estate," Theoi Project, accessed April 23, 2025, www.theoi.com/Olympios/AphroditeTreasures.html.
13. Krista Langlois, "The Symbolic Seashell," *Hakai*, October 22, 2019, https://hakaimagazine.com/features/the-symbolic-seashell/.
14. Steven W. Squyres, "Venus," *Britannica*, accessed April 23, 2025, www.britannica.com/place/Venus-planet.
15. P. James Clark, "Ishtar & Aphrodite—Part I," The Classical Astrologer, January 7, 2018, https://classicalastrologer.com/2018/01/07/ishtar-aphrodite-part-ib/.
16. Carl Rod Nave, "The Highlands of Venus," Hyperphysics, accessed April 23, 2025, http://hyperphysics.phy-astr.gsu.edu/hbase/Solar/venusland.html.
17. M. A. Ivanov and J. W. Head III, "Formation and Evolution of Lakshmi Planum, Venus: Assessment of Models Using Observations from Geological Mapping," *Planetary and Space Science* 56, no. 15 (December 2008): Introduction, www.sciencedirect.com/science/article/abs/pii/S0032063308002766.

CAPÍTULO 71

1. "Remarks by President Trump Announcing His Nominee for Associate Justice of the Supreme Court of the United States," Trump White House Archives, September 26,

2020, https://trumpwhitehouse.archives.gov/briefings-statements/remarks-president-trump-announcing-nominee-associate-justice-supreme-court-united-states/.
2. Jodi Kantor and Adam Liptak, "Behind the Scenes at the Dismantling of Roe v. Wade," New York Times, December 15, 2023, www.nytimes.com/2023/12/15/us/supreme-court-dobbs-roe-abortion.html.
3. "A Million Women Event—LIVE in D.C.," video streamed live October 12, 2024, UpperRoom, YouTube, www.youtube.com/watch?v=FmTtIUcO4Bk&t=35278s.
4. Ryan Thoreson, "Trump Administration Moves to Reject Transgender Identity, Rights," Human Rights Watch, January 23, 2025, www.hrw.org/news/2025/01/23/trump-administration-moves-reject-transgender-identity-rights; "Defending Women from Gender Ideology Extremism and Restoring Biological Truth to the Federal Government," White House, January 20, 2025, www.whitehouse.gov/presidential-actions/2025/01/defending-women-from-gender-ideology-extremism-and-restoring-biological-truth-to-the-federal-government/.
5. Jo Yurcaba, "Government Agencies Scrub LGBTQ Web Pages and Remove Info About Trans and Intersex People," NBC News, February 3, 2025, www.nbcnews.com/nbc-out/out-politics-and-policy/government-agencies-scrub-lgbtq-web-pages-remove-info-trans-intersex-p-rcna190519.
6. Ashley Murray, "Trump Order Blocks Funds for Trans Care," Nevada, January 30, 2025, https://nevadacurrent.com/briefs/trump-order-blocks-funds-for-trans-care/.
7. White House, "Defending Women."

CAPÍTULO 72

1. "John Winthrop Dreams of a City on a Hill, 1630," *The American Yawp Reader*, accessed April 23, 2025, www.americanyawp.com/reader/colliding-cultures/john-winthrop-dreams-of-a-city-on-a-hill-1630/.
2. Laura Schulte, "'Oh, You Guys Are at the Wrong Rally': Kamala Harris Counters Hecklers at La Crosse Event," *Milwaukee Journal Sentinel*, updated October 18, 2024, www.jsonline.com/story/news/politics/2024/10/17/kamala-harris-claps-back-at-rally-protesters-in-la-crosse-wisconsin/75724847007/; Emery Winter, "What We Can Verify About Exchange Between Kamala Harris and Protesters at Wisconsin Rally," WFAA, October 22, 2024, www.wfaa.com/article/news/verify/kamala-harris/harris-jesus-king-protesters-rally-fact-check/536-a189591f-1740-4a1d-9f69-9412840a6462.

CAPÍTULO 73

1. 2 Reyes 9:13, author's translation.
2. 1 Corintios 15:52, KJV.
3. 1 Tesalonicenses 4:16, KJV.
4. 2 Crónicas 23:12–13.

CAPÍTULO 74

1. "Parashat Beha'alotcha 5706 15 June 1946—16 Sivan 5706: Torah Portion: Números 8:1–12:16," Hebcal, www.hebcal.com/sedrot/behaalotcha-19460615?i=on; "Num 10:1–2," Sefaria, www.sefaria.org/Números.8.1-12.16?lang=bi&aliyot=1.
2. Sefaria, "Números 10:1–2."

CAPÍTULO 75

1. Números 10:10.
2. Levítico 25:10.
3. Levítico 25:9.
4. Micah Goodman, "The Jubilee Year of the Six-Day War," *Yale University Press*, December 16, 2019, https://yalebooks.yale.edu/2019/12/16/the-jubilee-year-of-the-six-day-war/.
5. Paolo Ondarza, "The Jobel at the Origins of the Jubilee," *Vatican News*, April 9, 2024, www.vaticannews.va/en/vatican-city/news/2024-04/verso-il-giubileo-jobel-shofar-rabbino-di-segni.html.
6. Ondarza, "The Jobel at the Origins of the Jubilee."

7. Mark Landler, "Trump Recognizes Jerusalem as Israel's Capital and Orders U.S. Embassy to Move," *New York Times,* December 6, 2017, www.nytimes.com/2017/12/06/world/middleeast/trump-jerusalem-israel-capital.html.

CAPÍTULO 76

1. Babylonian Talmud, Chullin 105b:16, author's translation.
2. Babylonian Talmud, Rosh Hoshanah 16b, author's translation.
3. Jonah Rank, "Playing the Shofar in De-monic: Rashi on the Diabolus in Musica," *Journal of Synagogue Music* 41, no. 2 (2016): 54, www.academia.edu/27875796/Playing_the_Shofar_in_De_monic_Rashi_on_the_Diabolus_in_Musica.
4. Deuteronomy 32:17.
5. Números 10:9.

CAPÍTULO 77

1. 2 Reyes 11:18.
2. 2 Reyes 11:17.

CAPÍTULO 78

1. "The Beginning of the End for Judah," *Ligonier,* accessed April 24, 2025, https://learn.ligonier.org/devotionals/beginning-of-end-for-judah.
2. 2 Reyes 10:30, NIV.
3. 2 Reyes 10:28–29, NIV.
4. 2 Reyes 10:31, NIV.
5. Joel Ryan, "4 Lessons We Can Learn from King Jehu's Violent Reign," Crosswalk, September 14, 2021, www.crosswalk.com/faith/bible-study/lessons-we-can-learn-from-king-jehus-violent-reign.html.

CAPÍTULO 79

1. 2 Reyes 9:3.
2. Levítico 8:12–30.
3. Lewis Kamb, "'Gunshots at the Trump Rally': First Audio of 911 Calls from Trump Assassination Attempt," NBC News, October 23, 2024, www.nbcnews.com/news/us-news/first-audio-911-calls-trump-assassination-attempt-rcna176757.
4. Ryan King, "Trump to Hold Rally at the Site of First Assassination Attempt in Butler, Pa. Next Week," *New York Post,* September 25, 2024, https://nypost.com/2024/09/25/us-news/trump-announces-return-to-butler-pa-site-of-first-assassination-attempt/.
5. Jack Jenkins, "At Inauguration, Trump Says He Was 'Saved by God to Make America Great Again,'" Religion News Service, January 20, 2025, https://religionnews.com/2025/01/20/at-trumps-inauguration-president-says-he-was-saved-by-god-to-make-america-great-again/.
6. Éxodo 29:20.
7. Olivia Rinaldi et al., "Trump Shot at Rally in Failed Assassination Attempt. Here's What We Know So Far," CBS News, July 16, 2024, www.cbsnews.com/news/trump-shot-rally-assassination-attempt/.
8. Éxodo 29:20.
9. Evan Vucci, untitled, July 14, 2024, photograph, WSBT, accessed April 24, 2025, https://wsbt.com/resources/media2/original/full/1024/center/80/2093964e-2625-4d09-a07d-1ac55b569a09-AP24195806515160.jpg.
10. Éxodo 29:20.
11. Jack Birle, "Trump Asked for Shoes After Secret Service Hit Him 'So Hard' They Went Flying," *Washington Examiner,* July 16, 2024, www.washingtonexaminer.com/news/campaigns/presidential/3084539/trump-ask-shoes-because-secret-service-hit-him-hard-flying/.

CAPÍTULO 80

1. Jonathan Homrighausen, "Forgetting the Forgetter: The Cupbearer in the Joseph Saga (Génesis 40–41)," *Journal for Interdisciplinary Biblical Studies*, accessed April 24, 2025, https://jibs.hcommons.org/2022/11/02/4-2-homrighausen-forgetting-the-forgetter/.
2. "Nehemiah: Cupbearer with Great Influence," *Church News*, September 29, 1990, www.thechurchnews.com/1990/9/29/23261340/nehemiah-cupbearer-with-great-influence/.
3. "2024 Republican National Convention: Day 4, Thursday, July 18," C-SPAN, accessed April 24, 2025, www.c-span.org/republican-national-convention-2024/.
4. Éxodo 40:12.
5. C-SPAN, "2024 Republican."
6. C-SPAN, "2024 Republican."
7. Steven Shepard, "Trump's Garden Party: The Most Notable and Quotable Moments from the GOP Convention Finale," *Politico*, August 28, 2020, www.politico.com/news/2020/08/28/trump-rnc-thursday-superlatives-404184.
8. Shawn McCreesh, "Trump's Brush with Death as Political Theater, for One Night Only," *New York Times*, July 19, 2024, accessed April 24, 2025, www.nytimes.com/2024/07/19/us/politics/trump-rnc-shooting-speech.html.
9. Evelina G., "The Second Temple in Jerusalem: Everything You Wanted to Know," Judaica WebStore, March 10, 2024, https://blog.judaicawebstore.com/what-is-the-western-wall/.
10. Éxodo 29:35, NET.
11. Leah Sarnoff, "Trump Assassination Attempt Timeline: Witnesses Spotted Gunman 2 Minutes Before Shooting," ABC News, July 30, 2024, https://abcnews.go.com/US/timeline-trump-assassination-attempt-unfolded-rally-pennsylvania/story?id=111933309.

CAPÍTULO 81

1. J. Caleb Howard, "The Black Obelisk," Tyndale House Cambridge, November 20, 2020, https://tyndalehouse.com/explore/articles/the-black-obelisk/.
2. Howard, "The Black Obelisk."

CAPÍTULO 82

1. 2 Crónicas 7:14.
2. "Understanding the Names Yeshua and Yehoshua in the Bible," Fellowship of Israel Related Ministries, August 19, 2024, https://firmisrael.org/learn/understanding-the-names-yeshua-and-yehoshua-in-the-bible/.
3. Juan 3:3.

ACERCA DE JONATHAN CAHN

JONATHAN CAHN CAUSÓ un gran impacto mundial con la publicación de su éxito de ventas en el *New York Times*, El presagio (The Harbinger), seguido de otros libros que también alcanzaron la lista de más vendidos del *New York Times*. Fue nombrado, junto con Billy Graham, entre los cuarenta principales líderes espirituales de los últimos cuarenta años "que cambiaron radicalmente nuestro mundo". Ha hablado ante miembros del Congreso y en las Naciones Unidas. Es reconocido como una voz profética para nuestro tiempo y por revelar los profundos misterios de Dios. Sus enseñanzas y mensajes proféticos, en su canal de YouTube, superan los cien millones de visualizaciones.

Jonathan dirige Hope of the World, un ministerio dedicado a llevar la Palabra de Dios y compasión a los más necesitados, así como Beth Israel / The Jerusalem Center, su base ministerial y centro de adoración en Wayne, Nueva Jersey, a las afueras de la ciudad de Nueva York. También ministra y predica en todo Estados Unidos y alrededor del mundo.

Para ponerse en contacto, recibir actualizaciones proféticas, obtener regalos gratuitos de su ministerio (mensajes especiales y mucho más), conocer sus más de dos mil mensajes y misterios, obtener más información o tener parte en la Gran Comisión, utilice los siguientes medios:

HopeoftheWorld.org
Escriba directamente a: Hope of the World, Box 1111, Lodi, NJ 07644 USA
Correo electrónico: contact@hopeoftheworld.org

Para recibir los últimos mensajes y actualizaciones proféticas de Jonathan, visite:

YouTube: Jonathan Cahn Official
Facebook: Jonathan Cahn (Official Site)
Instagram: jonathan.cahn
X (Twitter): @Jonathan_Cahn

Si desea acompañar a Jonathan en un Super Tour a Israel, incluyendo sus recorridos sobre el Libro de Apocalipsis y las Huellas de Pablo, visite: JonathanCahnSuperTours.com o escriba a contact@hopeoftheworld.org.

Para ver otros libros de Jonathan, visite: BooksByJonathanCahn.com o Amazon.com

CASA
CREACIÓN